ROMANS
DE LA TABLE RONDE

Chrétien de Troyes

Érec et Énide
Cligès
ou la Fausse Morte
Lancelot
le Chevalier
à la charrette
Yvain
le Chevalier au lion

Préface, traduction et notes
de Jean-Pierre Foucher

Gallimard

PRÉFACE

LES ROMANS BRETONS
OU ROMANS ARTHURIENS

*Les quatre siècles que nous appelons « Moyen Age »
ont vécu intensément leurs instincts, leurs idéaux, leurs
rêves. D'où la guerre et toutes les formes du combat
tant prisé. D'où les créations multiples de la foi,
l'ivresse de l'aventure et de l'exploit. Ces quatre siècles
les ont célébrés sur tous les modes : en chansons
épiques, par nefs et clochers prodigieux, par poèmes et
romans d'aventures amoureuses et mystiques.*

*Partout retentissent les appels profonds. Le sang
parle : le sang de Rédemption que recela le Saint
Graal, celui que répandent le croisé et l'infidèle. Et
que dire du sang d'Amour qui est aussi philtre de vin
herbé signant le pacte à jamais entre deux vies? Beau
sang s'enivrant des histoires prodigieuses qu'il invente.
Alors l'âme accourt à la rencontre d'elle-même et
découvre les espaces de ses désirs.*

*Beau sang qui ne saurait mentir, même — et surtout
— dans ses inventions les plus fabuleuses : quand il
dicte à nos premiers écrivains nos premiers romans en
vers. La légende grecque, « Rome la grand », four-
nissent d'abord matière à conter, décors et personnages. Parmi ceux-ci triomphe Alexandre, mais
bientôt le champ clos de l'imitation antique ne suffit
plus. Les chevauchées pénètrent sur des terres fantas-*

tiques, hors toutes frontières. Les vents du nord crêtent la mer. Des îles et des forêts offrent de nouveaux asiles. Des fontaines trop paisibles guettent l'aventureux.

Le sang généreux est le plus fort. Alors, sous figures et noms nouveaux, surgissent les dieux, les héros et les génies des Celtes. L'image de Notre-Dame bénit le bouclier du roi Arthur. De croix peintes ou sculptées on christianise les menhirs. L'ermite s'assoit à la table des bardes. Peu à peu, très sûrement, la femme découvre et affirme son règne. En ses cours d'Aquitaine et d'Angleterre, la superbe Aliénor dicte les arrêts d'amour et fait procéder aux apprêts de la Table Ronde.

C'est ainsi que naît le roman courtois arthurien, aussi appelé roman breton.

La question s'est posée de savoir si furent composés des romans arthuriens « antiques » qui auraient servi de modèles à ceux de Wace et de Chrétien de Troyes. Rien ne permet de le soutenir (il faut toutefois faire une réserve, car il est toujours possible que des textes ne nous soient pas parvenus). Les quatre grands romans « antiques » : Roman de Thèbes, Roman de Pirame et Tisbé, Roman de Troie, Roman d'Énéas, *ont certainement influencé la composition des premiers « romans bretons ». Les personnages de ces romans, les situations qu'ils présentaient, ont pu suggérer des adaptations et accommodations bretonnes. Encore faut-il noter, avec Edmond Faral, que « les romans de la fin du* XIIe *siècle sont sensiblement différents des premiers romans « antiques »,* non seulement par la matière mais même, dans une certaine mesure, par la forme. Bien mieux, à examiner les choses avec attention, on verrait que le roman courtois a déjà reçu des mains de Chrétien de Troyes des modifications de* *quelque conséquence ».* On est même en droit d'estimer qu'elles sont de si grande conséquence qu'elles assurent aux romans de Chrétien une originalité souveraine.

Nombreux et divers sont les défenseurs de la « thèse celtique ». Ils assurent que les romans courtois sont issus de légendes, de récits et poèmes épiques très anciens et de « lais » narratifs du genre de ceux composés par Marie de France. Travaillant diversement sur cette matière, l'imagination des romanciers-poètes aurait donné naissance aux romans courtois bretons. Certains savants celtisants, tels W. Foerster, H. Zimmer, W. Golther, assurent que la matière bretonne de ces romans est essentiellement armoricaine, c'est-à-dire que sa provenance doit être située en Petite Bretagne continentale. D'autres, dont G. Paris, J. Loth, F. Lot, estiment que cette provenance est surtout de Grande-Bretagne insulaire (Pays de Galles et Cornouailles).

En 1929 paraissait l'étude magistrale d'Edmond Faral sur L'Origine de la Légende arthurienne. L'auteur s'y attache à définir le rôle capital de l'historien fantastique Geoffroy de Monmouth. Avant d'être l'auteur d'une célèbre Vie de Merlin (1148), Geoffroy publia vers 1137 une Histoire des rois de Bretagne. Pour les besoins de diverses causes (essentiellement politiques), Geoffroy y crée le personnage du roi, souverain idéal, nouvel Alexandre s'entourant de vassaux héroïques, maître d'une cour renommée entre toutes pour les fastes des fêtes, des jeux chevaleresques, pour la beauté insurpassable des femmes ; cour dont les chevaliers ne vivent et ne s'aventurent que pour mériter l'amour.

Voyant dans l'Histoire des rois d'Angleterre de Guillaume de Malmesbury et surtout dans l'Histoire des rois de Bretagne de Geoffroy de Monmouth, la source essentielle des romans arthuriens français, n'accordant ainsi qu'une importance très restreinte à *la matière bretonne armoricaine ou insulaire, la thèse d'Edmond Faral allait s'attirer les attaques conjointes des défenseurs de la « thèse celtique » galloise et armoricaine. Ceux-ci reconnaissaient tout ce que le roman arthurien doit à la vive et prenante narration de Geoffroy de Monmouth mais ils estimaient — et ils estiment toujours — avoir des raisons essentielles de confier le premier rôle inspirateur aux traditions celtiques et armoricaines.*

Faudrait-il négliger ou sous-estimer pour autant l'influence du lyrisme provençal tout entier consacré à la louange de la femme, de la « dame »? Chrétien et les autres romanciers courtois recourront souvent à une métaphysique de l'amour issue de celle des « provençaux ».

Dans l'ouvrage précédemment cité, Edmond Faral critique le bien-fondé de la distinction traditionnelle : romans antiques, romans byzantins, romans bretons, romans d'aventure. Il n'en voit pour effet que de jeter « une clarté très illusoire au sein d'un genre, le roman, qui est parfaitement un et dont toutes les œuvres appartiennent au même style ».

L'assertion paraît étrange à qui vient de lire le Roman de Thèbes, *le* Roman d'Énéas, Guillaume d'Angleterre *ou* Le Chevalier au lion. *Sans doute est-il un esprit commun à toutes ces œuvres, mais chacune représente un univers particulier. Il me paraît que les distinctions ne sont pas seulement commodes pour l'historien de la littérature. Elles sont fondées sur des caractères particuliers.*

LA LÉGENDE D'ARTHUR

C'est au milieu du XIIe *siècle que la légende d'Arthur fut transcrite en vers français par un trouvère normand, Robert Wace, dans le* Roman de

Brut *(c'est-à-dire de* Brutus*). Vers la même époque,*
Élie de Boron et Rusticien de Pise rédigèrent en prose
cette légende.

Le Roman de Brut *conte, entre autres épisodes,*
comment le prince Arthur naquit d'un prince d'Armo-
rique, Uterpendragon qui, grâce à un prodige, avait
réussi à prendre la personnalité du roi de Cornouailles,
Gorloe. La mère d'Arthur se trouvait être l'épouse de
ce roi à transformations. Le jeune prince avait pour
aïeux bretons les pères les plus illustres des diverses
branches de la race. Était-ce suffisant pour en faire le
prince du plus grand renom? Non sans doute, puisque
le romancier n'hésite pas à le faire descendre aussi du
père des Romains, le « pieux Énée » ! Il rappelle les
exploits dont le prince s'illustre dès que, en son jeune
âge, il paraît sur les champs de bataille. Bientôt l'île
de Bretagne ne lui suffit plus. Il n'a de cesse de
soumettre l'Irlande puis porte le combat au Dane-
mark, en Norvège, terres sitôt conquises. Il arrache la
France au général romain gouverneur de Paris.
Jusqu'en Italie, il conduit une innombrable armée à la
victoire. Chemin faisant, il s'attaque aux grands
seigneurs du Mal. Il extermine les géants et les
monstres. Ses victoires, il les doit aux vertus guerrières
de son épée qui a nom Calibourne (présent des fées de
l'île d'Avalon à leur protégé) et à son bouclier, orné
d'une image « faite à la semblance de Madame Sainte
Marie ».

Le prince devenu roi tient ses cours ordinaires en tel*
ou tel de ses châteaux préférés et sa cour plénière à
Carlion en l'actuel Pays de Galles. Le trouvère fait
une longue et minutieuse description de la célébration
des grandes fêtes. Les plus illustres et les plus vaillants
d'Europe ne manquent de venir rendre hommage au roi
Arthur, suprême monarque de l'Europe.

« ... Il n'y avait pas un Écossais, pas un Breton, pas
un Français, ni un Normand, un Angevin, ni un

Flamand, un Bourguignon, ni un Lorrain, ni aucun chevalier d'Orient ou d'Occident qui ne se crût obligé de paraître à la cour d'Arthur. Qui recherchait Gloire et Renommée y venait assurément, tant pour juger de la courtoisie d'Arthur que pour admirer ses États, connaître ses barons et recevoir de riches présents. Les pauvres gens l'aimaient, les riches l'honoraient. Les rois étrangers l'enviaient et le redoutaient. Ils craignaient qu'il en vînt à conquérir le monde entier et à leur ravir leur couronne. »

Le Roman de Brut décrit les rites de la cour plénière. Il conte comment les visiteurs, venus rendre hommage, s'honorent et se réjouissent de rencontrer le sénéchal d'Arthur, le Manceau maître Ké, Beduier l'Angevin, échanson du maître, Gauvain, homme du Nord, et le roi des Bretons d'Armorique, Hoël, cousin et allié du roi Arthur. Wace explique pour quelles raisons le roi créa l'ordre de la Table Ronde, « dont les Bretons racontent mainte fable ». Assis autour de la table dans les occasions majeures de la cour plénière « tous les chevaliers étaient égaux quels que fussent leur rang et leur titre. Tous étaient servis à table de la même manière. Aucun d'eux n'avait lieu de se vanter d'occuper une place plus honorable que son voisin. Il n'y avait parmi eux ni premier ni dernier ».

Les épreuves du roi remplissent la dernière partie du Roman de Brut. Arthur se voit trahi par son bien-aimé neveu Mordred. Sa femme, la reine Guenièvre, lui est ravie. Lui-même est blessé mortellement à la bataille de Camlan. Mais l'œuvre de Wace ne se termine pas sur les déplorations de cette mort. Plutôt sur la certitude d'une résurrection : sous un tertre sacré de l'île d'Avalon, veillé par les fées, Arthur dort d'un sommeil qui n'est que le prologue d'une nouvelle, héroïque et merveilleuse histoire.

Précédant de peu le roman en prose sur le même sujet, ce Roman de Brut en vers est la première œuvre *littéraire composée en français qui présente le roi Arthur, les personnages de sa cour, leurs caractères, les situations, les événements principaux de la vie seigneuriale.*

Il est évidemment impossible que les données du Roman de Brut *soient de l'invention du seul trouvère normand. Sans doute ne se réfère-t-il explicitement à aucune source, mais ses auditeurs et lecteurs étaient gens avertis. Ils pouvaient deviner que l'œuvre récitée était l'écho d'œuvres plus anciennes, ce dont nous pouvons aujourd'hui produire des preuves. Ces œuvres anciennes — armoricaines et galloises — attestent la très haute antiquité du personnage d'Arthur et une certaine authenticité de son caractère héroïque. Dès le haut Moyen Age, Arthur apparaît comme le défenseur des Bretons, le plus fameux des chefs de guerre qui menèrent la lutte contre l'envahisseur saxon.*

*Dans la compilation la plus ancienne que représente l'*Historia Brittonum *de Nennius (*IXe *siècle), l'auteur décrit les douze batailles livrées victorieusement par Arthur contre les Saxons. Il situe en 516 la victoire capitale du mont Badon. Les* Annales Cambriae *(Annales de Cambrie), qui datent des environs de l'an mille, rappellent la bataille de Camlan (537) où le chef de guerre trouve sa mort. (Peut-être commandait-il une cavalerie de mercenaires, épouvante de ces Saxons venus du bassin de la Tamise et poussant leurs troupes vers l'ouest de l'île.)*

La littérature galloise la plus ancienne nous apporte les premières grandes images épiques du héros. Elles apparaissent dans le Livre d'Aneurin, *le* Livre de Taliésin, *le* Livre noir de Carmarthen. *D'œuvre en œuvre et de siècle en siècle, ces images se transforment et s'enrichissent. Il apparaît dès l'origine que la tradition épique, à la fois historique et légendaire, dérive de représentations mythiques. Devenu fabuleux, le héros descend d'un père qui ne l'est pas moins :*

Uterpendragon (Uter-à-la-tête-de-dragon) est un personnage mythologique qui se désigne comme « Roi des ténèbres, mystère voilé, grand ordonnateur de la guerre ». Par l'effet de ses exploits, on le nomme « Miracle de l'épée ». Il décime les armées. Il foudroie les châteaux. Son bouclier est l'arc-en-ciel. On le célèbre avec les mêmes louanges que celles adressées au soleil. Mais la fortune du roi change lorsqu'il prétend conquérir des régions de l'Autre Monde. Dans le « Poème des dépouilles », *trentième poème du* Livre de Taliésin, *le barde cambrien rapporte le désastre subi par le Roi et trois grandes nefs partis conquérir l'île des Fées, ayant dessein de s'emparer du « chaudron merveilleux » et de délivrer un prisonnier de marque, le prince Gweir, condamné à chanter sans cesse jusqu'à l'heure du Jugement dernier. Mais l'expédition échoue, mortelle pour la plupart des audacieux. Un autre poème bardique assure que le roi fut enlevé au ciel où il règne sous l'image de la constellation de la Grande Ourse, appelée en langue galloise le « Chariot d'Arthur ».*

C'est ainsi que le souvenir toujours très présent de l'Arthur historique, magnifié par l'imagination héroïque, donna très tôt naissance à l'Arthur mythologique dont, cinq à six siècles plus tard, allaient s'inspirer les premiers romanciers français.

C'est par un mouvement inverse que vers le IXe *siècle la sagesse bardique allait humaniser la figure mythologique du roi Arthur et substituer même à l'Arthur historique un Arthur bardique humain, très humain, dont les romanciers futurs devaient garder beaucoup de traits. (C'est le même mouvement qui, à la même époque, dans le premier roman gallois arthurien de* Culhwch et Olwen *humanise et héroïse à la fois les figures mythologiques des* Mabinogion.)

LES LAIS

Si la part britannique fut immense dans l'élaboration de la matière de Bretagne, qui doit tant aux poèmes bardiques, aux sagas et aux contes gallois, la part des Bretons d'Armorique, plus récemment définie, doit être mise en valeur.

Illustrés par Marie de France qui au XIIe siècle compose sous ce nom des pièces littéraires parfaites, les « lais » bretons furent d'abord des inventions de harpeurs. Les écoles armoricaines de ces musiciens-poètes étaient célèbres et rivalisaient avec celles de Galles et de Cornouailles. Les harpeurs d'Armorique passèrent nombreux en Angleterre avec les seigneurs normands qui les entretenaient et, sitôt établis outre-Manche, leur distribuaient largement toutes sortes de biens. A beaucoup d'égards, les harpeurs poursuivaient l'œuvre poétique des bardes. Ils étaient bilingues et les rencontres qu'ils firent de leurs collègues gallois ou corniques furent occasion de beaucoup d'influences réciproques.

Les harpeurs mirent donc sous forme de lais composés en courts vers réguliers des histoires traditionnelles, des épisodes fantastiques et mystérieux, et surtout des épisodes d'amour. Les figures majeures de la littérature arthurienne n'y apparaissent que fugitivement et toujours en arrière-plan. Les héros des lais sont plutôt Ywenec, Éliduc, Lanval.

Qu'il s'agisse de Marie de France, de l'un de ses devanciers littéraires ou des harpeurs bretons allant de cour en cour, jamais le poète conteur ne situe précisément l'action de ses lais en tel pays de Celtie ou de Normandie. Elle se place plutôt dans le commun « royaume des lais ».

Les harpeurs qui récitaient ces poèmes en gallois aussi bien qu'en français les enrichissaient d'emprunts

*et des enjolivements de leur imagination. Plus impor-
tant était leur rôle — déjà littéraire — lorsque, pour
mieux satisfaire les désirs de leur auditoire, ils
reliaient divers épisodes, divers lais, afin de composer
la matière de ce qui allait être un court roman
susceptible lui-même de toutes sortes d'amplifications
et de métamorphoses. Ainsi en fut-il de l'histoire de
Tristan dont les versions les plus anciennes — de
Béroul et de la* Folie Tristan *de Berne — montrent
très évidemment ce qu'elles doivent, de façon très
proche, aux lais qui les ont inspirées.*

De cette riche littérature des lais, nous n'avons
conservé que les pièces les plus littéraires. Tant de
textes se sont évanouis que les considérations d'histoire
littéraire médiévale doivent être extrêmement pru-
dentes. Qu'on veuille bien songer, comme l'écrit Jean
Marx, que « nous n'avons conservé aucune bibliothèque royale ou seigneuriale, aucun catalogue d'une
de ces bibliothèques avant le XIVe siècle... L'énuméra-
tion des chevaliers de la cour arthurienne dans l'Érec
de Chrétien de Troyes, à chacun desquels devaient
correspondre un ou plusieurs lais, est une indication.
Enfin, étant donné l'ancienneté relative des mentions
de la légende de Tristan chez les troubadours, il y a eu
aussi de ce côté-là une littérature, bretonne et
arthurienne, dont le Jauffré est le seul reste. S'il est
vraisemblable que ces textes n'étaient pas de vastes
romans, il n'en demeure pas moins qu'il y a eu de ce
côté perte totale... ».

Ce sont des pertes de ce genre qui nous empêchent de
pouvoir préciser comment tel lai ou telle composition
de plusieurs lais a pu donner naissance à tels épisodes
d'un roman, fournissant visage et caractère des
personnages, situant dans la féerie leurs aventures
d'amour, expression d'un « fatum amoureux » toujours
souverain : « ... Si est de nous. Ni vous sans moi ni moi
sans vous... »

C'est par la grâce perpétuée de cette féerie qu'on souhaiterait découvrir les lais d'Yvain ou de Sagremor, ceux de Mordred « qui n'aurait jamais dû naître », ceux, peut-être, du Roi Pêcheur, de la Dame de Malehaut, de Gauvain fils du roi et de la reine d'Orcanie. Mais nous disposons d'assez d'éléments sûrs pour affirmer qu'à travers les poèmes narratifs des lais, les Bretons d'Armorique ont joué, dans la création et dans la propagation de la littérature courtoise arthurienne, un rôle de première importance.

LA TABLE RONDE

La plupart des exploits des chevaliers d'Arthur trouvent leur point de départ dans la réunion rituelle de ceux-ci autour d'une Table des Festins bientôt représentée comme une Table Merveilleuse : la Table Ronde. C'est de là que, pour l'honneur, on part vers l'aventure héroïque. C'est là que le chevalier aventureux revient s'asseoir et retrouver ses pairs. Dans le cycle de la Quête du Graal, elle est représentée comme l'œuvre de Merlin l'Enchanteur. Dans plusieurs œuvres, les poètes bardiques nous montrent le roi et ses chevaliers à table. Ils ne disent mot d'une forme particulière de celle-ci. Wace le Normand rapporte, dans son Roman de Brut, qu'elle fut taillée et construite sur ordre d'Arthur pour ses barons familiers. Mais il ne dit rien non plus de sa forme. Toutefois il mentionne en deux vers que « les Bretons disent maintes fables » à propos de cette « ronde table ».

A considérer les œuvres contemporaines ou ultérieures, on constate toute une élaboration de la fameuse table (élaboration souvent bien mystérieuse et déconcertante).

Cette fois, point de débat. Aucune autre œuvre ne présente quoi que ce soit qui ressemble à cette « ronde table ». Les plus anciens poèmes gallois, les triades, les contes, non plus que les « lais » armoricains.

A l'origine de la Table arthurienne, il y a certainement plusieurs traditions celtiques. La plus générale est celle de la « Table des Festins ». En certaines régions, et en certaines occasions, cette table pouvait justement être de forme ronde s'il faut en croire le témoignage d'un voyageur grec, Posidonios, qui, vers 50 avant Jésus-Christ, visita la Gaule (mais non la Bretagne insulaire). Le Layamon *et le* Festin de Bricriu, *contes épiques irlandais, rapportent un épisode de querelle de préséances. Dans ce* Festin, *le roi Conchobar siège à une table solennelle et mystérieuse (mais non point « ronde table ») entouré de douze pairs. Ces contes épiques irlandais ont-ils été connus des romanciers du* XIIIᵉ *siècle? A travers tout un jeu de traditions, la chose n'a rien d'impossible. Les chemins détournés sont souvent les plus sûrs.*

Ce n'est pas céder à des spéculations extravagantes que de mettre l'invention de la Table Ronde en rapport avec des mythes solaires. On sait le rôle des symboles solaires dans l'art ornemental irlandais. (La « Croix celtique » n'est-elle pas imposition d'une croix sur un cercle?) Ainsi Arthur, mythique héros solaire à l'origine, pourrait-il être dit très justement inventeur de la très solaire Table Ronde.

De cette table, les convives guerriers bondissaient aux jeux du combat. Ainsi advint-il pour les convives chevaliers que le terme de « table ronde » désignât au XIIIᵉ *siècle un tournoi de grande festivité.*

Dans le cycle arthurien, la Table des aventures se verra douer, plus tard, d'un pouvoir moral dont parle Robert de Boron dans son Merlin. *Les chevaliers qui y prennent place se trouvent sitôt liés de si grande affection, dès le premier repas pris en commun, qu'ils*

*ne voudront jamais se séparer. Ils s'aiment désormais,
« comme un fils doit aimer son père ». S'asseoir à la
Table Ronde pour avoir part à ses bienfaits exprime
alors l'idéal de la chevalerie.*

On lit deux vers dans le Tristan *de Béroul qui
disent tout, peut-être, de la Table Ronde :*

Ja verroiz la Table Ronde
Qui tournoie comme le monde.

*Cette représentation se trouve confirmée par un
commentaire du* XIIIe *siècle : cette table « signifie la
rondece del monde et la circonstance et les éléments del
firmament ». Interprétation évidemment platonicienne
qui ne doit pas étonner quand on sait la faveur du*
Timée *au* XIIe *siècle et le grand nombre de commen-
taires que suscita ce dialogue. Platon y affirme que le
monde est « sphérique et circulaire ». Dieu l'a fait selon
cette forme, « les distances étant partout égales depuis
le centre jusqu'aux extrémités. C'est de toutes les
figures la plus parfaite et la plus constamment
semblable à elle-même... Quant à l'âme, l'ayant placée
au centre du corps du monde, il l'étendit à travers le
corps tout entier et même au-delà de lui, et il en
enveloppa le corps. Il forma ainsi un ciel circulaire,
ciel unique, solitaire, capable par sa vertu propre de
demeurer en soi-même, sans avoir besoin de rien
d'autre, mais se connaissant et s'aimant lui-même
suffisamment ».*

*Peu à peu la table-de-nulle-préséance a été considé-
rée comme la Table parfaite, Table à l'image du
monde et du ciel parfait. Placé au centre du corps de
la Table, le vaisseau mystique du Graal en est comme
l'âme rayonnante. Il arrivera un temps de la
« Quête » où les aventureux, les héros de la prouesse
n'y auront plus leur place. Seuls seront admis à la*

Table mystique les très purs, les Perceval, les Galaad.

Le passage extrait du Timée, *qui dut être si bien connu des romanciers du* XIIIe *siècle, suggère aussi que la Table appelle autour d'elle la réunion fraternelle et mystique d'une élite venue de tous points de l'univers chrétien et païen.*

Cette « table qui tournoie » est aussi une table parlante. Table des enchantements, elle serait en communication avec une Table de l'autre monde. N'est-elle point faite de la « pierre qui braie », de la pierre qui parle? (Encore une tradition celtique. On pense à la « pierre du destin » irlandaise qui criait lorsque la touchait le guerrier qui devait être roi d'Irlande.) Il revient à cette « table parlante » de désigner le héros, seul digne de s'asseoir à la place interdite et, plus tard, de proclamer la fin des enchantements.

La Table du Graal est-elle la même que la Table Ronde? Assurément des rapports constants les unissent et toutes deux aussi à la Table de la Cène. Le XIIIe *siècle fut hanté par le mystère de la Trinité. Les rapports mystiques peu à peu établis entre ces trois tables (et de plus en plus explicitement) peuvent être considérés comme une expression de cette hantise.*

VIE ET ŒUVRE DE CHRÉTIEN DE TROYES

Comme il en est pour la plupart des écrivains du Moyen Age, nous ne connaissons que bien peu de la vie de Chrétien, admirable maître d'œuvre et créateur de l'épopée courtoise française. Sur tant de points nous en sommes réduits, autour de quelques données certaines, à solliciter les textes et à conjecturer.

Chrétien est Champenois, probablement né à Troyes vers 1135. Il est l'auteur de sept romans dont six se rapportent à la légende arthurienne : Érec et Énide, Cligès ou la Fausse Morte, Lancelot le Chevalier à la charrette, Yvain le Chevalier au lion *composent le cycle aventureux de Chrétien.* Perceval *traite de l'aventure mystique.* Le Chevalier à la charrette *et le* Perceval *sont tous deux inachevés. Le roman de* Guillaume d'Angleterre, *inspiré de la légende de saint Eustache, se révèle comme la plus valeureuse et la plus heureusement annonciatrice parmi les œuvres de jeunesse. On se consolerait des pertes inévitables s'il ne s'agissait que d'imitations d'Ovide. Mais nul n'a jamais pu découvrir le premier* Tristan *de notre littérature, pourtant œuvre assurée de Chrétien et, sans doute, celle qui lui était la plus chère...*

Ce qui est certain, c'est que Chrétien de Troyes se plaça successivement sous deux patronages : celui de la cour de Champagne puis celui de la cour de Flandres. L'éclat sans égal de la reine Aliénor d'Aquitaine, son attrait, sa souveraineté sur les lettres permettent de penser que Chrétien fut d'abord tenté par ce patronage si recherché. Mais les circonstances politiques et une certaine défiance d'Aliénor la « provençale » à l'égard d'un homme du Nord se prêtèrent mal sans doute à l'entreprise.

Ce qu'il n'avait pu obtenir de la faveur d'Aliénor, Chrétien de Troyes devait plus naturellement l'obtenir, vers 1162, d'Henri Ier de Champagne qui allait devenir, deux ans plus tard, l'époux de Marie, l'une des deux filles d'Aliénor. Ainsi gouvernée, la cour de Champagne tenait à ses prérogatives littéraires. Marie pouvait deviner que Chrétien en serait une illustration. Vers 1165, elle proposa le sujet périlleux de Lancelot le Chevalier à la charrette, *roman que, d'ailleurs, il ne devait pas terminer, en confiant l'achèvement à un autre Champenois de bien moindre talent, Geoffroy de Lagny.*

En mars 1181, le protecteur champenois mourut.

Marie de Champagne, désertant la courtoisie pour la dévotion, Chrétien de Troyes reporte ailleurs son hommage : vers la cour la plus opulente et la plus insigne par ses traditions de protectrice des arts : la cour de Flandres, où régnait le comte Philippe d'Alsace. Rien d'étonnant dans ce choix de Chrétien : les relations politiques, marchandes et littéraires étaient coutumières entre Champagne et Flandres.

Ce nouveau patronage correspond à une nouvelle orientation spirituelle et littéraire de l'œuvre de Chrétien. On peut y découvrir l'influence de Philippe d'Alsace. Celui-ci prêta au romancier un ouvrage dont devait naître le roman mystique de Perceval. *Si ce roman demeura, lui aussi, inachevé, ce fut par cause de la mort du romancier survenue avant le départ de son protecteur pour une croisade dont il ne devait revenir. Ainsi peut-on penser que Chrétien de Troyes trouva sa fin en pays de Flandres avant l'an 1190.*

Voilà les éléments certains ou très probables d'une biographie du romancier. Ce qu'on en dit de plus n'est que conjecture ou effet de l'imagination : Chrétien fut-il clerc? C'est fort possible. Chrétien fut-il héraut d'armes? Le grand érudit Gaston Paris le suppose, en se fondant sur un passage du Chevalier à la charrette. *S'il apparaît que le romancier fut, pendant un temps, familier de la cour de Champagne, rien ne permet de dire qu'il le fut aussi, plus tard, de la cour de Flandres. Aurait-il séjourné en Angleterre? On croit le deviner à travers ses connaissances géographiques et les précisions qu'il donne sur plusieurs villes anglaises (mais ces précisions pourraient bien être de seconde main).*

*Des relations suivies existaient entre la cour de Champagne et celle de Bretagne. On aimerait savoir assurément si l'auteur d'*Érec *et d'*Yvain *voyagea en Bretagne et résida quelque temps à Nantes, capitale* *du duché souverain. N'est-ce pas dans la cathédrale de Nantes que le roi Arthur couronne Érec et Énide? Chrétien ne serait-il pas venu en cette ville en 1158 à l'occasion du couronnement, dans cette même cathédrale, de Godefroy, frère d'Henri II Plantagenêt? Ne se serait-il inspiré des fêtes de ce couronnement pour conter, un peu plus tard, les fastes de celui des deux jeunes héros? A l'occasion de ce séjour, Chrétien n'aurait-il pu prendre contact de façon vivante, avec la « matière de Bretagne »? N'y aurait-il pas fréquenté les fameux harpeurs gallois et bretons d'Armorique qui ne pouvaient manquer d'être de ces fêtes? Il les aurait donc écoutés en Bretagne même, dans leurs rhapsodies de lais et autres poèmes. Les érudits tels que Ph. Aug. Becker et St. Hofer* (Zeitschrift für romanische Philologie, 1928) *considèrent comme certaine la visite de Chrétien à Nantes. Becker pense même qu'il aurait pu y demeurer assez longtemps pour y composer* Érec et Énide. *Ceci n'est qu'hypothèse.*

Plusieurs médiévistes très justement renommés s'accordent sur la réalité et l'importance de ce séjour de Chrétien dans la capitale bretonne. Au nombre de leurs meilleurs arguments figurent des arguments de topographie comparée.

L'ART DU ROMANCIER ET LES PROBLÈMES DE TRADUCTION

Je crois qu'on ne peut saisir dans son essence l'art inventif et expressif de Chrétien si l'on ne se souvient constamment que l'usage était alors de lire les romans, arthuriens et autres, devant des assemblées. Dès lors tout s'explique : narration et poésie. Dès lors on comprend la raison des rappels et des répétitions (qui ne sont point seulement procédés rhétoriques), la raison d'être d'une certaine prolixité comme de cer-

tains silences ; le rôle des dialogues qui animent la lecture en introduisant des scènes jouées, celui des ornements descriptifs. Le lecteur doit obtenir sans trêve l'adhésion, la complicité de celui qui écoute, faire que l'oreille voie, que l'esprit et le cœur partagent. Pour l'art du romancier-lecteur l'essentiel est l'usage et la maîtrise de la diversité. Composition pour l'oreille, diversité et unité, c'est la même règle qui vaut aujourd'hui pour l'auteur d'œuvres radiophoniques.

Ainsi advint-il que les premiers romans français furent ce qu'il est permis d'appeler des « romans contés » ou « romans parlés ». C'est en nous souvenant de ce caractère que nous avons établi ici la traduction des quatre œuvres présentées.

Chez Chrétien, magnifique ouvrier des lettres, la narration appelait naturellement ce mètre privilégié, l'octosyllabe. Plein de ressources orales pour le « récitateur », il est grâce diverse, mouvement naturel, chant discret ou insistant, toujours complice de la mémoire. Jamais il ne pèse dans l'expression de l'essentiel ni dans les inventions de l'ornement. Familier, didactique ou dramatique, le dialogue emprunte avec aisance cette forme qui peut être aussi bien raison que poésie.

Tous les traducteurs savent que nulle prose, si fidèle et adroite qu'elle soit, n'approchera jamais de la forme à la fois poétique et romanesque de Chrétien de Troyes.

Comment peut-on oser « traduire » :

Cerf chassé qui de soif alainne
ne désire tant la fontaine
n'éperviers ne vient à reclain
si volontiers, quand il a faim
que plus volontiers ne venissent
A ce que nu entretenissent...

Et la perfection de ce dialogue ne désarme-t-elle pas :

> En ce vouloir m'a mon cœur mis
> — Et qui le cœur, beau doux ami ?
> Dame, mes yeux — Et les yeux qui ? —
> La grand beauté qu'en vous je vis.

Sans doute, ici, le traducteur, recourant aux ressources de la prose rythmée, peut-il tenter de transcrire assez fidèlement le chant du dialogue (du « duo » faut-il plutôt dire). Mais n'est-elle pas déjà trahison, la nécessaire transcription en prose de cette impression si délicatement et si savamment suggérée :

> Et la nuiz et li bois li font
> Grand ennui, et plus li ennuie
> Que li bois ne la nuiz la pluie...

Tous les traducteurs de nos premiers romans (qui étaient aussi des poèmes) ont eu conscience navrée de la mutilation que représente inévitablement l'abandon de la forme poétique octosyllabique. Mais mieux vaut la prose, bien sûr, qu'aucune autre transcription en quelque autre mètre que ce soit (on en a tenté de détestables au XIXe siècle).

Des chefs-d'œuvre de traduction en octosyllabes ont été réalisés par le bon et très savant maître que fut Gustave Cohen. Il ne s'agit que de fragments ou épisodes. Sans doute peut-on rêver d'œuvres entières, sur papier bible, traduites avec un sens aussi prodigieux. Mais nos habitudes de lecture feraient obstacle aux effets de ce prodige même (surtout que nous lisons ces œuvres ou bien nous nous les lisons sans plus les entendre de la bouche d'un interprète). Rien ne pourrait contre un certain sentiment de monotonie. Ainsi faut-il sacrifier l'instrument — pourtant parfait

— de la versification originale et se confier à la prose. Ce qui importe ici avant toute chose, n'est-ce pas de trouver l'équivalent naturel le plus proche de l'originalité?

On sait aussi que toute langue (ou tout état historique d'une langue) est directement informée par une certaine vision du monde, par une certaine conception des rapports entre les hommes et entre les choses. Cela fait qu'une situation commune exprimée en deux langues (ou même selon deux états d'une même langue) ne peut être transcrite simplement de façon authentique. Lorsqu'un écrivain du XIIIe siècle parle de « mettre la table », il est certain qu'usant de telle expression, il caractérise des situations concrètes par des traits différents de ceux qu'emploiera l'écrivain du XXe siècle. Il en est de même pour des situations psychologiques et morales. Parler une langue, écrire en cette langue c'est nécessairement voir le monde d'une certaine manière. Chaque mot, chaque expression représente une idée du monde. C'est là ce qui fait de chaque langue un trésor absolument unique. Chaque fois qu'une langue est attaquée dans son existence, chaque fois qu'une langue s'appauvrit, se dégrade et meurt, c'est une irremplaçable conception du monde qui disparaît.

En ce qui regarde le groupe des langues celtiques, il est certain que l'extinction du cornique (langue de la Cornouailles insulaire) et celle du manxien (langue de l'île de Man) ont représenté une perte grave. La résistance populaire et savante du breton armoricain, celle du gaélique d'Écosse, le maintien du gallois, la restauration du gaélique d'Irlande témoignent et témoigneront d'une vie de l'univers commune à toutes les nations celtiques souveraines ou qui le furent. Revenant au problème de la traduction, ajoutons que toute langue comporte un certain nombre d'unités de base linguistiques (phonèmes, monèmes, caractéris-

tiques syntaxiques). Même dans les cas les plus heureux (dont le cas présent où il s'agit de deux états d'une même langue) il s'en faut de beaucoup que ces unités de base soient commensurables. De là les détours, l'invention des approximations nécessaires et le succès toujours relatif et de qualité variable de cette opération.

Entreprenant cet ouvrage, j'avais d'abord pensé transcrire dans leur forme originelle quelques passages qui m'auraient expressément « invité » à les traiter ainsi. (Il y a des pages où le traducteur ressent cette invite de façon très pressante, très tentante et réconfortante : procédant ainsi il serait permis même occasionnellement le contact le plus authentique avec l'œuvre.) J'y ai finalement renoncé au bénéfice de l'unité de traduction toujours essentielle, mais le chant de l'octosyllabe demeure entendu, je l'espère, dans chacun de ces passages privilégiés.

L'ENCHANTEMENT

Les romans arthuriens de Chrétien de Troyes représentent un moment de la tentative dont l'histoire est toute l'histoire de l'homme. Au-delà des institutions, au-delà de toutes les raisons et de toutes les folies il s'agit de conjurer les effets d'une faute originelle, d'une séparation et de toutes leurs conséquences mortelles. Il s'agit de réaliser l'Âge d'Or, l'ère glorieuse où l'homme sera réconcilié avec Dieu, avec le monde, avec lui-même. La voix de Virgile est toute proche à l'écrivain médiéval comme à l'homme de tous les temps :

C'est aujourd'hui que naît le grand orbe des siècles
Un nouvel univers descend du haut des cieux...

Il revient à la cour d'Arthur de préfigurer l'ordre des beaux temps à venir. Un souverain y préside, incarnation de la Puissance qui rassemblera un jour les nations comme il a su rassembler, autour de la Table Ronde, les chevaliers devenus ses barons. Le souvenir d'Alexandre et plus encore celui de Charlemagne, empereur d'Occident, hantent les esprits. Les deux empereurs retrouvent vie et mission en la personne du roi Arthur. Il est certain que ces romans d'amour et d'exploits expriment une intention politique et au-delà, la nostalgie métaphysique de l'Unité retrouvée.

Aujourd'hui on lit ces romans pour l'enchantement, pour les grands ébats de l'imagination émerveillée. Et, lisant tel passage, vivant tel épisode d'une aventure, il arrive que l'on se sente saisi d'un sentiment très étrange : au cœur de ce passage, de cette aventure, on croit saisir confusément l'écho de quelque chose de proprement mystérieux, l'écho d'un enseignement secret. Il manifeste la pensée des origines, des âges celtiques lointains : ce n'est pas médire de Chrétien que supposer qu'il ne pouvait être sensible à la pensée animant les œuvres galloises et armoricaines dont il s'inspira. Pourtant il en subsiste cet écho qui trouble et inquiète dans les œuvres françaises du romancier.

La plus grande merveille c'est la générosité de ces romans qui se donnent intimement en partage. Ce n'est pas assez dire qu'ils nous font entrer dans le monde périlleux de la quête de joie. Ils nous multiplient, ils nous entraînent dans le monde des métamorphoses, comme le célébrait le barde Taliésin chantant : « J'ai été un torrent sur la pente. J'ai été un saule, un sanglier. J'ai été un cri dans la bataille. J'ai été une vague brisant sur l'immense rivage... » Nous entrons, nous aussi, dans le cycle des métamorphoses. Nous pouvons dire : J'ai été Érec qui faillit sombrer dans l'oubli de la vaillance. J'ai été Yvain, j'ai été

Lancelot *parti délivrer la reine. J'ai été* Cligès *et* Soredamor...

Dans le cours de tant de vies nous acquérons plus de vie. C'est là l'Enchantement dont nous ravit la bouche d'or.

Jean-Pierre Foucher.

NOTE DU TRADUCTEUR

Les présentes traductions sont fondées sur le texte établi par Wendelin Foerster (Christian von Troyes : *Sämtliche erhaltene Werke,* Halle, Niemeyer, 4 volumes, 1884-1898).

J'ai considéré, bien sûr, ce que pouvaient m'apporter les textes de Chrétien de Troyes publiés dans la collection des « Classiques français du Moyen Age » (Champion, 1952-1960).

Érec et Énide

Le poète-romancier de Troyes s'est vanté de ce que les siècles conserveraient mémoire de son roman Érec et Énide « tant que durerait Chrétienté ». Avant de le composer, il avait commis diverses imitations d'Ovide, dont un Philomena que l'on a conservé. Il avait écrit un Guillaume d'Angleterre que nous possédons et probablement un Tristan dont on déplore de n'avoir pu jusqu'ici retrouver le manuscrit.

Si Érec et Énide nous est une œuvre particulièrement précieuse et chère, c'est qu'elle représente le premier roman du cycle arthurien et breton, littérature qui rayonnera sur l'Europe entière pendant plusieurs siècles. On ne tardera pas à trouver des versions de ces romans en toutes langues méridionales, germaniques, scandinaves et l'Orient lui-même brodera sur les thèmes des romans arthuriens.

Dans notre littérature, Érec et Énide est la première grande œuvre personnelle, affirmée et revendiquée comme telle par son auteur. En quelques vers, celui-ci tient à se définir comme un écrivain savant en son art et n'ayant rien de commun avec les jongleurs qui font pénible métier de conter des histoires. La vanité que trahissent ces propos pourrait donner de Chrétien une image peu sympathique. Il est bon de *savoir que, se vantant ainsi, l'auteur ne faisait que sacrifier à un usage hérité de l'Antiquité. Il rendait la pareille aux jongleurs et autres rhapsodes qui ne manquaient jamais de railler les « écrivains » incapables de séduire oralement un auditoire.*

Ce premier roman arthurien fut écrit entre 1160 et 1164. Pas plus que pour les romans ultérieurs qui composeront le cycle, la matière de celui-ci n'est de l'invention de Chrétien. Elle est empruntée au « fonds breton », britannique et armoricain. Dans le préambule, Chrétien se fait gloire d'œuvrer selon les règles d'un art sincère qui lui interdit de « dépecer et corrompre » un conte originel comme ont coutume de le faire les jongleurs tant bretons que français.

Il en est donc d'Érec comme il en sera de Cligès, d'Yvain et de Lancelot : le roman de Chrétien est fondé sur un conte gallois et sur quelques « lais » des Bretons d'Armorique. En deçà de cette inspiration prochaine, il faut remonter à la tradition héroïque des Celtes, aux sages de Cambrie et de Cornouailles.

Ainsi est-il certain qu'à l'origine lointaine de l'œuvre qui nous occupe, il y a l'épopée de Ghereint, chef d'armée gallois, ennemi des Saxons, ami des saints, désigné comme compagnon d'Arthur dans le poème du barde Llywarch-Hen (VIe siècle) : « Chant de mort de Ghereint, fils d'Erbin. » Les poètes bardiques lui donnent pour femme Énit, fille d'Enioul, comte de Cornouailles, qu'ils célèbrent comme l'une des trois plus belles femmes de la cour d'Arthur.

Si Ghereint est devenu Guerec puis Érec et le roi Erbin, le roi Lac, la faute en est à l'invention des Bretons. Chrétien le fait dire à Érec :

Érec fils de Lac ai nom
Ainsi m'appellent les Bretons.

On peut rappeler ici qu'Érec fut le nom d'un chef de

guerre vannetais du haut Moyen Age (le pays de Vannes s'appelle d'ailleurs, en breton, le « Bro-Erech », le « pays d'Érec »). Quant au nom d'Énide, on peut remarquer, sans se lancer dans les hypothèses hasardeuses, qu'il présente une parenté avec le nom breton de la ville de Vannes : Gwened, « la blanche ».

L'épopée de Ghereint, fils d'Erbin, inspirera près de six siècles plus tard une « histoire » ou un « conte de Ghereint fils d'Erbin ». A la manière galloise, simplement, clairement, sans user d'artifices, ce conte rapporte une suite d'aventures héroïques et fabuleuses dont Chrétien, les traitant à sa manière française, fera le « roman d'Érec et Énide ». Une thèse récente mais très hypothétique suppose que le roman gallois et le roman français, à peu près contemporains, représenteraient deux adaptations d'un conte antérieur dont le texte a disparu.

Il n'est que de lire les débuts du conte gallois et du roman de Chrétien pour mesurer ce qui sépare les deux œuvres, tant par l'effet de modifications matérielles que par celui d'une conception française et courtoise.

Le conte gallois commence sans préambule :

« Arthur avait coutume de tenir sa cour à Kerléon-sur-Osk. Il l'y tint sept fois à Pâques et cinq fois à Noël, et même parfois à la Pentecôte, parce que Kerléon était la ville de son royaume la plus abordable par terre et par mer... »

Chrétien, lui, compose d'abord un prologue moral, descriptif de son intention puis il écrit très librement :

« Au jour de Pâques, au temps nouveau, le roi Arthur tint sa cour en son château de Caradigan. Jamais on n'avait vu si riche cour... »

Autre exemple, fourni par l'épisode de la rencontre entre le « nain félon » et la suivante de la reine Guenièvre : le nain va droit à la suivante et, d'un coup de fouet très brutal, il la frappe en plein visage, si violemment que le sang jaillit. Le nain de Chrétien, lui, s'adresse à la jeune fille pour lui ordonner de n'avancer davantage. Puis le narrateur explique pourquoi le nain crève de dépit. S'il le montre voulant frapper la suivante au visage, celle-ci sait bien se protéger et le nain ne peut blesser que la main nue.

Dans l'épisode initial de la chasse du Blanc Cerf, le conte gallois précise que le prix du vainqueur est la tête sanglante de l'animal : « ... Que le chasseur qui forcera le cerf lui tranche la tête et en fasse don à sa dame ou à celle de son ami. »

Dans le roman de Chrétien, le prix est un baiser donné par le roi à la plus belle de la cour : ainsi Arthur accordera-t-il cette faveur à Énide pour maintenir les usages établis par le roi son père.

Plus tard, lorsque Érec décide brusquement de quitter la vie oisive et sensuelle qu'il mène auprès de sa jeune épouse, le conteur gallois n'y voit qu'affaire de jalousie : Érec, jaloux, n'aurait dessein que de dérober Énide aux poursuites d'un rival. On sait — ou l'on verra — quel mobile chevaleresque invente Chrétien qui donne ainsi un tout autre sens à ce départ et aux aventures qui s'ensuivent.

Le conte gallois se termine par une laconique mention :

« Il retourna en ses États et vécut désormais heureux. »

La manière de Chrétien est tout autre : ce retour d'Érec est pour lui l'occasion d'un final grandiose. Érec succède à son père sur le trône d'Armorique. Arthur lui-même se rend en ce pays pour présider, à Nantes, aux cérémonies du sacre. L'évêque couronne Érec. Le roi Arthur lui remet le sceptre.

Dès ce premier roman arthurien, Chrétien se révèle comme un maître à conter. Sans doute les caractères des personnages sont-ils encore assez schématiques. Érec est le parfait héros chevalier et Énide la parfaite épouse. Mais la glorification de l'aventure importe *plus que l'analyse psychologique — qui a d'ailleurs sa part — et l'on peut dire que le débat est permanent autour du problème posé par ce roman à thèse qui ne laisse à aucun moment d'être un conte glorifiant l'aventure. Chrétien sait, selon les besoins, décrire ou évoquer les situations, les lieux, les usages, les gens et les choses.*

L'œuvre paraît s'inventer elle-même. De là vient l'attrait particulier d'Érec et Énide (ainsi en est-il souvent des premières œuvres, moins sensiblement gouvernées que celles qui suivront par la sûreté d'un art parfaitement conscient de ses moyens).

Amour et mariage doivent céder devant l'aventure. Ainsi le veut l'ordre de destinée.

Pour emprunter au langage musical, on pourrait dire que chacun de ces romans représente une rhapsodie librement composée suivant des règles souples que le romancier se donne puisqu'il est l'inventeur du genre. Or il est certain que comme l'écrivait Albert Béguin : « il y a beaucoup à faire pour que les œuvres poétiques du Moyen Age redeviennent des œuvres d'une lecture facile et agréable... » Dans cet esprit d'introduction à des textes anciens, j'ai cru pouvoir ne retenir que les moments, les motifs essentiels des « rhapsodies » d'Érec et de Cligès, reliant les épisodes majeurs par quelques lignes restituant le fil de ces histoires enchantées.

Au jour de Pâques, au temps nouveau, le roi Arthur tint sa cour en son château de Caradigan. Jamais on n'avait vu si riche cour avec tant de bons chevaliers, hardis, courageux et fiers, tant de nobles dames et demoiselles filles de rois. Avant de donner congé à l'assemblée, le roi annonça qu'il voulait chasser le Blanc Cerf pour faire revivre la coutume. Cela ne plut guère à monseigneur Gauvain. Dès qu'il entendit les paroles du roi :

« Sire, dit-il, de cette chasse nul ne vous saura gré ni grâce. Nous savons tous que celui qui occit le Blanc Cerf a droit de donner un baiser à la plus belle des jeunes filles de votre cour. Respecter un tel usage peut être l'occasion d'un grand trouble, car il est bien ici cinq cents demoiselles de haut parage, toutes filles de rois belles et sages. Chacune a pour ami un chevalier. Il prétendra — à tort ou à droit — que son amie est la plus belle et la plus gente.

— Je le sais bien, répondit le roi, mais je ne changerai rien à ce que j'ai dit. Parole de roi ne doit être contredite. Demain matin nous partirons tous chasser le Blanc Cerf dans la forêt aventureuse. Cette chasse sera très merveilleuse. »

Le lendemain, dès l'aube, le roi se lève. Pour aller en forêt il se vêt d'une courte cotte. Il fait éveiller les chevaliers, apprêter les chevaux de chasse. On prend les armes et les flèches. On s'éloigne vers la forêt.

Derrière la troupe des chevaliers s'en venait la reine, en compagnie d'une fille d'honneur qui montait un palefroi blanc. Suivait un chevalier qui s'appelait Érec. Il était de la Table Ronde et avait grand renom à la cour. Jamais nul n'y fut tant loué. En nul pays on n'aurait pu trouver plus beau chevalier, plus preux et plus aimable. Il n'avait pas vingt-cinq ans et jamais homme de son âge ne fut de si grand courage. Que dirai-je de ses qualités ? Bien campé sur son destrier, il était vêtu d'un manteau d'hermine, d'une cotte de diapre noble qui venait de Constantinople, de chausses de soie brochées. Roide sur ses étriers, il portait des éperons d'or. Il n'avait apporté d'autre arme que son épée.

Le jeune chevalier piqua au détour du chemin et vint à hauteur de la reine.

« Dame, dit-il, s'il vous plaît je chevaucherai à votre côté sur ce chemin. Je suis venu seulement pour être auprès de vous. »

La reine l'en remercia.

« Bel ami, sachez-le bien : j'aime beaucoup votre compagnie. De meilleure je n'en puis avoir. »

Lors ils chevauchent bon train et en forêt entrent tout droit. Ceux qui les avaient devancés avaient déjà levé le cerf. Les uns cornaient, d'autres criaient. Les chiens couraient, bondissaient, aboyaient, s'élançaient sur le cerf. Les archers décochaient de loin de lourdes pluies de flèches. Courant devant eux tous, le roi présidait la chasse sur un cheval espagnol.

Dans le bois, la reine Guenièvre écoutait les chiens, ayant auprès d'elle sa suivante et le cheva-

lier Érec. Ceux qui avaient levé le cerf furent
bientôt si éloignés qu'on n'entendait plus rien, ni
cor ni chien, ni hennissement.

Pourtant tous trois tendaient l'oreille. Pour
tâcher de surprendre quelque bruit de paroles,
quelques abois lointains, ils gagnèrent un essart et
demeurèrent là un instant. Alors ils virent s'approcher un chevalier en armes, l'écu au cou, la lance au
poing. Chevauchait à sa droite une jeune fille de
belle mine et devant eux, sur un grand roncin,
venait un nain ayant en main un fouet à nœuds. La
reine, qui les avait aperçus de loin, était curieuse de
savoir qui étaient le chevalier et la jeune fille. Elle
dit à sa suivante :

« Demoiselle, allez dire à ce chevalier qu'il
vienne à moi et m'amène cette jeune fille. »

La suivante y va tout droit. Mais le nain tenant le
fouet se porte à sa rencontre. Il lui crie :

« Demoiselle, que cherchez-vous ici ? Vous
n'avez que faire plus avant !

— Nain, dit-elle, laissez-moi passer ! Je veux
parler à ce chevalier ! C'est la reine qui m'envoie. »

Mais le nain se met par le travers du chemin. Il
lui crie encore :

« Arrière ! Arrière ! Vous n'avez ici que faire !
Vous n'avez à parler à si grand chevalier ! »

La suivante a grand mépris pour un être aussi
petit qui ose lui parler ainsi. Elle s'avance, voulant
passer de force. Mais le nain lève son fouet pour la
frapper au visage. Elle se protège de son bras. Le
nain lui cingle la main nue, lui cingle encore l'autre
main qui toute rouge en devient. Quand elle voit
que c'est sans recours, la suivante recule et se
retire. Le visage baigné de larmes, elle s'en revient
vers la reine.

Celle-ci dit alors : « Érec, bel ami, je suis fâchée
que ce nain ait blessé ma suivante. Le chevalier est

un mauvais homme qui a permis qu'une telle engeance frappe si belle créature. Érec, allez au chevalier et dites-lui qu'il vienne de suite. Je veux les connaître, lui et son amie. »

Érec pique des éperons et galope tout droit. Le nain le voit venir. Il court au-devant d'Érec.

« Arrière, vassal ! Que venez-vous faire ici ! Éloignez-vous, je vous l'ordonne ! »

Mais Érec lui répond :

« Fuis plutôt, nain affreux ! Laisse-moi passer !

— Vous ne passerez pas !

— Je passerai !

— Non point ! »

Érec repousse le nain qui, furieux, le cingle si fort que les lanières lui marquent le cou et le visage. Érec sait bien qu'il ne gagnerait rien à tuer le nain, car il voit devant lui le chevalier en armes, plein de méchanceté et d'arrogance, qui le menace :

« Si tu frappes mon nain, je t'occis ! »

Folie n'est pas courage et Érec fait fort sagement en s'éloignant.

« Dame, dit-il à la reine, voici que j'ai souffert encore plus grand outrage ! Ce nain affreux m'a frappé si fort qu'il m'a enlevé la peau du visage. Je n'ai osé le toucher ni le blesser. Nul ne doit me le reprocher, car je me trouvais sans armes. D'ailleurs, le chevalier maître du nain ne me l'eût permis et même il m'eût sûrement occis. Mais je veux vous jurer que, sitôt que je le pourrai, je vengerai ma honte ou la ferai plus grande encore. Pour l'heure mes armes sont trop loin. Je n'en croyais avoir besoin et les laissai à Caradigan quand nous partîmes ce matin. Si j'allais présentement les chercher, je ne pourrais plus jamais rejoindre ce chevalier, car il s'éloigne à grande allure. Mieux vaut que je le suive — ou de près ou de loin — jusqu'à ce qu'on me prête ou loue des armes à ma

convenance. Alors le chevalier me trouvera paré
pour le combat. Dame, sachez que, sans nulle
faille, nous nous battrons si durement qu'il faudra
que l'un de nous soit vainqueur. J'espère être de
retour d'ici trois jours au plus tard. Lors vous me
reverrez au château, content ou dolent, je ne sais. Je
ne puis tarder davantage. Il me faut suivre le
chevalier. Je m'en vais et vous recommande à
Dieu. »

La reine lui donne son congé et le recommande
de même, plus de cinq cents fois, je crois bien,
pour que du mal Dieu le défende.

Érec se part donc de la reine et s'éloigne à la
poursuite du chevalier. La reine demeure dans le
bois où Arthur est venu assister à la prise du Blanc
Cerf, car ses gens l'ont défait et pris. Ils sont sur le
retour et rentrent à Caradigan.

Après souper, les barons mènent grande liesse
dans la maison. Le roi, selon la coutume, annonce
qu'il va prendre le baiser du Blanc Cerf. Sitôt, par
la cour on fait grand murmure. L'un l'autre les
chevaliers se jurent que telle affaire n'ira sans défi
d'épée ou de lance de frêne. Chacun veut par
chevalerie faire reconnaître que son amie est la plus
belle de l'assemblée. Ce sont là dangereuses
paroles. Sachez qu'elles ne plurent guère à messire
Gauvain qui dit au roi sa pensée :

« Sire, voici vos chevaliers très échauffés ! Tous
ne parlent que de ce baiser du Blanc Cerf et
assurent qu'il n'ira sans noise ni bataille. »

Le roi répond en homme sage :

« Beau neveu Gauvain, conseillez-moi — sauf
mon honneur et ma droiture — car je n'ai cure
qu'il y ait noise. »

On tient conseil. On y appelle la plupart des
meilleurs barons de la cour : le roi Yder, premier
appelé, puis le roi Cadriolan. Viennent aussi Ké et

Girflez et le roi Amauguin et toute une assemblée
de barons. Si vif est le débat que la reine enfin est
venue. Elle leur raconte l'aventure qu'elle a trouvée
dans la forêt : le chevalier qu'en armes elle vit ; le
nain félon qui de son fouet a frappé la suivante sur
sa main nue et laidement blessé Érec au visage. La
reine conte comment celui-ci a suivi le chevalier
pour accroître ou venger sa honte et comment il
doit revenir au troisième jour, s'il le peut.

« Sire, dit encore la reine, écoutez-moi un petit.
Si les barons qui sont ici approuvent ce que je vais
dire, mettez en répit ce baiser jusqu'au troisième
jour qui doit nous ramener Érec. »

Il n'est personne qui trouve à y redire et le roi
accorde à la reine sa requête.

Pendant ce temps Érec allait, suivant en toutes
voies le chevalier en armes et le nain qui avait
frappé. Ils arrivèrent devant un bourg très bien
planté et fort et beau. Ils entrèrent tout droit par la
porte.

En ce bourg chevaliers et pucelles menaient
grande joie. Les uns paissaient par les rues éperviers et faucons de mue. Les autres sortaient des
tiercelets et des autours. D'autres jouaient à la mine
ou au hasard, aux échecs ou bien aux tables. Les
garçons, devant les étables, torchaient et étrillaient
les chevaux. Dans les chambres les dames se
paraient.

De si loin qu'ils voient venir le chevalier qu'ils
connaissaient — aussi son nain et sa pucelle — tous
les gens vont à sa rencontre. Ils le saluent, le
congratulent mais ils ne font nul cas d'Érec qu'ils
ne connaissent, semble-t-il. Celui-ci suit pas à pas
le chevalier par le bourg jusqu'à ce qu'il le voie
héberger — ce dont il est très satisfait.

Poursuivant un peu son chemin il voit, assis sur
une marche, un vavasseur d'un certain âge, maître

d'une bien pauvre demeure. C'était un bel homme chenu et blanc, d'aimable mine, débonnaire et franche. Il était assis là, seul et songeux. Érec pensa que ce prudhomme le pourrait sans doute héberger. Il passa la porte, entra dans la maison. Le vavasseur courut derrière lui et avant qu'Érec eût dit mot, le vavasseur le salua.

« Beau sire, dit-il, soyez le bienvenu si chez moi vous daignez héberger ! Voici la maison qui vous attend.

— Je vous remercie, répondit Érec. J'ai besoin d'une maison pour cette nuit. »

Érec de son cheval descend. Le sire lui-même le prend et le tire par les rênes. Il fait les honneurs à son hôte. Il appelle sa femme, sa fille qui travaillaient en un ouvroir je ne sais à quel ouvrage.

La dame est donc sortie accompagnée de sa fille, vêtue d'une fine chemise à pans, blanche et plissée, passée dessus un chainse blanc. Elle ne portait point d'autre robe mais le chainse était si usé qu'il était percé sur les côtés. Pauvre était la robe dehors, mais dessous était beau le corps.

Elle était sortie de l'ouvroir. Quand elle vit le chevalier, elle se tint un peu en arrière, et parce qu'elle le voyait pour la première fois, elle en eut vergogne et rougit. Érec, quant à lui, s'ébahit quand il vit si parfaite beauté.

Le vavasseur dit à sa fille :

« Belle douce fille, prenez ce cheval et le menez en cette étable avec les miens. Gardez qu'il ne lui manque rien. Ôtez la selle, ôtez le frein. Et lui donnez avoine et foin. Pansez-le et étrillez-le et qu'il soit bien appareillé. »

La fille prend le cheval, lui délace le poitrail, ôte la selle, ôte le frein, lui passe le chevêtre au cou. Elle l'étrille et bien le torche. Elle le lie à la mangeoire et le fournit de foin comme d'avoine

nouvelle et saine. Puis elle s'en revient vers son
père qui lui dit :

« Ma chère fille, prenez par la main ce seigneur
et lui portez grand honneur. »

La fille fait de bonne grâce. Elle prend le
seigneur par la main, le mène pour lui faire
honneur. La dame était allée devant pour bien
atourner la maison. Des courtepointes, des tapis
avaient été étendus sur le lit où ils s'assirent tous les
trois : Érec, la fille auprès de lui et le sire de l'autre
côté. Devant eux brûle un grand feu clair. Le
vavasseur n'avait qu'un serviteur. Ni chambrière ni
servante. Ce serviteur apprêtait dans la cuisine un
souper de viande et d'oiseaux. Il ne mit guère de
temps à préparer les mets et il sut bien appareiller
viandes bouillies et viandes rôties.

Quand le souper fut prêt comme on lui avait
commandé, dans deux bassins il présenta l'eau aux
convives. Tables, nappes, tout fut bientôt mis et ils
s'assirent. Tout ce qu'il leur fallait, ils l'eurent à
volonté.

Quand à leur aise ils eurent soupé et se furent
levés de table, Érec posa une question à son hôte le
maître de la maison :

« Dites-moi, bel hôte, pourquoi votre fille est-elle
atournée de robe si pauvre et si vilaine, elle qui est
si parfaitement belle ?

— Doux ami, fit le vavasseur, pauvreté fait mal
à plusieurs et je suis de ceux-là ! J'en ai douleur
quand je vois ma fille si pauvrement atournée. Je
n'ai pouvoir d'y remédier. Tant ai toujours été en
guerre que j'ai perdu toute ma terre. Je l'ai dû
vendre ou engager. Pourtant ma fille serait bien
vêtue si j'avais souffert qu'elle prît ce qu'on voulait
lui donner. Le seigneur de ce pays l'eût bellement
parée, comblée de tout le bien possible, car le dit
seigneur est comte. Il n'y a baron en ce pays, des

plus riches et des plus puissants, qui ne l'eût
volontiers prise pour épouse avec mon consentement. Mais j'attends encore meilleur parti. Dieu lui
réserve plus grand honneur que lui amène l'aventure : roi ou comte viendra ici qui l'emmènera en
son pays. En est-il un seul sous le ciel à rougir de
ma fille qui n'a pas sa pareille au monde ? Elle est
très belle mais sa sagesse surpasse encore sa beauté.
Jamais Dieu ne fit créature de plus de sens ni de
plus franc cœur. Quand je l'ai auprès de moi, le
monde ne vaut pas une bille ! Elle est mon plaisir,
mon loisir, mon soulas et mon réconfort et ma
fortune et mon trésor. Je ne connais rien de si beau
que son corps. »

Érec, ayant écouté son hôte, lui demanda d'où
était toute cette chevalerie venue si nombreuse en
ce bourg, qu'il n'y avait si petite rue, si pauvre
maison qui ne fussent pleines de chevaliers et de
dames et d'écuyers.

« Bel ami, ce sont barons de ce pays et des
environs qui sont venus, jeunes et vieux, pour la
fête qui se tiendra ici demain. Alors il y aura grand
bruit quand ils seront tous assemblés et que, devant
cette foule, un bel épervier de cinq mues, peut-être
de six, — le meilleur qu'on pourra avoir — sera
posé là-haut sur une perche d'argent. Qui voudra le
posséder devra avoir amie belle et sage et sans
reproche. S'il existe un chevalier assez audacieux
qui prétende pour son amie le renom et le prix
réservé à la plus belle, devant tous il lui fera
prendre l'épervier sur la perche, si nul autre ne s'y
oppose. On a gardé ici cette ancienne coutume, et
c'est pour cela que viennent tant de gens. »

Après ce discours, Érec prie ainsi le vavasseur :

« Bel hôte, s'il ne vous ennuie, et si vous savez
cette chose, dites-la-moi : quel est ce chevalier aux
armes d'azur et d'or qui ores est passé par ici ? Près

de lui chevauchait une pucelle charmante et devant eux un nain bossu. » L'hôte répond :

« C'est celui qui aura l'épervier, car nul chevalier n'osera s'opposer. Non, il n'y aura plaie ni bosse. Il l'a eu deux années de suite sans avoir trouvé de challengier. S'il obtient l'oiseau cette fois encore, il l'aura gagné pour toujours. A lui sera l'oiseau, désormais chaque année, sans conteste ni bataille. »

Érec dit vivement :

« Ce chevalier, je ne l'aime pas! Sachez que si j'avais des armes je lui disputerais l'épervier! Bel hôte, je vous prie de m'aider afin que je sois appareillé d'armes, vieilles ou nouvelles, peu m'en chaut, laides ou belles. »

L'hôte lui répond :

« J'ai des armes, bonnes et belles, que je vous prêterai volontiers. Là-dedans est le haubert à triple maille qui fut choisi entre cinq cents, et les chausses brillantes et légères. Le haume est poli, luisant et l'écu est tout frais, tout neuf. Le cheval, l'épée, la lance, je vous les prêterai aussi, soyez-en sûr!

— Je vous remercie, bel hôte, mais je ne veux meilleure épée que celle que j'ai apportée, ni autre cheval que le mien. De celui-là je m'aiderai bien. Si vous me prêtez le surplus, ce sera très grande bonté. Mais je veux vous demander encore une chose dont je vous aurai reconnaissance si Dieu me donne de revenir avec l'honneur de la bataille.

— Demandez tout sûrement, selon votre plaisir. Rien que j'aie ne vous manquera. »

Alors Érec lui dit qu'il veut réclamer l'épervier pour la fille de son hôte, car vraiment il n'y aura dans l'assemblée fille belle d'un centième de sa beauté. S'il l'emmène avec lui, il aura raison droite et sûre de prétendre et de bien montrer qu'il doit remporter l'épervier. Puis il ajoute :

« Seigneur vous ne savez quel hôte vous avez hébergé, ni de quel rang, ni de quelle race. Je suis fils d'un roi riche et puissant. Mon père se nomme le roi Lac. Les Bretons m'appellent Érec. J'appartiens à la cour du roi Arthur. Je suis demeuré plus de trois ans auprès de lui. Je ne sais si jusqu'en cette contrée est parvenue la renommée de mon père ou la mienne. Mais je vous promets que si vous m'appareillez de vos armes et me confiez votre fille, demain je conquiers l'épervier ! Alors j'emmènerai votre fille en mon pays si Dieu me donne la victoire. Je lui ferai porter couronne. Elle sera reine de dix cités.

— Ah ! beau sire, est-ce vérité ? Êtes-vous Érec, le fils de Lac ?

— Je le suis, parfaitement. »

Le vavasseur se réjouit grandement.

« Nous avons entendu parler de vous en ce pays. Je vous aime bien. Vous êtes preux et hardi. Jamais de moi vous ne serez éconduit. Je vous présente ma chère fille, toute à votre commandement. »

Il a pris sa fille par le poing.

« Tenez, dit-il, je vous la donne ! »

Ce sont alors les préparatifs de combat. Adoubé des mains de la jeune fille, Érec la prend bientôt en croupe et se dirige vers la place libre et large où il voit venir le chevalier et son équipage. Celui-ci invite sa pucelle à s'emparer de l'oiseau qui est là sur la perche. S'adressant à son amie, Érec fait de même. C'est le défi et bientôt le premier grand combat singulier des romans de la Table Ronde. Suite d'épisodes sauvages. Vaincu, le chevalier au nain bossu implore sa grâce. Il lui est imposé de gagner le château de Caradigan, de se rendre à la merci de la reine Guenièvre, d'annoncer la

*prochaine arrivée du vainqueur et de sa compagne qui
bientôt se mettent en route.*

Ensemble ils ont tant chevauché qu'à midi juste
ils furent devant le château de Caradigan. On les y
attendait. Pour les mieux guetter les meilleurs
barons étaient montés aux fenêtres. Avec la reine
Guenièvre et le roi lui-même on trouvait Ké et
Perceval, messire Gauvain et Tor, le fils du roi
Arès, Lucan le bouteiller aussi et d'autres chevaliers. Du plus loin qu'ils l'ont vu, tous ont bien
reconnu Érec. La reine éprouve même grande joie
comme le fait toute la cour devant l'arrivée d'Érec
car tous l'aiment communément.

Sitôt qu'Érec arrive devant le palais, le roi
descend au-devant de lui et la reine descend aussi.
Tous lui disent « que Dieu vous garde ! » et prisent
et louent la grande beauté de sa pucelle. Le roi lui-
même la prend et met à bas de son palefroi. Le
plus grand honneur il lui fait, la menant par la
main jusqu'en la grande salle de pierre du palais.
Derrière eux, Érec et la reine montent de même,
main à main. Érec dit alors :

« Dame, je vous amène ma pucelle et jeune amie,
de pauvres vêtements vêtue. C'est ainsi qu'elle me
fut donnée. Ainsi je vous l'ai amenée. Elle est fille
d'un pauvre vavasseur. Pauvreté abaisse maint
brave homme. Son père est noble et courtois mais
de bien il en a fort peu. Très digne dame est sa
mère, puisqu'elle a pour frère un riche comte. Sa
beauté ni son origine ne me feront refuser d'épouser cette demoiselle. Pauvreté lui a tant fait user
son chainse blanc qu'aux coudes les deux manches
sont déchirées. Pourtant, s'il m'eût plu qu'elle
portât bonne robe, sa cousine lui en voulait donner

une : robe d'hermine, de drap de soie, vaire ou
grise. Mais je n'ai voulu en nulle guise que d'autre
robe elle fût vêtue tant que vous l'eussiez ainsi vue.
Ma douce dame, vous savez qu'il en est besoin :
pensez, je vous en prie, à la vêtir d'une belle robe. »

Alors la reine lui répond :

« Vous avez très bien fait. Il est juste qu'elle ait
de mes robes. Je lui donnerai une de mes plus
belles. »

La reine emmène la pucelle dans sa chambre et
ordonne qu'on lui apporte un bliaut neuf et le
manteau de l'autre robe croisillée, taillée juste pour
son corps. Sitôt la servante apporte le manteau et le
bliaut qui jusqu'aux manches était fourré d'hermine blanche. Au poignet comme à l'encolure on
avait employé — soit dit sans nulle devinaille —
plus d'un demi-marc d'or battu et des pierres de
grande vertu : inde, vertes, bleues et bises. Le
bliaut était de grande richesse. Pas moins ne valait
le manteau de drap fin, orné au col de deux
zibelines avec des attaches pesant chacune au moins
une once. D'un côté brillait une jagonce et de l'autre
un rubis plus clair que chandelle.

Puis, dans une chambre privée, deux servantes
emmènent la pucelle, la déshabillent de son
chainse. Elle revêt le bliaut, se serre dans son
vêtement, se ceint d'orfroi passementé d'or et
recommande que l'on fasse don de son chainse
pour l'amour de Dieu. Puis elle revêt le manteau.
La couleur de sa peau en paraît plus sombre. Sa
robe lui sied si bien qu'elle en devient plus belle
encore.

Les deux suivantes, d'un fil d'or, lui ont galonné
ses crins blonds mais plus éclatants sont ceux-ci
que le fil d'or qui les enserre. Elles lui posent sur la
tête un cercle d'or ouvragé de fleurs de diverses
couleurs. Du mieux qu'elles peuvent, elles la parent

avec tant de soin qu'il n'y ait rien à retoucher. Deux fermaux d'or niellé avec une topaze enchâssée elles lui passent au cou. Si belle et avenante fille, je crois bien qu'en nulle terre on n'en eût trouvé de pareille tant nature avait fait bel ouvrage.

Elle est sortie de cette chambre et à la reine elle est venue. La reine lui fait compliment : c'est qu'elle l'aime et c'est qu'il lui plaît que la demoiselle soit belle et bien parée. L'une et l'autre, se tenant par la main, s'en viennent devant le roi. Sitôt qu'il les voit, il se lève. Tant il y avait de chevaliers qui se levèrent dans la salle quand elles entrèrent que je n'en saurais nommer la dixième part, ni la treizième, ni même la quinzième. Mais je saurai bien vous dire les noms des meilleurs barons de la cour, de ceux de la Table Ronde qui sont les plus valeureux du monde.

Devant tous les bons chevaliers, Gauvain doit être nommé le premier. Érec le second, fils de Lac, le troisième Lancelot du Lac. Gonemant de Gort quatrième. Le cinquième était le Beau Couard, le sixième était le Hardi, le septième Méliant du Lys, le huitième Mauduit le Sage, le neuvième Dodin le Sauvage. Que Gandelu soit compté le dixième car c'est un beau chevalier. Je nommerai les autres sans ordre parce qu'ordonner m'embarrasse : Yvain le preux était de ceux-là comme en était Yvain l'Avoutre. Tristan, qui jamais ne rit, assis près de Blioberis. Puis Caradué Briébraz et Caverou de Roberdic, et le fils du roi Kénédic et le valet de Quintareus. Et Ydier du Mont Douloureux, Gahérié et Ké d'Estreus, Amauguin et Gale le Chauve, Girflet, fils de Do, et Taulas qui jamais ne fut las des armes, puis un vassal de grand'vertu : Loholt, fils d'Arthur. On ne doit oublier ni Sagremor le Déréé, ni Béduier le connétable, si fort aux échecs et aux tables, ni Bravain, non plus le roi Lot et Galegantin le Gallois et le fils du sénéchal Ké appelé Gronosis le Pervers.

Quand la belle jeune fille étrangère voit tous ces chevaliers qui la regardent avec insistance, elle baisse la tête vers la terre. Elle a honte — ce n'est pas merveille — et son visage devient vermeil. Mais la honte qui lui advient plus belle encore la fait paraître.

Le roi la voit ainsi honteuse et il ne veut s'éloigner d'elle. Par la main doucement il la prend et la fait asseoir à sa droite. A sa gauche s'assoit la reine qui dit en s'adressant au roi :

« Sire, à ce que je pense et je crois, celui qui a conquis par ses armes si belle femme en terre étrangère doit être le bienvenu à la cour du roi. Nous avions raison d'attendre Érec. Or vous pouvez maintenant prendre le baiser à la plus belle de la cour. Je crois que nul vous en empêchera car nul n'osera dire : « Celle que voici n'est pas la plus jolie des jeunes filles en ce lieu et au monde entier. » Le roi répond :

« Ce n'est pas mensonge. A cette jeune fille, si personne ne me le challenge, je donnerai les honneurs du Blanc Cerf. » Puis, s'adressant aux chevaliers :

« Seigneurs, qu'en dites-vous ?... Je dis qu'elle a droit aux honneurs. Pouvez-vous rien y contredire ? Si quelqu'un y veut mettre défense, qu'il dise ici ce qu'il en pense ! Je suis roi. Je ne dois mentir ni consentir à vilenie, fausseté ou démesure. Je dois garder raison, droiture. A roi loyal il appartient de maintenir la loi, la vérité, la foi et la justice. Je ne voudrais en nulle guise faire déloyauté ni tort au plus faible non plus qu'au plus fort. Nul ne doit avoir à se plaindre de moi. Je ne veux que soit délaissée la coutume et les usages que sut maintenir mon lignage. Vous auriez à vous alarmer si vous me voyiez instituer d'autres coutumes et d'autres lois. L'usage de Pendragon, mon père, qui était roi et empereur, je le dois garder maintenir, quoi qu'il m'en puisse advenir. Or dites-moi toute votre pensée sur-le-champ et très librement : cette jeune fille, bien que n'étant de ma maison, ne doit-elle bien et justement recevoir le baiser du Blanc Cerf? »

Tous s'écrient d'une seule voix :

« Par Dieu, sire, et par sa croix, vous pouvez juger justement que celle-ci est la plus belle; qu'il est en elle plus de beauté que de clarté dans le soleil! Quitement vous lui pouvez donner le baiser. Cela nous l'octroyons tous! »

Le roi se tourne alors vers la jeune fille et l'accole, lui disant :

« Douce amie, je vous donne mon amitié sans arrière-pensée, mauvaiseté ou vilenie. De bon cœur je vous aimerai. »

Ainsi le Roi Arthur restaura, selon la coutume, le privilège que le Blanc Cerf tenait de sa cour.

Chrétien rapporte alors comment Érec demande au Roi Arthur la faveur de voir ses noces célébrées à la cour.

Sitôt le roi appelle ses vassaux les plus illustres : Bilis, roi des Antipodes, seigneur des nains, Maheloas seigneur de l'île de Verre, Guingomar seigneur de l'île d'Avalon, ami de Morgane, Aguiflez, roi d'Écosse, Garraz, roi des Corques et David de Tintagel et le sire de l'île Noire...

Quand Érec reçut sa femme en mariage, il dut la nommer de son vrai nom (nulle femme n'est légitimement épousée si elle n'est alors appelée par son nom). Personne ne le connaissait encore. A ce moment-là on l'apprit : Énide était son nom de baptême. L'archevêque de Cantorbéry, qui à la cour était venu, la bénit selon l'usage.

Quand toute la cour fut assemblée, il n'y eut ménestrel de la contrée, savant en quelque divertissement qui ne vînt en ce lieu. Dans la salle régnait grande joie. L'un fait des sauts, l'autre des culbutes, l'autre des tours de magie. L'un conte des histoires ou chante. Un jongleur siffle, un autre joue qui de la harpe, qui de la rote, qui du violon, qui de la vielle. Celui-ci flûte, l'autre chalumelle. Les jeunes filles font des rondes et entraînent tous à la joie.

Rien de ce qui peut réjouir et donner allégresse n'est omis en ce jour de noces. Sonnent timbales, sonnent tambours, cornemuses, étives, frétels et bouzines et chalumeaux. Il n'y a guichet ni porte close.

Le roi Arthur ne fut pas chiche : bien commanda-t-il à ses pannetiers, aux valets et aux bouteilliers qu'ils livrassent à grande pleineté à chacun à sa volonté et pain et vin et venaison. Ce fut grande liesse dans le palais, mais de bien des détails je vous fais grâce pour vous dire la joie et le plaisir qui furent en la chambre et au lit. Pour cette première nuit ensemble Énide ne fut enlevée ni Brangienne mise en sa place. La reine s'était entremise de l'atourner et la coucher car les époux brûlaient de se retrouver.

Cerf chassé qui de soif halète ne désire tant la fontaine, ni l'épervier qui a grand faim ne revient au réclain plus volontiers que les amants ne souhaitent de se connaître nu à nue. Cette nuit-là,

ils ont réparé le temps de leur si longue attente!
Quand leur chambre fut quittée de tous, ils rendent
leurs droits à leurs corps. Leurs yeux se repaissent
de regarder, ces yeux ouvrant la voie d'amour,
envoyant au cœur leur message. Et leur plaît tout
ce qu'ils contemplent. Après le message des yeux
vient la douceur qui vaut bien mieux des baisers
attirant l'amour. Cette douceur tous deux essaient
et ils en abreuvent leurs cœurs tant qu'ils s'en
privent à grand-peine. Le baiser est leur premier
jeu mais l'amour qui les tient tous deux fait la
pucelle plus hardie. Bientôt elle ne craint plus rien.
Elle souffrit tout, quoi qu'il lui coûtât, et avant
qu'elle se levât elle perdit le nom de pucelle. Au
matin fut dame nouvelle.

En ce jour les jongleurs furent en liesse car tous
furent payés un bon prix. Tout ce qu'on leur devait
fut donné et ils reçurent maint beau don : robes de
vair et d'herminette, de conin et de violette,
d'écarlate, de drap de soie. Voulaient-ils cheval ou
argent? Chacun eut selon son talent.

Ainsi advint-il que les noces et l'assemblée
durèrent plus de quinze jours en telle joie et telle
noblesse. Par seigneurerie et par liesse comme pour
honorer Érec, le roi Arthur fit demeurer tous les
barons une quinzaine. Quand vint la troisième
semaine, tous ensemble communément entre-
prirent un tournoi entre Érec et Tenebroc et Melic
et Meliadoc. Messire Gauvain prit l'engagement du
tournoi. Ainsi fut lancé le défi.

Un mois après la Pentecôte le tournoi s'assembla
donc et s'ajusta dans la plaine. On y vit tant
d'enseignes vermeilles, mainte bleue et mainte
blanche, et mainte guimpe et mainte manche qui
par amour naguère furent données. Mainte lance y
fut apportée d'argent et de sinople teinte et d'autres
d'or, d'autres d'azur, d'autres bandées ou tachetées.

En ce jour-là on vit lacer tant de heaumes d'or et d'acier, verts, jaunes et vermeils, qui reluisaient contre soleil; tant de blasons, de hauberts blancs, d'épées attachées au flanc gauche, de bons écus frais et nouveaux brillant d'argent et de sinople ou bien d'azur à boucles d'or. Et si nombreux chevaux alezans et à balzanes, fauves et blancs, et noirs et bais qui s'entrevinrent au galop.

D'armes le champ est tout couvert. Des deux partis les rangs ondulent. De la mêlée grand bruit s'élève, si grand est le froissement des lances! Elles se brisent, percent les écus. Les hauberts sont rompus, troués. Les selles se vident, les chevaliers tombent. Les chevaux suent et écument. Là les chevaliers tirent l'épée sur ceux qui tombent à grand bruit. Les uns courent pour prendre rançon, les autres pour retourner au combat.

Érec chevauchait un cheval blanc. Tout seul il s'en vient vers le chef du rang, jouter avec lui s'il le trouve. De l'autre part, encontre lui, paraît l'Orgueilleux de la Lande, assis sur un cheval d'Irlande qui le porte à grande allure. Sur l'écu, devant la poitrine, Érec le frappe avec telle force qu'il l'abat de son destrier, le laisse là, court en avant. Il s'en vient devant Rainduran, fils de la vieille de Tergalo, habillé d'un cendal bleu. C'était un chevalier de grande prouesse. L'un contre l'autre ils s'adressent et s'entredonnent de grands coups sur les écus. Érec le frappe, tant que sa hampe lui dure, et le trébuche à terre. Dès qu'il lui tourne le dos il rencontre le roi de la Rouge-Cité. Les deux rivaux tiennent ferme leurs rênes et les écus par les énarmes. Tous deux ont de bons chevaux fiers et fringants. Ils se jettent l'un sur l'autre avec tant de violence que les lances volent en éclats. Jamais on ne vit de tels coups. Les écus se heurtent et ni sangles, ni rênes, ni poitrail ne peuvent retenir le roi de Rouge-Cité. Il culbute, entraînant sa selle, emportant en sa main et les rênes et le frein. Tous ceux qui virent cette joute s'en ébahirent et dirent qu'il en coûte trop cher de jouter avec si vaillant chevalier. Érec ne voulait prendre les chevaux ni les chevaliers. Il ne voulait que jouter et bien faire pour accomplir grande prouesse. Ses victoires redonnaient courage à tous ceux qui étaient de son parti.

De monseigneur Gauvain je veux parler maintenant, qui combattait bel et bien. Il avait abattu Guincel, il prit bientôt Gaudin de la Montagne. Il s'empara des chevaliers et des chevaux.

Si vaillamment ont combattu Gauvain Girflež, le fils de Do, Yvain et Sagremor le Déréé, si fort ils ont pressé leurs adversaires qu'ils les ont repoussés jusqu'aux portes du bourg. Devant la porte du château, ils ont recommencé la bataille, ceux du dedans contre ceux du dehors. Là fut abattu Sagremor, chevalier de grande valeur. Tout était retenu et pris quand Érec accourt à la rescousse. Sur l'un des fuyards Érec rompt sa lance. Si fort il le frappe sous la mamelle que le fuyard vide la selle.

Puis il tire l'épée, l'enfonce de biais, casse les heaumes des vaincus qui s'enfuient, lui ouvrant la route car le plus hardi le redoute. Tant il leur donne bottes et coups que Sagremor fut délivré! Dans le château il les refoule. Alors sonnèrent les vêpres.

Érec eut telle renommée que l'on ne parlait que de lui. Nul homme n'avait si bonne grâce et l'on eût dit qu'il avait le visage d'Absalon, la langue de Salomon, la fierté de Samson. Quant à donner et dépenser, il le faisait comme Alexandre.

En revenant de ce tournoi, Érec s'en va parler au roi pour lui demander congé, car il veut retourner en sa terre. Il le remercie grandement de l'honneur qu'il lui avait fait et lui dit qu'il en savait gré

extrême. Mais le moment est venu qu'il désire
emmener sa femme en son pays. Le roi ne le peut
empêcher. Il donne congé mais prie Érec qu'il
revienne à la cour le plus tôt qu'il pourra, car il n'a
baron plus vaillant, hardi et preux, sinon Gauvain,
son très cher neveu. Celui-là était sans égal mais
après lui c'était Érec que le roi Arthur prisait le plus.

Avec le congé du roi, Érec reçoit pour son service
soixante chevaliers montés sur des chevaux vairs et
gris. Tout étant prêt pour ce voyage, il ne tarde
guère à la cour. Il demande congé à la reine,
recommande à Dieu les chevaliers. Et la reine lui
accorde ce qu'il demande. Comme sonne l'heure de
prime ils quittent le palais royal. Devant toute la
cour Érec monte en selle ; sa femme monte sur le
cheval vair qu'elle avait amené de sa contrée. Puis
toute la compagnie monte. Ils sont bien sept-vingt
chevaliers et valets dessus la route. Ils passent tant
de puys, de rochers, de forêts, de plaines et de côtes
qu'au bout de quatre journées pleines, ils arrivent à
Carnant où le roi Lac tenait séjour en un château
magnifique. On n'en vit jamais mieux assis au
milieu des forêts, des prairies, des vignes, des
gagneries, des rivières et des vergers...

*Dans le château du roi Lac, Érec et Énide mènent
la plus douce vie (mais Érec, s'abandonnant aux
délices, devient ce qu'on appelle « recréant ».)*

Érec aimait de tant d'amour son épouse qu'il ne
se souciait plus des armes, ni n'allait combattre au
tournoi. De jouter ne s'occupait plus, mais seulement de faire la cour à sa femme, qui était sa mie
et sa drue. Tout son cœur et tout son soin il les

donnait à accoler et à baiser, sans prendre plaisir à nulle autre chose. Ses compagnons en avaient peine et se plaignaient entre eux à haute voix de ce que vraiment trop l'aimait. Il était souvent midi passé qu'il ne s'était encore levé d'à côté d'elle et n'avait souci de ce qu'on en pensât. Il ne s'éloignait que bien peu. Mais il oubliait de donner à ses chevaliers armes et robes et deniers. Et tout le barnage disait que c'était grand-peine et dommage de voir un baron si valeureux refuser de porter les armes.

Il fut tant blâmé de toutes gens, des chevaliers et des valets qu'Énide leur ouït dire que son mari était devenu recréant, c'est-à-dire las des armes et de chevalerie. Il avait bien changé sa vie! De cela elle en eut chagrin, mais elle n'osa rien en laisser paraître car elle craignit que son mari prît mal ce qu'elle lui en dirait. Elle sut bien celer la chose mais advint une matinée où ils se trouvaient couchés tous deux au lit et en ayant eu maints plaisirs, bouche à bouche et s'étreignant comme ceux qui s'entraiment de grand amour. Érec s'endormit comme Énide demeurait éveillée. Des paroles elle se souvint qu'elle avait ouï plusieurs dire, lorsqu'ils parlaient de son seigneur. Quand lui revint ce souvenir, elle ne put se retenir de pleurer. Elle en eut tel deuil et tel poids, qu'il lui arriva par malchance de dire tout haut une parole dont elle se tint après pour folle. Elle ne pensait faire aucun mal. Elle commença à regarder son seigneur de côté et d'autre. Elle vit le beau corps, le clair visage et elle pleurait de si grande douleur que ses larmes en coulaient jusque sur la poitrine de son époux.

« Hélas! dit-elle, pour mon malheur j'ai quitté mon pays! Que suis-je venue chercher ici? La terre me devrait engloutir quand le meilleur des chevaliers, le plus hardi et le plus fier, le plus noble et le plus courtois qui jamais fut comte ou roi, a délaissé

pour moi toute chevalerie! L'ai-je donc déshonoré?
Je ne le voudrais pour rien au monde! »

Elle dit encore :

« Tu es venu pour ton malheur! »

Puis elle se tut.

Érec, qui dormait légèrement, a ouï la voix en
son sommeil. Le bruit des paroles l'éveille, et il
s'étonne en voyant sa femme pleurer. Il lui
demande :

« Dites-moi, douce amie très chère, pourquoi
pleurez-vous de telle manière? De quoi donc avez-
vous colère ou chagrin? Certes je le saurai, je le
veux! Dites-le-moi, ma douce amie! Ne gardez rien
caché de moi. Pourquoi avez-vous dit : « Tu es venu
pour ton malheur ». Car vous l'avez dite pour moi,
non pour autrui, cette parole que j'ai bien entendue. »

Énide en fut tout éperdue, avec grand'peur et
grand émoi :

« Seigneur, dit-elle, je ne sais de quoi vous
parlez...

— Dame, dit-il, pourquoi vous vous refusez à le
dire? Le cacher ainsi ne vaut rien. Vous avez
pleuré, je le vois bien, et vous ne pleurez sans
raison. J'ai entendu les paroles que vous avez dites
en pleurant.

— Non, beau seigneur. Vous n'avez rien
entendu, je crois bien que c'était un songe.

— Quels mensonges me servez-vous? Ouvertement je vous entends mentir. Vous vous repentirez
trop tard si vous ne reconnaissez la vérité!

— Seigneur, puisque vous m'y forcez, je vous
dirai la vérité sans plus longtemps vous la celer,
mais je crains qu'elle vous fasse peine : par ce pays
ils disent tous, les bruns, les blonds et les roux, que
c'est grand dommage de vous que vous entrelais-
siez vos armes. Votre prix en est abaissé. L'autre
année, tous se plaisaient à proclamer qu'on ne

connaissait de par le monde meilleur chevalier ni plus preux. En nul lieu vous n'aviez d'égal. Tous maintenant de vous se gabent, vieux et jeunes, petits et grands et vous appellent recréant. Savez-vous combien j'ai de peine quand je vous vois ainsi méprisé? Et cela me pèse encore plus quand ils mettent sur moi le blâme, disent que je vous ai si captivé et si bien pris que vous en perdez votre prix et ne pensez à autre chose qu'à moi seule. Je vous supplie de prendre conseil pour pouvoir éteindre ce blâme et retrouver votre premier renom. Car c'est vrai que je vous ai trop entendu blâmer. Jamais je n'ai osé vous faire remontrance. Soixante fois — autant qu'il m'en souvienne — j'en ai pleuré d'angoisse. Mais aujourd'hui si grande est ma douleur que je n'ai pu me retenir et que j'ai dit ce que vous avez entendu.

— Dame, dit Érec, vous en eûtes raison et ceux qui me blâment ont raison, eux aussi. Or préparez-vous et apprêtez-vous à monter à cheval. Levez-vous de ce lit et revêtez-vous de votre robe la plus belle, et faites mettre votre selle sur votre meilleur palefroi. »

Énide en est en grand effroi. Elle se lève, triste et pensive. Elle se tance et à elle-même se fait reproche de la folie qu'elle vient de dire. Tant gratte la chèvre qu'elle gît mal!

« Ah, fait-elle, comme j'ai été folle et malavisée! J'étais ici trop à l'aise et ne me manquait nulle chose. Hélas! Pourquoi ai-je été si hardie que j'osai dire cette parole insensée? Dieu, mon mari ne m'aimait donc plus? Vraiment il ne m'aimait que trop! Quel deuil pour moi : je ne verrai plus mon seigneur qui tant m'aimait de grande manière, qui rien ne chérissait plus que moi. Il me faut aller en exil! Le meilleur homme jamais né s'était tant épris de moi que rien d'autre ne lui chalait. Nulle

chose ne me manquait. Mais l'orgueil m'a trop
possédée quand j'ai dit parole si pleine d'outrage.
J'aurai dommage en mon orgueil et c'est bien juste
que je l'aie! Qui n'a point fait le mal ne sait ce
qu'est le bien. »

La dame s'est si bien désolée qu'elle s'est
atournée bel et bien de la meilleure robe qu'elle eût
mais rien ne la pouvait distraire tant était grave son
ennui.

Elle commande à une servante d'appeler un sien
écuyer et lui donne ordre d'enseller son riche
palefroi norois. Sitôt on fit selon son ordre. Puis
Érec appela un autre écuyer et lui commande
d'apporter ses armes. Il monte dans une loge et fait
étendre devant lui un tapis de Limoges. Celui
auquel il avait commandé les armes les apporte sur
le tapis. Érec s'assoit de l'autre côté sur l'image
d'un léopard portraite sur ce tapis-là. Tout d'abord
il se fait lacer ses chausses d'acier clair, puis revêt
un haubert de prix aux mailles très serrées. A
l'endroit comme à l'envers on n'eût pu trouver
grain de rouille de la taille d'un point d'aiguille. Il
était travaillé d'argent et si légèrement que celui
qui l'eût revêtu ne se fût trouvé plus las et dolent
que s'il eût mis cotte de soie sur sa chemise.

Les valets d'armes et chevaliers en viennent tous
à se demander pourquoi Érec se fait armer ainsi.
Mais nul n'ose s'en enquérir auprès de lui.

Il endosse donc le haubert. Un valet lui lace sur
la tête un heaume à cercle d'or paré de gemmes qui
luit comme fait un miroir. Puis il prend l'épée et la
ceint et commande qu'on lui amène le bai de
Gascogne sellé. Ayant appelé un valet :

« Valet, dit-il, cours en la chambre de la tour où
s'attarde ma femme! Va et dis-lui qu'elle me fait
trop attendre ici. Elle tarde bien à s'atourner. Dis-
lui qu'elle veuille vite remonter, que je l'attends. »

Ce valet court et trouve Énide toute prête mais pleurant d'un grand chagrin.

« Dame, dit-il, pourquoi demeurez-vous si long-temps? Mon seigneur vous attend là hors, armé de toutes ses armes. Il y a beau temps qu'il serait monté s'il avait su que vous fussiez prête! »

Énide s'inquiète de l'intention de son mari mais se contient le plus qu'elle peut au moment qu'elle vient devant lui. Elle le retrouve au palais. Le roi Lac court derrière son fils, les chevaliers courent à qui mieux mieux. Il n'en reste jeunes ni vieux qui ne demandent s'il les voudra emmener. Chacun s'offre de façon pressante. Mais il leur jure et acréante qu'il ne prendra nul compagnon sinon sa femme seulement.

« Beau fils, que veux-tu faire? » demande le roi Lac.

Chrétien conte alors comment Érec s'ouvre à son père de la raison de son départ. Tous pleurent l'événement. Les uns les autres ils se recommandent à Dieu.

Érec s'en va, emmenant sa femme, ne sait où mais en aventure :

« Allez, dit-il, grande allure, et gardez-vous d'oser m'adresser une seule parole, quoi que vous voyiez! Oui, gardez-vous de me parler si je ne vous adresse parole. »

Elle répond :

« Sire, qu'il en soit comme vous le voulez! »

Elle passe devant lui et se tait. L'un ne dit plus un mot à l'autre. Énide en est bien peinée :

« Hélas! dit-elle, Dieu m'avait élevée à si grande joie et en peu d'heures m'a abaissée! Fortune, qui m'avait tendu la main, me l'a bien tôt retirée. De cela il ne me chaudrait si j'osais parler à mon seigneur. Mais par la défense qu'il m'a faite je suis morte et trahie car mon seigneur me hait. Oui, il me hait, je le vois bien : il ne veut plus me parler et je ne suis pas tant hardie pour oser seulement le regarder. »

Tandis qu'elle se tourmentait ainsi, sortit du bois un chevalier qui vivait de roberie. Il avait avec lui deux compagnons et tous trois étaient armés. Ils convoitaient le palefroi qu'Énide chevauchait.

« Seigneurs, disait le chevalier, savez-vous ce qui vous attend? Si nous ne gagnons aujourd'hui nous sommes honnis et recréants et mal chanceux à merveille. Voici que vient une dame très belle. Ne sais si elle est dame ou pucelle, mais elle est très richement vêtue : son palefroi avec la sambre et le poitrail et les lorains valent vingt marcs d'argent au moins. Je veux avoir le palefroi et le reste vous l'aurez tout. Le chevalier qui l'accompagne ne sauvera rien de la dame, j'en fais serment! Je vais lui donner un assaut qu'il va payer chèrement. A moi donc d'y aller d'abord et de faire la première bataille. » (C'était alors la coutume que deux chevaliers ne devaient se joindre à un autre. S'ils l'avaient osé faire on eût dit qu'ils l'avaient trahi.)

Énide a vu les brigands et elle est prise de grand'peur.

« Dieu, se dit-elle, que pourrai-je dire? Mon seigneur va être tué ou pris, car ils sont trois et il est seul! Dieu, serai-je donc si couarde pour ne rien oser lui dire? Non, point! Je lui dirai! Rien ne me retiendra! » Elle se tourne aussitôt vers lui et dit :

« Beau sire, à quoi pensez-vous? Voici qu'arrivent, poignant après vous, trois chevaliers qui vous pourchassent. J'ai peur qu'ils vous fassent du mal.

— A qui donc, fait Érec, et qu'avez-vous dit ? Vous me prisez donc bien peu ! Vous avez fait trop hardiment en trépassant mon commandement et ma défense. Pour cette fois il vous sera pardonné, mais si cela devait arriver encore une autre fois, je ne vous pardonnerais plus. »

Ayant dit ces mots, Érec fonce sur le brigand. L'un l'autre les deux combattants se défient et foncent, la lance en arrêt.

Le brigand manque son coup. Érec l'attaque franchement et il le met en mauvais cas, lui fendant son écu de haut en bas. Le haubert du brigand ne le protège guère. Érec lui enfonce dans le corps un pied et demi de sa lance. Alors il la retire toute ruisselante de sang et le félon trébuche et meurt.

La mine très menaçante, l'un des deux autres s'élance sur le chevalier. Érec tient bien fort son écu et il attaque le premier. Les blasons en sonnent du choc. La lance du brigand éclate. Érec lui enfonce la sienne dans la poitrine, du quart au moins de la longueur et le trébuche de son destrier, pâmé pour toujours.

Aussitôt il fonce vers l'autre en galopant à la traverse. Épouvanté rien qu'à le voir, le brigand s'enfuit et cherche son salut dans la forêt. Mais c'est vainement. Érec le poursuit, lui criant le plus fort qu'il peut :

« Vassal, vassal, retournez ! Il est inutile de fuir ! Soyez paré à vous défendre ou je vous frappe par-derrière. »

Le fuyard ne le veut entendre. Érec pourtant bientôt l'atteint. Il lui assène un très grand coup sur l'écu et jette le fuyard à terre. Désormais il n'a plus rien à redouter de ces trois brigands : l'un est tué, le second est navré à mort et le troisième hors

de combat. Il prend donc et lie ensemble les trois
chevaux, tous trois de poil différent : blanc, noir, et
pommelé. Il retrouve bientôt le chemin où l'attend
Énide. Il lui ordonne de mener devant elle les trois
chevaux. Et il lui rappelle son commandement qui
est de n'oser dire un mot s'il ne lui en donne congé.
Énide répond simplement :
« Je vous obéirai, beau sire. »
Elle se tait et ils poursuivent leur chemin.

*Ce sont alors cinq nouveaux brigands qui surgissent
au détour d'une vallée. Énide en est si émue qu'elle ne
peut s'empêcher de mettre Érec en garde. Il s'en irrite,
lui adressant les paroles les plus dures. Puis il règle son
compte à chacun des brigands.*

Ils continuèrent leur voyage, chevauchant jusqu'au soir sans rencontrer ni ville ni hameau.
Quand la nuit tomba ils s'abritèrent sous un aubour
au milieu d'une lande. Érec ordonna à la dame de
dormir pendant qu'il veillerait. Elle lui répondit
qu'elle n'en ferait rien, car après tant de peine qu'il
avait prise c'était bien à lui de se reposer. Ces
paroles émurent Érec. Il accepta et mit son écu
dessous sa tête. Énide lui recouvrit le corps de son
manteau. Il s'endormit.
Elle demeura éveillée tout au long de la nuit,
gardant les chevaux. Elle songeait. Elle se faisait
grand reproche d'avoir douté de la valeur de son
seigneur. Elle pensa qu'elle méritait sa peine, se
disant : « Combien je fus orgueilleuse et présomp-
tueuse ? Ne savais-je donc pas qu'il n'existe au
monde meilleur chevalier qu'Érec ? Je le sais bien

maintenant. Trois hommes armés puis cinq autres il les a défaits sous mes yeux. Honnie soit ma langue pour avoir dit pareil outrage. » Ainsi songea-t-elle toute la nuit.

A l'aube Érec se leva et ils se remirent en chemin. Vers midi, dans un vallon, ils aperçurent un écuyer qui s'en venait à leur rencontre. Deux valets suivaient l'écuyer. Ils portaient du vin, des gâteaux et des fromages de gain à des faucheurs qui travaillaient dans les prés du comte Galoin.

L'écuyer était avisé. Quand il vit Érec et son amie qui venaient de vers la forêt, qu'ils y avaient couché la nuit et n'avaient rien mangé ni bu (car partout alentour, à une journée de voyage, il n'y avait château, ni ville, ni maison forte, ni abbaye, hôpital ou hébergerie) il eut une bonne pensée. Il vint au-devant d'eux et les salua courtoisement.

« Sire, dit-il, je crois que vous avez passé la nuit dans le bois. Cette dame a longtemps veillé. S'il vous plaît de manger un peu, je veux vous donner ce gâteau. Je ne le dis pour vous flatter : le gâteau est de bon froment. Je ne vous en demande rien. J'ai bon vin et fromage gras, blanches serviettes et beaux hanaps. S'il vous plaît de déjeuner, je vous en prie, n'allez point ailleurs ! A l'ombre, dessous ce charme, vous vous désarmerez et vous reposerez un peu. Descendez, je vous le conseille. »

Érec a mis pied à terre et lui répond :

« Beau doux ami, je mangerai ici, je vous en remercie. Oui, je n'irai pas plus avant. »

L'écuyer est de beau service. Il aide la dame à descendre de cheval. Les valets venus avec l'écuyer tiennent les chevaux. Puis les deux voyageurs vont s'asseoir à l'ombre. L'écuyer désencombre Érec de son heaume et lui délace la vantaille qui lui cachait le visage. Devant eux est étendue la serviette sur l'herbe drue. L'écuyer leur donne le gâteau et le

vin. Il leur pare et taille un fromage. Ils mangent
car ils ont grand'faim et boivent volontiers du vin.
L'écuyer les sert.

Quand ils eurent mangé et bu, Érec fut large et
courtois :

« Ami, dit-il, en récompense je vous fais don de
l'un de mes chevaux. Prenez celui qui vous
convient le mieux. Revenez au bourg et préparez-
nous un riche logement. »

L'écuyer répond qu'il fera volontiers ce qu'on lui
commande. Il va aux chevaux, les délie. Il prend le
cheval noir et remercie, car celui-là lui semble être
le meilleur. Il le monte par l'étrier gauche.

Il laisse donc les voyageurs en ce lieu, trouve au
bourg un riche logement et s'en revient vers eux :

« Or, dit-il, montez vite car vous avez un bon
hôtel. »

Érec monte, puis monte la dame. La ville était
assez proche. Ils furent bientôt arrivés.

Avec grande joie ils furent reçus...

*Le maître de l'écuyer, le comte Galoin, ne peut
s'empêcher de rendre visite à Érec en ce logement
préparé par un bourgeois.*

Le comte Galoin vint avec trois compagnons
seulement. Érec se leva pour l'accueillir, qui s'était
bien afeité pour la circonstance. Il lui dit :

« Sire, soyez le bienvenu ! »

Le comte le salua aussi. Ensemble ils se sont
accoudés sur une couette blanche et molle et se
sont fait des compliments. Le comte le presse de
vouloir bien reprendre les gages qu'il lui a donnés.

Mais Érec ne le daigne, disant qu'il a largement de quoi dépenser. Et ils parlent de mainte chose mais le comte ne cesse un seul instant de regarder autre part. Il a pris égard de la dame. Il met en elle toute sa pensée à cause de la beauté qu'il voit en elle. Et tant il la regarde comme il lui plaît, tant il la couve avec tel plaisir que la beauté l'éprend d'amour. Il demande courtoisement à Érec la permission de lui parler :

« Sire je vous en prie — si vous n'en avez nul ennui — par courtoisie et par plaisir près de cette dame veuillez me permettre de m'asseoir. Je veux vous connaître tous deux. Nul mal vous ne devez y voir. A la dame, je veux présenter mon service pour toutes choses. Tout son plaisir, sachez-le bien, je le ferai pour l'amour de vous. »

Érec ne fut aucunement jaloux, car ne soupçonna nulle boise.

« Sire, répondit-il, cela ne me déplaît en rien et je vous accorde de lui parler. »

La dame est assise loin d'Érec comme deux lances bout à bout. Le comte vient s'asseoir près d'elle sur un escabeau à pieds courts. Devers lui se tourne la dame.

« Ah! fait le comte, comme il me pèse de vous voir aller en si pauvre équipage! J'en ai peine. Oui, cela me pèse. Mais si vous vouliez me croire, honneur et profit vous auriez et en tireriez de grands biens. A votre beauté conviendrait grand honneur et seigneurerie. Je ferais de vous mon amie, s'il vous plaisait. Oui, vous seriez mon amie chère et dame de toute ma terre. Quand je vous requiers d'amour vous ne devez vous en offenser. Je vois et sais bien que votre mari ne prisez. Si avec moi vous demeuriez, à un bon seigneur vous seriez unie.

— Sire, de néant vous vous peinez. Tel propos

est une folie. Ah! j'aimerais mieux n'être jamais née, ou brûler en un feu d'épines et que ma cendre fût jetée au vent plutôt que d'avoir trompé mon seigneur ou seulement pensé félonie ou trahison. Vous avez fait une grande méprise en me demandant telle chose. En nulle guise je ne la ferai! »

Le comte commence à s'enflammer.

« Vous ne daigneriez m'aimer, dites-vous? Vous êtes trop fière! Par louange ou par prière, vous ne feriez rien que je veuille? C'est bien vrai que femme a d'autant plus d'orgueil qu'on la prie ou qu'on la louange. Mais qui la honnit et l'outrage la trouve souvent de meilleur accueil. Je vous promets que si vous ne consentez à ce que je vous ai dit, on tirera les épées. Ou de bon droit ou bien à tort je ferai occire votre mari devant vos yeux.

— Sire, dit Énide, vous pouvez faire mieux que vous dites. Vous seriez félon et traître si céans vous frappiez mon seigneur. Beau sire, apaisez-vous, car je ferai pour votre plaisir. Vous me pouvez prendre pour vôtre. Je veux l'être. Je ne vous ai ainsi parlé tout à l'heure non par orgueil, mais pour savoir et éprouver si je pourrais en vous trouver homme qui m'aimerait de bon cœur... »

Énide feint donc de partager l'amour offert :
« Oui, je voudrais déjà vous sentir en un lit nue à nu. De mon amour soyez certain. » Mais dès le lendemain matin, enfreignant une fois encore l'ordre de silence, elle dénonce à son mari la traîtrise du comte. « Il veut me prendre et retenir et vous tuer s'il vous trouve. » Mais c'est le comte félon qui bientôt est occis! D'autres épisodes suivent, fondés sur des méprises qui pourraient devenir tragiques, n'étaient la vaillance du héros et l'astuce du conteur. Pourtant

Érec croit bien trouver sa fin. Sanglant et pâmé, après un sauvage combat, il s'abat aux pieds d'Énide qui commence une plainte de belle âme et de beau style. Alors passe le comte de Limors. Il fait porter le corps d'Érec en son château. Il s'efforce de consoler celle qu'il prend pour veuve et profite de la longue pâmoison de celle-ci pour donner ordre à son chapelain de le marier sur-le-champ avec cette dame. Il oblige Énide à s'asseoir à la table du banquet, en cette même salle où est déposé le corps d'Érec...

« Madame, dit le comte, il vous faut quitter ce deuil et l'oublier. Vous fier à moi vous le pouvez pour avoir honneur et richesse. Vous devez bien savoir que jamais douleur n'a ressuscité un mort! Souvenez-vous de ce que, grâce à moi, vous pouvez passer de pauvreté à grande richesse. Fortune n'est pas chiche envers vous puisqu'elle vous donne l'honneur d'être appelée bientôt comtesse. Votre mari est mort, c'est vrai. Croyez-vous que je m'étonne que vous en ayez douleur et chagrin? Non pas, mais je vous donne le meilleur des conseils, que je sache. Puisque je vous ai épousée, vous devez en avoir grande joie. Prenez garde de me courroucer! Mangez, je vous l'ordonne! »

Elle répond :

« Seigneur, je n'ai souci de manger. Je jure que tant que je vivrai, je ne mangerai ni ne boirai si je ne vois manger et boire mon seigneur qui est là étendu.

— Madame, cela ne peut se faire. A vous entendre dire une si grande sottise on vous tiendrait pour folle! Je vous avertis de ce que vous aurez mauvaise récompense si vous vous faites prier encore! »

Mais elle ne veut rien manger, ne faisant cas de sa menace. Alors le comte la frappe au visage. Elle pousse un cri et les barons qui sont autour blâment le comte. Ils lui disent :

« Arrière, seigneur, vous devriez avoir grand' honte d'avoir frappé cette dame parce qu'elle refuse de manger ! Si elle se désespère pour son seigneur qu'elle voit mort personne ne l'en doit blâmer.

— Taisez-vous tous, fait le comte. La dame est à moi et je suis sien et je ferai d'elle à mon plaisir. »

Alors Énide ne peut plus se taire. Elle jure qu'elle ne sera pas sienne. Il lève le bras, il la frappe encore. Elle crie de toute sa force :

« Traître ! Peu me chaut ce que tu dises ou que tu fasses ! Je ne crains ni tes menaces ni tes coups ! Bats-moi ! Frappe-moi ! Je n'en ferai pas plus cas de toi, quand même sur-le-champ tu devrais m'arracher les yeux ou m'écorcher vive ! »

Pendant cette dispute, s'il s'ébahit de pâmoison Érec revient comme un homme qui s'éveille. Ce n'est merveille de voir tant de gens assemblés autour de lui. Mais il a grand chagrin et émoi quand il entend la voix de sa femme.

De la table il descend à terre et vivement tire l'épée. La douleur lui donne courage et l'amour qu'il a pour sa femme. Il court auprès d'elle et frappe le comte à la tête au point qu'il lui brise crâne et front sans même l'avoir interpellé ou défié. Sang et cervelle en volent. Les chevaliers sortent des tables. Tous croient que c'est le diable ! Ni jeunes ni vieux ne demeurent et tous crient, les forts et les faibles.

« Fuyez, fuyez, voici le mort ! »

Très grande est la presse à l'issue, l'un poussant et débottant l'autre... Érec court prendre son écu, le pend à son cou par la guiche. Énide prend la lance. Ils s'en viennent tous au milieu de la cour vide, car ils ne croyaient pas que c'était un homme qui les voulût chasser mais quelque diable ou ennemi qui dedans le corps se fût mis. Érec les chasse et trouve dehors un garçon qui menait abreuver son propre destrier, atourné de rênes et de selle. Cette occasion lui est belle! Érec vers le cheval s'élance et sitôt le garçon le lâche, car il a grande peur d'Érec qui monte entre les arçons. Énide met le pied à l'étrier et saute sur le cou du destrier comme Érec le lui commande. Le cheval tous deux les emporte. Ils trouvent ouverte la porte, s'en vont sans que nul les arrête... Érec, qui sa femme emporte, l'accole et baise et réconforte. Entre ses bras, contre son cœur, il l'étreint. Il dit :

« Ma douce sœur! Bien vous ai assez éprouvée! N'ayez plus crainte de rien, car je vous aime plus que jamais. Pour moi suis sûr et certain que vous m'aimez parfaitement. Tout à votre commandement je veux être dorénavant comme j'étais auparavant. Si de moi vous avez médit je vous pardonne et vous tiens quitte de la faute et de la parole. »

Lors Érec la rebaise et accole. Pour Énide ce n'est point male aise quand son seigneur l'accole et baise et de son amour la rassure.

Par là nuit ils s'en vont grand train et ce leur est grande douceur que la lune belle les éclaire.

C'est encore par double méprise qu'Érec est amené à livrer combat à Guivret le Petit, pourtant l'un de ses compagnons. Soigné par les sœurs de Guivret au château de Penevric, il repart bientôt en compagnie d'Énide, de leur hôte et de ses gens qui lui font un riche cortège. C'est alors qu'ils arrivent devant le château de Brandigan où règne le roi Évrain.

« Dieu, fait Érec, quelle grande richesse! Allons voir la forteresse. En ce lieu nous prendrons logement. Je veux m'y arrêter.

— Sire, répond Guivret, chagriné par telle demande, si cela ne vous déplaît, nous n'y descendrons pas. Sachez qu'en cette ville il est un mauvais pas.

— Mauvais pas? Le savez-vous? Quel qu'il soit, dites-le-nous, car j'aimerais à le connaître.

— Sire j'aurais peur que vous n'y eussiez dommage. Je sais quels sont votre courage, votre hardiesse, votre audace! Dès que je vous aurai conté ce que je sais de l'aventure, qui est très périlleuse et dure, vous voudrez y aller. J'en ai souvent ouï dire qu'il est sept ans passés ou plus que de cette ville ne sont revenus ceux qui voulurent y quérir aventure. Ils étaient venus de mainte terre, chevaliers fiers et courageux.

— Beau doux ami, dit Érec, souffrez que nous prenions hôtel en ce château s'il ne vous ennuie. Il est temps d'hosteller cette nuit. Je vous demande seulement de me dire le nom de l'aventure et du surplus vous serez quitte.

— Sire, fait-il, je ne puis me taire et ne vous dire ce que vous voulez savoir. Le nom est très beau à dire, mais dure à assumer l'épreuve, car nul n'en peut échapper vif. Cette aventure a nom la Joie de la Cour.

— Dieu, s'écrie Érec, il n'est de bon que la joie! C'est elle que je cherche et ne me désespérez point, bel ami, en me détournant d'aventure! Prenons-y notre logement car de grands biens peuvent en advenir. Rien ne me pourrait retenir de quérir la joie!

— Dieu vous entende, sire, et faire que vous y trouviez la joie et puissiez en revenir sans encombre! Je vois bien qu'il nous faut entrer dans

Brandigan. Allons-y! Notre hôtel y est pris, car nul chevalier de haut prix, à ce que j'ai ouï dire et conter, ne peut en ce château entrer pour y hosteller une nuit sans que le roi Évrain ne le reçoive. Car ce roi est si noble qu'il a interdit aux bourgeois d'accueillir en leurs maisons tout étranger qui se présente afin qu'il puisse lui-même honorer tous les prudhommes qui voudront ici demeurer. »

Ainsi s'en vont vers le châtel, passent les lices et le pont. Les gens qui sont amassés par la rue en grande foule. Ils voient Érec si magnifique qu'ils croient que lui appartiennent tous les gens de la compagnie. Tous, émerveillés, le regardent. La ville en frémit et bruit tant on en parle et s'interroge. Même les pucelles qui carolent cessent leur chant. Toutes ensemble le regardent et, voyant sa grande beauté, se signent et à grand'merveille elles le prennent en pitié. L'une l'autre elles se disent tout bas :

« Hélas! ce chevalier qui passe ici s'en va à la Joie de la Cour. Il lui en coûtera douleur avant qu'il conquière la Joie. Nul n'est jamais venu d'une autre terre rechercher la Joie de la Cour qui n'en ait eu honte et dommage et n'en laissât sa tête en gage. »

Puis elles disent bien haut pour qu'il l'entende :

« Dieu te garde, de mésaventure, car tu es beau à démesure et ta beauté est bien à plaindre! » Demain nous la verrons s'éteindre! Demain sera jour de ta mort. Demain tu mourras sans rémission si Dieu ne te garde et défend... »

Érec entend bien tout ce que l'on dit de lui par la ville. Mais la grande peur qu'il voit sur tant de visages ne le trouble point. Il passe sans s'attarder, salue courtoisement. Tous et toutes lui rendent son salut. Il retient tous les cœurs par son maintien noble et tranquille.

Il arriva alors que le roi Évrain apprit qu'une grande compagnie se rendait à sa cour, conduite par un seigneur que son équipage semblait désigner comme un comte ou un roi.

Il vint à leur rencontre dans la rue et leur dit :

« Soyez les bienvenus ! Seigneurs, qu'il vous plaise de descendre et votre compagnie aussi ! »

Les écuyers accoururent pour tenir les étriers et prendre les chevaux. Le roi Évrain fit comme il le devait devant Énide. Il la salua profondément et l'aida à descendre. Il la prit par sa main blanche et tendre et l'emmena dans le palais avec la plus grande courtoisie et le plus grand respect.

Le roi commanda que l'on parfume une chambre avec de l'encens, de la myrrhe et de l'aloès. Il y mena Énide et toute sa suite émerveillée d'un tel accueil. Pourquoi vous décrirais-je en détail les draps de soie dont était parée cette chambre ? Je perdrais mon temps, je crois bien ! Venons plutôt au fait qui suivit. Le roi ordonna de préparer un souper pourvu à souhait d'oiseaux, de venaison, de fruits et de vins de plusieurs crus. Le mets le plus délicieux, n'est-ce pas celui que composent la bonne mine et le sourire ?

Mais Érec n'avait de pensée que pour ce qui lui tenait le plus au cœur. Il dépêcha le manger et le boire. Il ne pensait qu'à la Joie de la Cour. Il fit en sorte que l'on vint à en parler.

« Sire, dit-il au roi Évrain, le moment est venu que je dise ce que je pense et pourquoi je suis ici. Je ne vous le célerai plus longtemps. Je demande la Joie de la Cour. Quelle que soit cette Joie, donnez-la-moi si vous le pouvez !

— Certes, répondit Évrain, vous parlez bien
légèrement! Cette Joie est chose terrible! Elle a
causé la douleur de maint prudhomme. Si vous ne
faites selon mon conseil vous en souffrirez aussi.
Oui, si vous voulez bien me croire, vous renoncerez
à une folie dont jamais vous ne pourrez venir à
bout. Ce ne m'est point merveille de vous voir
chercher honneur et grand renom, mais si je vous
voyais revenir perclus, blessé et mutilé, j'en aurais
un profond chagrin. Sachez que j'ai vu maint
prudhomme quêter cette joie sans la conquérir. Ils
n'en ont eu nul avantage : ils ont tous péri. Avant
que la journée de demain soit passée vous aurez
reçu pareille récompense. Il est vrai toutefois que si
vous tenez à tenter l'aventure je vous la permettrai,
malgré que j'en aie. Vous pouvez encore tirer profit
de mes paroles et ne pas poursuivre votre dessein.
Pour moi je commettrais un crime et je vous
trahirais, je pense, si je ne vous disais la vérité. »

Érec reconnut que c'était là sage conseil du roi.
Mais plus était périlleuse et merveilleuse l'entreprise, plus il avait désir de la tenter. Il répondit au
roi :

« Sire, je sais bien que vous êtes prudhomme et
de grande loyauté. Je vous demande la faveur de
votre permission, quoi qu'il puisse m'en advenir.
Maintenant que la broche est tirée il faut boire le
vin! Je ne renonce jamais à une aventure sans faire
selon tout mon pouvoir pour en sortir avec
honneur.

— Je pensais bien que vous feriez contre mon
conseil, dit le roi. Qu'il en soit donc comme vous le
souhaitez! Vous aurez la Joie que vous cherchez. Je
suis au désespoir, car je crains qu'il vous arrive
malheur. Ce que vous désirez, vous le verrez
sûrement. Si vous réussissez l'exploit, il sera dit en

vérité le plus glorieux qu'un homme puisse accomplir. Que Dieu vous garde, je le lui demande ! »

Le temps était donc revenu pour Énide des angoisses qu'elle avait cru à jamais terminées. Érec, quant à lui, dormit sans trop s'inquiéter des dangers qu'il allait affronter le lendemain.

Dès l'aube il se prépara. Il revêtit volontiers l'armure que le roi lui avait offerte, car la sienne avait subi grand dommage. Il se fit armer dans la salle puis il descendit rapidement les degrés, trouva son cheval ensellé et le roi tout auprès, déjà sur sa monture. A la cour et dans les hôtels tous les gens s'apprêtaient à partir. Dans toute la ville, il n'y avait homme ou femme qui ne voulût faire conduite au chevalier. Comme celui-ci allait partir un grand bruit monta par les rues. Tous, grands et petits criaient :

« Haï, haï, chevalier ! Elle t'a trahi, la Joie que tu croyais conquérir ! Tu vas chercher ton deuil et ta mort ! »

Puis ils criaient encore :

« Dieu maudisse cette joie qui a fait périr tant de prudhommes ! Aujourd'hui elle fera sans doute pire œuvre que jamais ! »

Érec écoute tout ce qu'on dit de lui.

« Haï, haï ! Tu y vas pour ton malheur, beau chevalier, toi si courtois et valeureux ! Non, il ne serait pas juste que ta vie trouve sa fin si tôt ou que tu reviennes le corps en lambeaux ! »

Il entend mais ne se tient pas tête basse et ne fait point mine de couard. Il lui tarde de voir enfin ce qui cause à tous ces gens telle frayeur.

Le roi le mène hors de la ville jusque devant un verger proche. La foule de tant de gens lui fait cortège jusque-là. Mais je ne dois oublier de vous décrire le verger selon la vérité de l'histoire.

Autour de ce verger ne s'élevait ni mur ni

palissade. Par effet de magie il était clos sur tous côtés d'un mur d'air infranchissable. Nul n'y pouvait entrer qu'en volant par-dessus ce mur. Tout le temps d'hiver et d'été il produisait fleurs et fruits mûrs. Mais les fruits ne se devaient manger que dans le verger. On ne les pouvait emporter, par l'effet d'une force mystérieuse empêchant qui était entré d'approcher de l'huis et sortir tant qu'on n'avait remis le fruit à sa place. Chantaient partout en ce jardin tous oiseaux volant sous le ciel, tous les oiseaux des plus beaux chants. La terre était fertile en herbes bonnes pour médecines et en épices précieuses.

La foule fit conduite à Érec jusqu'à l'entrée. Le chevalier découvrit alors une merveille horrible, propre à terrifier le plus hardi, fût-ce Thiébaut l'Esclavon, Ospinel ou Fernagu. Des heaumes luisants étaient plantés là sur des pieux et sous chaque coiffe de fer, on voyait une tête d'homme. Un seul de ces pieux ne portait point de heaume.

« Doux ami, dit le roi Évrain, savez-vous ce que signifie cette chose, là, sous nos yeux ? Si vous tenez à votre vie elle doit vous faire épouvante... Ce pieu qui ne porte de heaume a attendu un très long temps. Nous ne savons qui il attend. Prenez garde qu'il ne soit pour votre tête ! C'est pour cela qu'on l'a planté. Je vous ai bien averti avant de vous conduire ici. Vous n'en sortirez point, je crois, sinon mort et massacré. S'il advient que votre tête soit présentée sur ce pieu, un autre pieu sera planté auprès du vôtre pour l'imprudent, qui viendra à son tour tenter l'impossible exploit. Je veux vous dire encore ceci : dans ce verger vous verrez un cor pendu au tronc d'un arbre. Nul n'a jamais pu en sonner. Celui qui le pourra en aura gloire et renommée plus que tous chevaliers de la contrée.

Adieu, bientôt se présentera la Joie dont vous aurez grande douleur, je pense. »

Le roi Évrain le quitte. Érec se penche vers Énide qui était silencieuse et en grande tristesse. Celui qui connaissait si bien son cœur lui dit :

« Chère sœur, douce et loyale dame, je vois bien que vous avez grande frayeur quoique n'en ayez encore nulle raison. Mais vous commencez trop tôt votre deuil ! Attendez de me voir revenir l'écu lacéré, le corps couvert de blessures, les mailles de mon haubert couvertes de sang, le heaume ouvert. Attendez de me voir perclus et recréant, incapable de me défendre et bon seulement à demander merci. Douce dame, vous ne savez ce qui m'adviendra et moi je ne le sais non plus. Sachez que si je suis aussi hardi que je vous aime, nul homme vivant je ne redouterai corps à corps ! Je ne le dis point par orgueil mais parce que je veux vous conforter. Je dois vous laisser maintenant, car il ne faut vous en venir plus avant. Ainsi l'a ordonné le roi. »

Là-dessus il la baise et lui dit adieu.

Il s'en va au long d'un sentier, seul, sans nulle compagnie. Voici qu'il trouve un lit d'argent, couvert d'un drap brodé d'or, dessous l'ombre d'un sycomore. Et sur le lit une pucelle, gente de corps et de visage. Je n'en veux deviser davantage. Mais qui l'aurait considérée en son atour et sa beauté aurait pu dire en vérité qu'autrefois Lavine de Laurente n'en posséda même le quart.

Érec s'approche. De plus près il la veut voir et auprès d'elle il va s'asseoir. Alors accourt un chevalier par le verger, dessous les arbres, armé d'une armure vermeille et qui était grand à merveille. Sous le ciel il n'était homme plus beau que lui. Il se montrait d'un pied plus grand que tous les autres, au témoignage de toutes gens. Érec l'aperçut et le chevalier s'écria :

« Vassal ! Vassal, vous êtes fou d'aller vers ma demoiselle ! A mon escient vous n'êtes assez valeureux pour oser approcher d'elle ! Votre folie vous coûtera cher ! Par ma tête je vous le dis : Arrière ! »

Érec assure qu'il est prêt à combattre s'il trouve en ce chevalier un jouteur digne de lui. Quand sonne l'heure de nonne, Érec vainqueur le tire, le saque, l'incline à ses pieds. Il lui demande : « Quel est ton nom et quelle est cette Joie de la Cour ? »

« Sire, dit le chevalier, je vous conterai tout de bonne grâce.

« Écoutez ce qui m'a retenu en ce verger si longuement. Selon votre commandement je vous le dirai quoi qu'il m'en coûte. Cette pucelle qui est assise là m'aima dès l'enfance et moi je l'aimai aussi. L'un l'autre nous nous plaisions. L'amour grandit si fort qu'elle me demanda de lui consentir un don qu'elle ne nomma point. Qui refuserait rien à sa mie ? Il n'est pas ami celui qui ne fait à son amie tout le bien possible sans négligence ni feintise. Je lui promis selon son désir. Elle voulut que je lui gage ma promesse. Si elle eût voulu davantage je l'eusse fait encore. Mais elle me crut par ma foi. Je lui promis je ne savais quoi, et il advint là-dessus que je fus fait chevalier. Le roi Évrain, dont je suis le neveu, m'adouba devant maints prudhommes dedans ce verger où nous sommes. Ma demoiselle me rappela bientôt ma foi et me dit

que j'avais juré que jamais je ne sortirais de céans
jusqu'à ce que vienne un chevalier qui par les
armes me vainquît. Ce fut là la raison pour laquelle
je demeurai.

« Dès l'instant que je vis tout le bien qui était en
elle, je m'efforçai de ne laisser rien paraître à celle
qui m'était si chère que je n'avais nulle répugnance
à faire tout ce qui lui plaisait, sinon elle m'eût retiré
son cœur, ce que je ne voulais à nul prix quoi qu'il
en pût advenir. Ainsi me pensait retenir en long
séjour ma demoiselle. Elle ne croyait pas qu'un
beau jour pût entrer en ce verger un vassal qui
voulût me combattre. La vérité je vous l'ai dite et
sachez bien qu'il n'est petit l'honneur que vous
avez conquis. Vous avez mis en grande joie la cour,
mon oncle et mes amis, car je vais pouvoir sortir
d'ici. Cette joie qu'ils vont éprouver, tous les gens
de la cour du roi déjà l'appelaient Joie de la Cour.
Si longuement ils l'ont attendue qu'elle leur sera
enfin donnée par vous qui l'avez remportée. Vous
m'avez maté et fasciné, moi le valeureux chevalier!
Il est bien juste que je vous dise mon nom que
vous voulez savoir. On m'appelle Mabonagrain. Je
ne suis point connu sous ce nom dans les pays où
l'on m'a vu, mais dans ce pays-ci seulement. Tout
le temps que je fus valet jamais je ne connus mon
nom.

« Seigneur, maintenant vous savez la vérité.
Mais à vous dire j'ai encore : il y a en ce verger un
cor que vous avez vu, je crois. Hors de céans je ne
dois sortir jusqu'à ce que le cor ait sonné et que
m'ayez déprisonné. Alors commencera la Joie.
Quand ils ouïront la voix du cor, il n'y aura
personne qui ne vienne sitôt à la cour. Levez-vous,
sire, et vite allez prendre le cor joyeusement et
faites ce que vous devez! »

Maintenant Érec s'est levé. L'autre se lève

comme lui et tous deux s'approchent du cor. Érec le prend et il en sonne. Toute sa force y abandonne tant qu'on l'entend au plus lointain.

Énide s'en réjouit de tout son cœur et le roi et la cour entière. Il n'en est un seul qui ne partage ce bonheur, nul qui ne cesse et ne repose de faire joie et de chanter.

Les dames inventent un lai qu'elles appellent le lai de Joie. Rotes, harpes, vielles sonnent. Aussi violons, psaltérions et cifoines. Énide s'approche de la seule personne qui se désole en cette liesse générale, la pucelle sise sur le lit d'argent, retrouve en l'héroïne l'une de ses cousines et n'a point de peine à la consoler.

Mais parlons maintenant de la foule qui s'était assemblée, venue de diverses contrées. Il y avait grand nombre de comtes, de ducs, de rois : normands, bretons, écossais, anglais, princes d'Angleterre et de Cornouailles. Car de Galles jusqu'en Anjou, d'Allemagne et du Poitou et du Maine, chevalier de grande affaire, gentille dame de bonne souche il n'y avait très riche baronaille qui ne fût venue à la cour de Nantes comme le roi l'avait demandé.

Quand toute la cour fut réunie, avant que tierce fût sonnée, le roi Arthur adouba plus de quatre cents chevaliers, tous fils de comtes et de rois. A chacun il donna trois chevaux et deux paires de robes pour que sa cour fût la mieux parée. Le roi fit grande largesse. Il ne donna point des manteaux de serge ni de conin ou de brunette mais de samit et d'herminette, de vair et de diapres listés d'orfroi roides et âpres. Les manteaux, sortis des coffres, furent étendus de tous côtés dedans les salles. Tous furent tirés hors des malles. En prenait qui voulait et chacun à sa guise. Sur un tapis, au milieu de la cour, il y avait trente muids pleins d'esterlins blancs, car dès le temps de Merlin, par toute la Bretagne avaient cours les esterlins. Chacun en emporta à son hôtel, cette nuit-là, autant qu'il voulut.

A tierce, le jour de Noël, la cour de nouveau s'assemble. Érec a le cœur tout ravi de la grande joie qui est proche. Non, ne pourrait langue ni bouche, même avec très grand art, décrire le tiers ni le quart, ni le cinquième des magnificences qui glorifièrent le couronnement. J'entreprends donc une folie quand je veux encore les conter.

Dans la grande salle se dressaient deux trônes d'ivoire bien faits et bien décorés, de même forme et même taille. Non point de bois mais ils étaient d'ivoire et d'or et très finement sculptés. Celui qui les façonna fut assurément très adroit et ingénieux car il les fit tous deux très ressemblants par la hauteur et la largeur et l'ornement. Les deux pieds de devant ressemblaient à des léopards, ceux de derrière à des crocodiles. Un chevalier, Bruyant des Iles, en avait fait don et saisine au roi et à la reine.

Le roi Arthur s'assit sur l'un. Sur l'autre il fit asseoir Érec, vêtu d'une cape de moire. Nous avons trouvé dans l'histoire la description de la robe. Afin qu'on n'aille prétendre que je mente, j'en prends pour témoin Macrobe, qui fut savant en histoire. Cet auteur m'enseigne à décrire comme je l'ai trouvé dans son livre, l'œuvre et le portrait de cette robe. Quatre fées l'avaient coupée et brodée par grand sens et grande maîtrise. La première y avait représenté la géométrie regardant et mesurant la terre dure et les cieux dans toute leur étendue et la

mer large et profonde. La seconde fée mit sa peine
à figurer l'arithmétique, qui dénombre exactement
les heures et les jours et l'eau des mers goutte à
goutte, aussi les grains de sable et les étoiles une à
une et compte combien il est de feuilles dans le
bois. Jamais elle ne se trompe dans ses calculs,
jamais elle ne commet d'erreur quand elle veut
bien s'appliquer. L'œuvre de la troisième fée
représentait la musique à qui s'accordent tous les
plaisirs : chant et déchant, sons de harpe, de rote,
de vielle. C'était d'un très bel ouvrage.

La quatrième fée accomplit une œuvre admirable
en représentant le plus beau des arts : l'astronomie
qui fait de si grandes merveilles et prend conseil
des étoiles, de la lune et du soleil. Pour ce qu'elle a
dessein de faire elle ne consulte en nul autre lieu.
Les astres la conseillent très bien sur tout ce qu'elle
désire connaître et lui donnent d'avoir science
certaine de tout ce qui fut et sera.

Ce grand travail orna la robe d'Érec, ouvrée et
tissée de fil d'or. La panne qui doublait la robe était
d'une bête contrefaite dont la crinière était blonde,
le corps noir couleur de mûre, le dos vermeil, le
ventre noir et le cou inde. Ces animaux naissent
dans l'Inde et se nomment barbiolettes. Elles ne
mangent guère que poissons, cannelle et fraîche
girofle.

Que vous dirai-je du manteau ? Il avait quatre
pierres précieuses aux passements, deux chrysoli-
thes et deux améthystes, qui étaient serties d'or.

Énide n'était pas encore venue au palais à cette
heure. Le roi qui s'en aperçut commanda à
Gauvain d'aller la chercher et de l'amener en ce
lieu. Gauvain y courut, avec lui le roi Caroduanz et
le généreux roi de Galvoie. Guivrez le Petit
l'accompagna avec Yder, fils de Nut. Quand elle
apparaît, à sa rencontre, aussitôt le roi se porte et,

par bonté, auprès d'Érec la fait asseoir car il veut
leur faire à tous deux très grand honneur. Il
commande de sortir deux couronnes de son trésor,
massives et de l'or le plus fin. Les couronnes tout
aussitôt lui sont apportées, enluminées d'escarboucles, quatre sur chacune couronne.

La clarté de la lune n'est rien auprès de celle
dont luit la moins belle des escarboucles. De par les
feux qu'elles jetaient, tous ceux qui étaient au palais
s'émerveillèrent de demeurer sans plus voir goutte.
L'une des couronnes, le Roi fit prendre par deux
pucelles. L'autre fut tenue par deux barons. Puis il
commanda que s'avancent les évêques et les prieurs
et les abbés religieux pour oindre le nouveau roi
selon la coutume chrétienne.

L'évêque de Nantes lui-même, très prudhomme
et de grande sainteté, sacra le roi et lui posa la
couronne sur le chef... Le roi Arthur fit apporter
un sceptre plus lumineux qu'un vitrail dont le
pommeau était fait d'une émeraude grosse comme
le poing. La vérité je vous ose dire qu'il n'est au
monde nulle espèce de poisson, de bête sauvage ni
d'homme ni d'oiseau volage qui sur ce sceptre ne
fût peinte ou sculptée.

Le sceptre fut donné au roi qui le regarda avec
émerveillement puis le mit sans plus tarder dans la
main droite d'Érec qui lors fut roi selon l'image du
vrai roi. Puis Énide fut couronnée.

Déjà la messe était sonnée. Ils allèrent ouïr le
service en la maître-église puis prier en la chapelle
de l'évêque. De joie vous auriez vu pleurer le père
et la mère d'Énide qui avaient pour nom Lycorans
et Carsenefide.

Quand les époux royaux vinrent à l'évêché, à leur
rencontre sortirent les reliques et les trésors, avec
croix, livres et encensoirs portés par tous les moines
du moutier, puis les châsses des corps des saints

dont cette église était très riche. Ils sortirent en procession et que de chants on entendit! Jamais on ne vit ensemble à une messe tant de rois et tant de comtes, tant de ducs et tant de barons! La presse fut si grande et épaisse que tout le moutier en fut plein. Nul vilain n'y put entrer mais non plus tant de dames et chevaliers qui durent demeurer au-dehors.

Quand la cour eut ouï la messe, elle s'en revint au château. Tout était déjà prêt, tables dressées et nappes dessus. Cinq cents tables l'on mit et plus. Mais je ne veux en faire accroire — mensonge semblerait trop grand — que des tables furent ainsi mises à la tire en un palais. Aussi y eut-il cinq salles si pleines que l'on ne pouvait qu'à grand'peine trouver un chemin entre les tables. A chacune il y avait roi, duc ou comte et cent chevaliers étaient assis autour. Mille chevaliers vêtus de pelissons d'hermine faisaient le service du pain. De tant de mets en abondance je ne vous dirai davantage.

Aux nouveaux souverains, le roi donna très largement chevaux et armes et argent, étoffes de drap et de soie, car il était d'une grande bonté et il voulait combler Érec qu'il aimait tant.

Cligès ou la Fausse Morte

Un prince byzantin est le héros de ce curieux roman qui se divise en deux parties d'égale importance : l'une concerne Alexandre, fils de l'empereur de Constantinople. La seconde constitue véritablement le roman de Cligès, fils de cet Alexandre et de Soredamor, suivante de la reine Guenièvre. Curieux roman qui a manifestement double origine, celtique et orientale-byzantine.

Faut-il ajouter foi à ce qu'assure Chrétien dans son prologue ? Est-ce bien dans un manuscrit de la bibliothèque de Saint-Pierre de Beauvais qu'il a connu « le conte dont il fit le roman » ? Que contenait ce manuscrit ? Quelque conte latin — De la fausse morte, peut-être — dont le sujet aurait inspiré le romancier. Il faut rappeler aussi les sources antiques, en particulier ce que le roman de Cligès doit au roman d'Énéas. Enfin le souvenir de Tristan et Yseult plane sur maints épisodes. Non point que Cligès s'inscrive dans la ligne de Tristan. Au contraire, à tel point que l'on a même pu écrire que Cligès représente un anti-Tristan.

La formule réaliste exprime le vœu : « Qui a le cœur, qu'il ait le corps ! » Non que Chrétien néglige les subtilités de la casuistique amoureuse mais c'est à la manière de la France du Nord et non à celle des Provençaux, experts en raffinements et mélange incertain.

Par inclination, le romancier veut amour conjugale franche et sans partage alors que le souci de faire selon le goût régnant l'inciterait à donner large place à l'amour hors mariage. Chrétien est assez adroit pour ne rien sacrifier et satisfaire tous ses lecteurs, chacun trouvant histoire ou épisodes selon son goût.

Qu'on pense à l'anarchie de certaines mœurs féodales ! Le mariage était alors, avant tout, appropriation d'une dot et d'un héritage, bénie par les représentants d'une Église trop souvent cupide et docile. Comment s'étonner que, dans le secret des âmes délicates et exigeantes soient nées puis se soient déclarées les protestations et les espérances de l'amour courtois, exaltation de l'Amour dans une société qui l'ignore ou le dédaigne. Comment s'étonner qu'au terme de consultations, de disputes et de débats, on en arrive bien vite à décréter qu'amour et mariage sont incompatibles. N'est-ce pas là ce qu'affirme la comtesse de Champagne dans un jugement daté du troisième jour des calendes de mai 1174 : « Par la teneur des présentes, nous disons et soutenons que l'amour ne peut étendre ses droits entre mari et femme. Les amants s'accordent toutes choses réciproquement et gratuitement sans aucune obligation de nécessité tandis que les époux sont tenus par devoir à toutes les volontés l'un de l'autre. Que ce jugement que nous prononçons avec une extrême maturité, après avoir ouï plusieurs dames, ait à passer pour vérité constante et irréfragable. »

Un tel jugement s'accordait avec la thèse du Tristan que Chrétien écrivit presque certainement au début de sa carrière littéraire, après avoir composé le roman de Guillaume d'Angleterre (ce pourrait bien être le premier Tristan de notre littérature). Au regard de cette œuvre, dont Chrétien fait mention en de nombreuses occasions mais dont le manuscrit fut détruit ou demeure égaré, l'œuvre nouvelle apparaît comme un anti-Tristan. *La thèse de* Cligès *exprime plus sûrement les convictions intimes de l'auteur : le seul véritable amour est celui qui s'épanouit dans le mariage. Il n'est pas douteux que Chrétien devait tenir compte des désirs de son public. Les fortes influences provençales conjuguées avec des éléments celtiques exaltaient l'adultère physique ou moral. Au-delà des satisfactions idéales, qui n'y aurait vu paraître un danger ? Un fort courant antimatrimonial se manifeste dans toutes les classes de la société. De là la contrepartie que représente la célébration de l'amour conjugal qui sait surmonter toutes les épreuves et triomphe par force souveraine qui l'anime.*

Par ce roman — sa quatrième grande œuvre — Chrétien de Troyes étend une renommée déjà bien établie. L'Europe l'envie, transcrit ses œuvres ou s'en inspire librement. Ainsi s'affirme en tous pays la fortune de ce genre littéraire si nouvellement apparu : le roman.

Comme pour Érec *et* Énide *et pour les mêmes raisons, nous n'avons retenu que les épisodes principaux de* Cligès, *ceux-ci correspondant à peu près à la moitié du texte.*

Celui qui fit *Érec et Énide* et les *Commandements* d'Ovide et l'*Art d'amour* en roman mit, celui qui écrivit *La Morsure de l'épaule, Le Roi Marc et Yseult la blonde, La Métamorphose de la huppe, de l'hirondelle et du rossignol,* commence ici nouveau roman d'un jeune homme qui vivait en Grèce, de la maison du roi Arthur. Avant que de lui je vous parle, vous entendrez la vie de son père, son origine et son lignage. Tant il fut preux et de fier courage que pour prendre honneur et renom, il alla de Grèce en Angleterre qui alors s'appelait Bretagne.

Cette histoire que je veux conter nous la trouvons écrite dans un des livres de la bibliothèque de monseigneur Saint-Pierre à Beauvais. Il en atteste la vérité, aussi doit-elle être crue. Par les œuvres que nous avons, nous connaissons la vie et les exploits des anciens dans le monde qui fut jadis. Ce nous ont nos livres appris que la Grèce eut en chevalerie grand renom autant que de science. Puis vint la chevalerie à Rome et avec elle grande somme de savoir qui maintenant est passée en France. Dieu donne qu'elles y soient retenues; qu'en ce lieu le séjour leur plaise et que jamais ne sorte de France la gloire qui s'y est arrêtée!

Dieu ne les avait que prêtées à ces Grecs et ces Romains dont on ne parle plus du tout, car leur vive braise est éteinte.

Chrétien compose son roman selon ce que conte le livre écrit sur un empereur puissant en richesses comme en honneur, qui régna sur la Grèce et sur Constantinople.

L'impératrice était belle et noble, dont l'empereur eut deux enfants. Mais le premier fut si grand qu'avant la naissance de l'autre il aurait pu — s'il l'eût voulu — devenir chevalier et régner sur tout l'Empire. Ce premier eut nom Alexandre. Alis fut nommé le plus jeune. Nous vous conterons l'histoire d'Alexandre, si courageux et brave qu'il ne daigna devenir chevalier en son pays. Il avait ouï faire mention du roi Arthur qui lors régnait et des barons qu'il tenait chaque jour en sa compagnie car sa cour était redoutée et renommée de par le monde. Quoi qu'il arrive et qu'il advienne, il n'était rien qui le pût retenir d'aller en Bretagne. Mais il lui fallait prendre congé de son père avant de partir pour la Bretagne ou la Cornouailles. Pour congé demander et prendre il va donc parler à l'empereur.

Alexandre le père, le beau, le preux, lui demande quels sont ses vœux, ce qu'il veut faire et entreprendre.

« Cher père, pour apprendre l'honneur, pour conquérir gloire et renom, je vais vous demander un don que je vous prie de m'accorder. Ne le remettez à plus tard si vous devez me l'octroyer. »

Quel dommage l'empereur aurait-il à accepter telle requête ? Comment ne désirerait-il, ne voudrait-il par-dessus toutes choses l'honneur de son fils ? Plus grand honneur du fils ne serait-il point aussi plus grand honneur de son père ?

« Cher fils, je vous accorde votre plaisir. Dites-moi : que voulez-vous que je vous donne ? »

Il a bien fait son ouvrage, le jeune homme qui est joyeux du don qu'il souhaitait recevoir!

« Sire, voulez-vous savoir ce que vous venez de me promettre? Je veux avoir grande pleineté de votre or et de votre argent et tels compagnons de votre maison que je choisirai car j'ai le dessein de quitter votre empire. J'irai présenter mon service au roi régnant sur la Bretagne pour que chevalier il me fasse. Jamais n'aurai visage armé, ni heaume en tête, je l'assure, jusqu'à ce que le roi Arthur me ceigne de l'épée, s'il daigne le faire. Je ne veux recevoir les armes d'une autre main que de la sienne. »

L'empereur, aussitôt lui répond :

« Cher fils, par Dieu ne parlez ainsi! Ce pays-ci est tout à vous, et Constantinople la riche! Ne me tenez point pour chiche quand je veux vous consentir si grand don! Demain je vous ferai couronner. Vous serez aussi chevalier. Toute la Grèce sera en votre main. De nos barons vous recevrez, comme il se doit, les serments et les hommages. Refuser ne serait pas sage.

— Cher père, si vous voulez faire comme je le souhaite en ma requête, donnez-moi vair et petit-gris et bons chevaux et draps de soie. Avant que d'être chevalier je voudrais servir le roi Arthur. Tel mérite je n'ai encore que je puisse porter les armes. Par prières et bonnes paroles nul ne pourrait me détourner d'aller en terre étrangère voir le roi et ses barons qui ont si grand renom de courtoisie et de prouesse. Tant de hauts seigneurs perdent par paresse la gloire qu'ils pourraient avoir si par le monde ils cheminaient! Repos et renom ne vont pas bien ensemble! Seigneur qui toujours se repose ne s'illustre guère! Celui-là est serf de son bien qui toujours l'amasse et l'accroît. Cher père, comme il m'est loisible de conquérir du renom, j'y veux mettre peine et effort. »

De ces paroles, sans nul doute, l'empereur a joie et chagrin.

« Cher fils, dit-il, puisque je vous vois si désireux de l'honneur, je ne dois rien faire qui ne soit pour votre plaisir. Vous pouvez prendre dans mon trésor deux barges pleines d'or et d'argent. Ayez soin de toujours être large. »

Le jeune homme a obtenu tout ce qu'il a demandé. Son père l'a prié de dire tout ce qu'il souhaitait avoir. L'impératrice est triste d'apprendre que son fils va s'en aller en voyage. Mais qu'on en ait deuil ou chagrin, qu'on reproche un enfantillage, et qu'on le blâme ou qu'on le loue, le jeune homme, sitôt qu'il peut, commande d'apprêter ses navires, car il ne veut demeurer dans son pays plus longuement. Selon son commandement les nefs sont chargées, dès la nuit, de vin et de viande et de biscuit.

Les nefs sont chargées au port et, le lendemain, à grande joie, Alexandre descend sur la plage avec ses compagnons, joyeux de ce voyage. L'empereur les escorte et l'impératrice qui pleure. Au port sous la falaise ils trouvent les marins sur les navires. La brise est paisible, le vent doux et les airs sereins. Quand il a pris congé de l'empereur et de l'impératrice qui a le cœur si triste, Alexandre passe le premier de la barque dans le navire et ses compagnons avec lui par groupes de quatre, de trois, de deux. Tous rivalisent de grande hâte à s'embarquer. Sitôt la voile est tendue et la barge désancrée. Ceux qui sont demeurés à terre, marris de voir s'éloigner le jeune prince, le suivent au loin du regard et pour ne les perdre de vue ils gravissent une hauteur près de la marine. De là ils regardent ce qui leur cause tant de tristesse. « Que Dieu le conduise à bon port, sans encombre et sans péril ! ».

Sur la mer ils furent tout avril et une partie de mai, sans grand danger, sans inquiétude et vinrent au port de Southampton. Un jour, entre vêpres et none, ils jettent l'ancre et prennent port. Les jeunes gens qui n'avaient encore appris à souffrir peines et mésaises, sont longtemps demeurés sur mer et tous sont bien décolorés et affaiblis et épuisés, même les plus forts et les plus sains. Malgré cela ils font grande joie dès qu'ils ont échappé à la mer et sont venus où ils voulaient. Parce qu'ils sont très éprouvés ils demeurent à Southampton toute la nuit. Ils festoient et font demander si le roi est en Angleterre. On leur répond qu'il est à Winchester où ils pourront le voir bientôt s'ils veulent bien se lever matin et prendre le droit chemin.

Les jeunes gens s'éveillent au matin. Ils s'atournent et s'apprêtent. Ils s'éloignent de Southampton et, tenant le droit chemin, ils arrivent à Winchester où le roi était en séjour.

Avant qu'il fût l'heure de prime, les Grecs arrivent à la cour. Ils descendent de leurs chevaux juste au pied de l'escalier. Les écuyers et les chevaux demeurent là tandis que les jeunes gens montent à la salle pour paraître devant le meilleur roi qui fut et qui sera jamais au monde. Et quand le roi Arthur les voit, les jeunes gens lui plaisent fort. Avant de venir devant lui, ils dégrafent leur manteau, qu'on ne les tienne point pour sots.

Tous les barons les regardent, voyant belle et noble jeunesse, ayant un air qui bien leur plaît. Ils ne doutent pas qu'ils ne soient tous fils de roi et fils de comtes — (et tous l'étaient en effet)... Ils ont la beauté de leur âge. Ils sont tous nobles et bien faits. Et tous portent mêmes vêtements de même étoffe, mêmes couleurs. Ils sont douze, sans leur seigneur, dont seulement je vous dirai que nul ne lui fut

supérieur, n'eut moins d'orgueil, plus de mesure.
Le voici devant le roi, défublé, très beau, bien
taillé. Devant le roi il s'agenouille et les douze, par
affection, s'agenouillent autour de lui.

Alexandre salue le roi, lui dont la langue était
habile à bien et sagement parler.

« Roi, dit-il, si votre renom ne ment point,
depuis que Dieu fit le premier homme, jamais il ne
naquit un roi croyant en Dieu qui fut aussi puissant
que vous. Oui, seigneur roi, la renommée qui de
vous court m'a amené à votre cour pour vous servir
et honorer et je voudrais assez y demeurer pour y
être armé chevalier, si mon service vous agrée, de
votre main et non d'autrui. Car si je ne le suis de la
vôtre jamais je ne serai chevalier.

« Si vous acceptez mon service et consentez à
m'armer, retenez-moi, roi débonnaire et mes compagnons que voici ! »

Le roi lui répond aussitôt :

« Ami, je ne vous refuse point, ni vous ni votre
compagnie. Soyez tous les bienvenus. Il me paraît
que vous êtes tous fils de hauts seigneurs. D'où
êtes-vous ?

— Nous sommes de Grèce.

— De Grèce ?

— Oui vraiment.

— Jeune homme, qui est ton père ?

— Par ma foi, sire, c'est l'empereur.

— Et comment te nommes-tu, bel ami ?

— Alexandre me nomma-t-on quand je reçus sel
et chrême et chrétienté et baptême.

— Alexandre, je vous retiens très volontiers. J'y
ai plaisir et contentement car vous m'avez fait
grand honneur en venant ainsi à ma cour. Je veux
que l'on vous y honore tous comme jeunes gens
nobles et sages. Vous avez été trop longtemps à
genoux. Relevez-vous, je vous le commande et

soyez désormais de ma cour et de mes familiers car vous voici arrivés à bon port. »

Alors se relèvent les Grecs, tout joyeux de voir que le roi les a cordialement retenus. Alexandre est le bienvenu. Voici tous ses désirs comblés! Il n'est si haut baron qui ne le complimente et ne l'accueille. Alexandre ne s'en orgueille et il ne fait point l'important. Il se lie d'amitié avec monseigneur Gauvain qui a pour lui tant d'affection qu'il l'appelle son compagnon et son ami.

Dans la ville, chez un bourgeois, les Grecs avaient pris logement du mieux possible. Alexandre avait apporté de Constantinople un grand avoir. Il veilla à retenir les ordres et le conseil de l'empereur : avoir cœur toujours prêt à donner et à dépenser avec largesse.

Il y prend donc grand soin et peine, mène vie large en son logis, fait dons et dépenses comme il sied à sa fortune et comme son cœur l'y invite. Toute la cour s'étonne, ne sachant d'où lui vient tout ce qu'il dépense car il donne chevaux de grand prix qu'il amena de son pays. Alexandre fait si belle œuvre et si bien par ses beaux services que le roi l'aime vivement et l'estime comme l'aiment aussi les barons et la reine.

Le roi Arthur, en ce temps-là, voulut passer en Petite Bretagne. Il réunit tous ses barons pour leur demander conseil. A qui pourra-t-il confier l'Angleterre jusqu'à son retour pour la garder et maintenir en paix? Sur l'avis de tous les barons, elle fut confiée au comte Angrès de Windsor car il n'y avait baron plus fidèle dans toutes les terres du roi.

Quand Angrès de Windsor tint la terre en sa main, le roi Arthur, le lendemain se mit en route et la reine et ses demoiselles. En Petite Bretagne on

apprend nouvelles de ce que viennent le roi et ses
barons. En font grande joie les Bretons.

Sur le navire qui portait le roi il n'y avait d'autre
jeune homme qu'Alexandre, ni d'autre jeune fille
que celle qui était la suivante de la reine. Elle
s'appelait Soredamor.

Soredamor dédaignait l'amour. Jamais on n'avait
ouï parler d'homme qu'elle daignât aimer, quelles
que fussent sa beauté, sa bravoure, sa seigneurerie
et sa hautesse. Et cependant la demoiselle était si
avenante et belle qu'elle aurait pu l'amour
apprendre s'il lui avait plu d'aimer. Jamais ne
voulut s'en soucier. Mais bientôt Amour la fera
souffrir et il saura bien se venger de ce grand
orgueil, de cette résistance qu'on lui a toujours
opposés. Amour a si bien visé au cœur qu'il l'a de
son dard frappée. Souvent elle pâlit, elle est baignée
de sueur. Malgré elle il lui faut aimer. Elle a grand-
peine à s'empêcher de tourner les yeux vers
Alexandre et doit se garder de monseigneur Gauvain, son compagnon. Elle rachète et paie grand
prix son orgueil et son dédain. Amour lui a chauffé
un bain qui la brûle et la tourmente. Tantôt ce lui
est un plaisir et tantôt ce lui est douleur. Tantôt
elle désire Amour et tantôt elle le refuse. Elle
appelle ses yeux des traîtres. Elle leur dit :

« Mes yeux, vous m'avez trahie ! Par vous mon
cœur me tient en haine, qui pourtant me fut si
fidèle ! Tout ce que je vois me déplaît. Me déplaît ?
Non, ce me plaît, au contraire, et si je vois choses
qui me font mal. N'ai-je pas pouvoir sur mes yeux ?
Toutes forces j'aurais donc perdu et bien peu me
devrais estimer si je ne puis dominer mes yeux et
les faire ailleurs regarder. En quoi donc ont forfait
mes yeux s'ils regardent ce que je veux ? Quelle
faute, quel tort ont-ils ? Dois-je les en blâmer ? Non
pas ! Qui donc alors ? Moi, qui les ai en garde ! Mon

œil ne doit rien contempler, rien qui ne plaise et
convienne à mon cœur. Chose qui me fit dolente,
mon cœur n'eût pas dû la vouloir. Sa volonté me
tourmente. Tourmente? Ma foi je suis donc une
folle si, par mon cœur, je veux chose qui me fait du
mal! Vouloir dont me vienne souffrance je dois
bien l'ôter, si je puis. Si je puis? Folle, qu'ai-je dit?
J'aurais donc bien peu de pouvoir si je n'avais
maîtrise de moi! Amour, pense-t-il me guider, lui
qui a coutume d'égarer les autres? Eh bien, qu'il
mène les autres car je ne suis en rien à lui. Et
jamais je ne le serai, pas plus que jamais je ne fus!
Jamais n'aimerai son commerce. »

Ainsi elle-même elle se tance. Tantôt elle aime,
tantôt elle hait. Elle hésite tant qu'elle ne sait lequel
des deux lui vaut le mieux. Contre Amour elle croit
se défendre mais bien vaine est sa défense!

Dieu, ne sait-elle ce qu'Alexandre pense d'elle!
Amour leur accorde également à tous deux les dons
qu'il leur doit. Il fait pour eux selon droiture car
l'un l'autre s'aiment et désirent. Loyal et juste eût
été cet amour si chacun avait su quel désir les
possédait l'un et l'autre. Mais il ne sait ce qu'elle
désire. Elle ne sait ce qui le tourmente. La reine en
prend garde, les voyant souvent tous deux perdre
leurs couleurs et pâlir. Elle n'en trouve la raison et
pense que c'est peut-être la faute de la mer sur
laquelle ils naviguent. Peut-être aurait-elle deviné si
elle n'attribuait tout le tort à la mer. Mais la mer
fait que la reine se trompe : elle est sur mer et ne
voit pas qu'amour est la seule cause. Ils sont en
mer et tout n'est qu'effet de l'amer des sentiments.
Du seul amour vient le mal qui les tient. Mais de
ces trois-là auprès d'elle la reine n'a de blâme que
pour la mer. Les jeunes gens l'accusent aussi et ils
s'en excusent tous deux en se libérant du méfait.
Souvent qui n'a faute ni tort paye pour le péché

d'un autre. Aussi la reine accuse-t-elle la mer, mais elle l'accable sans raison de ses reproches, car la mer n'a commis nul forfait.

Soredamor a souffert grande douleur. Le navire est venu au port. Le roi sait bien que les Bretons ont fait grande joie en apprenant sa venue car très volontiers ils le servent comme leur légitime seigneur. Du roi Arthur, pour l'instant, je ne parlerai davantage. Mais vous m'entendrez dire comment Amour travaille les deux amants auxquels il livre bataille.

Alexandre aime et désire celle qui soupire pour son amour mais ne le sait ni ne saura jusqu'au moment où il aura souffert tant de maux et tant de tourments. Pour cet amour il sert la reine et les demoiselles de sa cour. Mais celle à qui il songe le plus, il n'a l'audace de lui dire une seule parole! Si elle osait prendre pour elle le droit qu'elle croit avoir sur lui, volontiers elle lui ferait savoir! Mais elle n'ose ni ne doit.

Le fait de se voir l'un l'autre et de ne rien oser ni en paroles ni en gestes leur est de plus en plus pénible. L'amour croît et brûle plus fort. Mais de tous amants c'est la coutume de se confier aux regards s'ils ne peuvent davantage. Parce que ce jeu leur plaît qui fit naître et croître leur amour ils croient qu'il les soulage alors qu'il leur fait grand mal : qui s'approche du feu se brûle plus que celui qui s'en écarte. L'amour des amants ne cesse de grandir mais chacun d'eux est plein de honte devant l'autre.

Chacun se cèle et se couvre si bien que ne paraissent ni flammes ni fumées du charbon qui couve sous la cendre. La chaleur n'en est pas moindre. Bien au contraire elle dure plus longtemps dessous la cendre que dessus! Ils sont tous deux en grande angoisse mais pour que l'on ne découvre et connaisse leurs plaintes il faut donc que chacun trompe les gens par faux-semblants. Chacune nuit la plainte est grande que chacun se fait à lui-même.

D'abord je vous dirai comme Alexandre se plaint en désespoir :

« Comment Amour t'a-t-il percé le corps puisqu'au-dehors n'apparaît nulle plaie? Dis-le-moi! Je veux le savoir! Par où t'a-t-il atteint?

— Par l'œil.

— Par l'œil? Pourtant il ne te l'a crevé?

— C'est au cœur que je suis blessé.

— Mais, dis-moi, pourquoi et comment le dard t'a-t-il frappé dans l'œil sans le blesser ni le briser? Si le dard est entré par là, pourquoi souffre le cœur dans la poitrine? Pourquoi l'œil ne souffre-t-il pas, qui a reçu le premier coup? »

L'œil est le miroir du cœur et c'est par ce miroir que passe, sans le blesser ni le briser, le feu dont le cœur s'enflamme. Le cœur n'est-il dans la poitrine comme la chandelle allumée que l'on met dans une lanterne? Si vous enlevez la chandelle il n'en sortira nulle clarté, mais tant que la chandelle dure, la lanterne n'est pas obscure et la flamme qui brille en elle ne l'abîme ni ne lui fait dommage. Il en est de même du vitrail. Il n'est si fort ni si épais que le rai du soleil n'y passe sans l'endommager en rien. Le verre ne sera jamais assez clair pour éclairer par sa seule vertu si autre lumière ne le frappe.

Songez à la clarté des yeux qui, à tous ceux qui les regardent, semblent deux chandelles brillantes! Qui a la langue assez déliée pour pouvoir décrire ce nez bien fait, ce clair visage où la rose couvre le lys, de sorte qu'un peu elle l'efface pour mieux illuminer la face et la petite bouche riante? Dieu la fit de telle manière que nul ne la voie sans penser qu'elle rit.

Il y a tant de choses à dire et tant de choses à
compter pour décrire chaque détail et du menton et
des oreilles que ce ne serait pas merveille si j'en
oubliais quelque chose! Je n'ai pas encore dit
qu'auprès de cette gorge-là trouble paraîtrait le
cristal et que sous la tresse le cou est bien huit fois
plus blanc que l'ivoire. De la naissance du cou à
l'entrouverture du fermail ce que j'ai vu de la
poitrine découverte est plus blanc que neige
fraîche.

Grande est la plainte d'Alexandre, mais elle n'est
pas moindre, la plainte de la demoiselle. Toute la
nuit elle est en si grande peine qu'elle ne dort ni ne
repose. Amour est enclos en son cœur. Querelle et
rage bouleversent ses sentiments. Elles l'angoissent
et l'obsèdent. Toute la nuit elle pleure et se plaint
et se déjette et tremble si fort que le cœur lui
manque ou bien peu s'en faut. Et quand elle a tant
souffert, sangloté, bâillé, et tressailli et soupiré, elle
a contemplé en son cœur qui était l'homme pour
lequel Amour la tourmentait ainsi. Sitôt qu'elle
s'est réconfortée, elle se détend et se reprend. Elle
tient pour folie toutes les pensées qu'elle a eues.
Elle dit : « Folle, qu'en ai-je à faire si ce jeune
homme est débonnaire, et généreux, courtois et
preux? Que me chaut-il de sa beauté? Qu'elle s'en
aille avec lui! Ainsi fera-t-elle malgré moi. Je ne
veux rien lui ravir! Lui ravir? — Non vraiment je
ne le veux!

« Par ma foi, je ne le hais point! Suis-je pour
cela son amie? Non pas plus de lui que d'un autre!
Pourquoi donc pensé-je plus à lui si, plus qu'un
autre il ne m'agrée? Je ne le sais, j'en deviens folle,
car jamais je ne pensai tant à nul homme vivant au
monde! Je voudrais tous les jours le voir, ne jamais
le quitter des yeux tant il me plaît quand je le vois.
Est-ce Amour? Oui, je le crois. Pourtant je me suis

sagement gardée de lui si longuement. Maintenant je suis bienveillante, sa force a dompté mon
orgueil et je me rends à sa merci.

« Amour voudrait — et je le veux — que je sois
sage et bienveillante et accueillante, aimable à tous
non à un seul.

« Les aimerai-je donc tous à cause d'un seul
homme? Bonnes grâces je dois leur faire. Mais
Amour ne m'enseigne pas d'être vraie amie de
tous. Amour ne me donne que de bonnes leçons :
ce n'est pas sans raison que je suis appelée
Soredamor, c'est dire : Blonde d'Amour. Je dois
aimer et être aimée. Je le dois prouver par mon
nom car en ce nom je ne trouve qu'Amour. Si la
première partie de mon nom est couleur d'or c'est
que les meilleurs sont les plus blonds. Pour cela je
tiens mon nom pour le plus beau car il est de la
couleur qui s'accorde avec tout ce qui est le
meilleur. Qui m'appelle par mon vrai nom toujours
me rappelle l'amour. Une moitié de mon nom dore
l'autre moitié d'une dorure claire et blonde et l'on
dit Soredamor comme on dirait « Surdorée
d'Amour ». Il n'est dorure si fine que celle qui
m'enlumine. J'aime et toujours j'aimerai. Mais
qui? Ah vraiment la belle demande! Celui
qu'Amour me commande d'aimer. Nul autre,
jamais, n'aura mon amour!

« Que lui importe puisqu'il n'en saura rien si
moi-même je ne le lui dis? Que ferai-je si je ne le
prie? Qui d'une chose a le désir la doit quérir et
demander. Comment? Le prierai-je donc? Nenni!
Pourquoi? Jamais n'advint qu'une femme commît
tel forfait de requérir d'amour un homme à moins
d'être la folle des folles! Je serais folle prouvée si je
disais de ma bouche parole qu'on puisse me
reprocher. Je crois qu'il me tiendrait pour vile et
souvent me reprocherait de l'avoir prié la première.

Mais, Dieu, comment le saura-t-il, puisque je ne
lui apprendrai? Je n'ai encore assez souffert pour à
tel point me désoler. J'attendrai qu'il s'en aperçoive
s'il doit s'en apercevoir. Il le saura bien, je le crois,
s'il a expérience d'amour. S'il en entendit parler il
en a quelque connaissance. Connaissance? Je viens
de dire une sottise? Amour ne donne pas ses grâces
à tel point que paroles suffisent à vous instruire. Il
faut aussi les bons usages. Par moi-même je le sais
bien. Paroles et propos séduisants ne m'ont rien
appris et pourtant je fus à l'école d'Amour.
Enseignée par ses séductions je me suis tenue à
l'écart. Il me le fait payer très cher. J'en sais plus
maintenant qu'un bœuf de ses labours. Ce qui me
navre c'est de penser que, peut-être, ce jeune
homme n'a jamais connu Amour. S'il n'aime et n'a
jamais aimé, j'ai semé dans la mer où semence ne
peut prendre plus que dans la cendre. Souffrons
donc jusqu'à ce que je sache si je pourrai le mettre
sur la voie par de discrètes allusions et mots
couverts.

« Tant je ferai qu'il apprendra mon amour, s'il
l'ose recevoir. Maintenant il n'y a plus qu'à l'aimer
et à être sienne. S'il ne m'aime, du moins
l'aimerai-je! »

Ainsi se plaignent-ils tous deux et chacun se
cachant de l'autre. Le jour ils ont mal et la nuit
plus encore. Très longuement ils ont ainsi souffert
en Bretagne. Et s'en vient la fin de l'été. Aux
premiers jours d'octobre, passant par Douvres, vint
un messager de Londres et de Cantorbéry pour
porter au roi des nouvelles inquiétantes à son cœur.
Le messager lui fait savoir qu'il demeure trop
longtemps en Petite Bretagne car celui auquel il
avait confié son royaume le lui disputera bientôt. Il
a déjà mandé une grande armée de gens de sa terre

et de ses amis. Ce félon s'est mis dedans Londres
pour défendre la cité quand le roi reviendra.

*Indigné, le roi assemble ses barons. Il décide de lever
sur place une armée. Toute la Bretagne s'enrôle sous
les bannières d'Arthur. Avant le départ pour l'Angleterre, le roi arme Alexandre chevalier. Ses douze
compagnons reçoivent aussi leurs armes. Tous
reçoivent encore robes, armes et cheval. La reine
Guenièvre offre à Alexandre une chemise de fête. C'est
Soredamor qui l'a faite et « par place a faufilé un
cheveu d'or de sa chevelure ». L'armée d'Arthur,
ayant aisément reconquis Londres d'où le félon Angrès
s'est enfui, met le siège devant Guinesores (que les
Anglais appellent Windsor). Aussitôt Alexandre et ses
douze chevaliers accomplissent un exploit de grande
bravoure. Le beau guerrier fait prisonniers quatre
chevaliers ennemis et les remet en hommage à la reine
Guenièvre. Plus tard, dans « un grand bruit de toutes
parts », l'armée d'Arthur donne l'assaut au château.
Aux épisodes du siège se mêlent les épisodes courtois.
Après une journée de combats, Alexandre fait sa cour
à la reine.*

Alexandre et la reine étaient assis l'un près de
l'autre. Devant eux, en proche voisine, Soredamor,
seule, était assise, qui regardait sa maîtresse avec si
grand plaisir qu'elle n'eût donné sa place en
Paradis. La reine tenait Alexandre par la main
droite. Elle aperçut le fil d'or qui semblait très pâle
et faisait plus beaux les cheveux. Il lui souvint par
aventure que Soredamor avait fait cette couture et
elle se mit à rire. Voici qu'Alexandre en prend

garde et lui demande de lui dire, s'il se pouvait, quelle chose la faisait rire. La reine tarde à répondre et, regardant vers Soredamor, elle la fait venir auprès d'elle. Volontiers celle-ci s'empresse et devant elle s'agenouille. Il plaît beaucoup à Alexandre de la voir approcher si près qu'il la pourrait presque toucher. Mais il n'a pas la hardiesse de seulement la regarder. Il se trouve si ému qu'il en perd presque la parole. Soredamor est si étonnée! Ne sachant que faire de ses yeux, elle baisse son regard. La reine en est bien surprise. Elle la voit pâle puis vermeille et elle observe chaque contenance et chaque visage. Elle voit clair et il lui semble que ces changements de couleur des jeunes gens sont effets d'Amour. Elle veut mettre en embarras et fait semblant de ne rien voir. Elle ne laisse rien paraître — et c'est agir avec bon sens — mais dit seulement à la jeune fille :

« Demoiselle, regardez ici et dites-moi, sans rien cacher, si vous avez cousu cette chemise que porte ici ce chevalier. Ne vous y êtes-vous employée? N'y avez-vous rien mis de vous? »

La demoiselle a honte de parler. Pourtant bientôt elle parle. Elle veut qu'il apprenne la vérité, celui qui a tant de joie à l'écouter quand elle conte et devise comment elle a cousu la chemise. Il a grand-peine à s'empêcher, en considérant le cheveu, de l'adorer à deux genoux.

La reine et les compagnons présents lui font mal et contrariété. A cause d'eux il ne peut toucher ni des yeux ni de la bouche cette chemise qu'il eût passée volontiers s'il l'avait pu faire en secret. Il est joyeux de posséder tel trésor de son amie car il n'espère ni n'attend avoir jamais d'elle autre chose. Toute la nuit il embrasse la chemise et quand il contemple le cheveu il croit être seigneur du monde. Amour fait bien d'un sage un fou puisqu'Alexandre se fait si grande joie d'un cheveu et qu'il y prend tant de plaisir! Mais ce plaisir trouvera sa fin.

Avant l'aube claire et le soleil, les traîtres tiennent un conseil sur ce qu'il leur convient de faire. Ils pourront longtemps tenir le château, c'est chose certaine, s'ils mettent toute leur peine à le défendre. Mais ils savent le roi de fier courage qui ne s'en retournera pas avant de l'avoir pris, dût-il y passer tout son âge. Alors il leur faudra mourir. Car s'ils ne se rendent ils n'ont à attendre nulle merci. Ainsi dans l'un et l'autre cas tout événement tourne à leur perte. Mais leur décision est prise : demain, avant le point du jour, ils sortiront du château en cachette. Ils trouveront l'armée sans armes et les chevaliers endormis encore gisants en leur lit. Avant que ceux-ci soient réveillés, atournés et prêts, les assiégés en auront tant occis que, jusqu'à la fin des temps, on parlera de ce carnage. A ce conseil tous les traîtres se rallient mais sans confiance car ils n'espèrent sauver leur vie. Le désespoir leur donne audace : ils ne voient d'autre remède que la mort ou bien la prison. Mais ce remède n'est pas sain. Quel effort pourrait leur assurer le salut dans la fuite? La mer et les ennemis sont partout autour d'eux.

Maintenant ils ne tardent plus. Ils s'arment et ils s'équipent. Ils sortent du côté de galerne passant par ancienne poterne. Ils sortent en rangs serrés, font de leurs gens cinq bataillons de deux mille soldats chacun. Cette nuit-là, étoiles ni lune ne montraient au ciel leurs rayons. Mais avant qu'ils parviennent aux tentes voici que la lune se lève. Je crois bien que pour leur nuire elle se leva avant le temps et que Dieu, voulant confondre les traîtres, illumina la nuit obscure, les haïssant pour le péché dont ils étaient entachés car, traîtres et trahison, Dieu les hait plus que tous les autres méfaits.

La lune leur nuit beaucoup, luisant sur les écus qui brillent. Et les heaumes aussi leur nuisent qui au clair de lune reluisent. Car les échauguettes les voient, elles qui veillent sur le camp, et s'écrient par toute l'armée :

« Sus, chevaliers ! Vite debout ! Prenez vos armes ! Les traîtres sont déjà sur nous ! »

Et tout le monde court aux armes et se dépêche de s'armer. Aucun des guerriers ne s'élance avant que tous soient bien en armes. Et tous sont montés à cheval. Lors les autres se hâtent, qui veulent la bataille, pour les surprendre désarmés. Ils voient leurs cinq petites troupes s'avancer en cinq directions.

Une partie des ennemis se tenait vers le bois, d'autres s'approchaient le long de la rivière, d'autres encore entraient dans la forêt et une quatrième troupe se trouvait dans un vallon. La cinquième se pressait près d'un défilé et croyait se jeter sur les tentes du camp sans rencontrer résistance. Mais ces troupes n'ont pas trouvé vrai chemin d'un passage sûr car les armées royales le leur disputent et les défient avec courage, leur reprochant leur trahison.

Ils s'entr'attaquent du fer des lances. Ils fondent les uns sur les autres, farouches comme lions sur leur proie qui dévorent tout ce qu'ils agrippent. Des deux côtés en vérité y a grande mortalité à cette première rencontre.

Alexandre et ses compagnons combattent avec la plus fière vaillance. « Que de morts couchés dans les

*labours! » Pour précipiter la déroute des ennemis,
Alexandre emploie une ruse de guerre. Mais dans le
camp royal on les croit morts, lui et les siens. On mène
grand deuil et Soredamor ose pleurer avec toute la
cour. Au milieu de cette affliction reparaît Alexandre
qui, grâce à sa ruse, a pu faire prisonnier Angrès, le
régent félon, et veut le livrer à la justice du roi.
Alexandre reçoit une coupe d'or. Puis la reine
Guenièvre réunit sous sa tente le jeune héros et
Soredamor. « Ne croyez pas me le cacher — car je me
suis bien aperçue — à votre contenance à tous deux —
que de deux avez fait un seul. » Elle leur recommande
de « s'entrecompagner ensemble ». Dans la joie de la
victoire les noces d'Alexandre et de Soredamor sont
célébrées à Windsor. Et — comble d'honneur — le roi
Arthur lui-même couronne le jeune époux souverain du
Pays de Galles.*

*Treize mois plus tard « le fruit vient en sa nature
d'enfant ». Alors apparaît Cligès, car c'est ainsi que le
bel enfant se nomme. « Cligès en souvenir duquel cette
histoire fut mise en roman. »*

*Ce n'est donc qu'après ce très long prologue que
commence l'histoire de Cligès par le récit des événements de Constantinople. Le roi Alexandre, père du
chevalier Alexandre, envoie en Angleterre des messagers qui ont mission de ramener le vaillant chevalier en
Grèce. Un mauvais sort veut que tous les messagers
périssent sauf un seul. Celui-ci commet une traîtrise :
il rapporte la fausse nouvelle de la mort d'Alexandre
soi-disant noyé dans un naufrage. C'est donc son frère
cadet qui reçoit de son père la couronne de Constantinople. Mais Alexandre ne tarde guère à savoir de
bonne source qu'Alis a été couronné empereur. Il
rassemble des guerriers de Galles, d'Écosse et de
Cornouailles et, emmenant Soredamor et son fils, il
gagne le port de Shoreham d'où toute la compagnie
s'embarque. Arrivé en Grèce, Alexandre dépêche un*

messager vers son frère pour réclamer la couronne.
L'assemblée des barons conseille à Alis de trouver un
accommodement : Alis conservera la couronne de
Grèce et de Constantinople mais fera serment de ne
point se marier. Ainsi, après lui, son neveu Cligès sera
empereur.

A peu de temps de là Alexandre prodigue à son fils
ses derniers conseils. Puis il rend l'âme et Soredamor,
son épouse, ne lui survit que peu de temps.

L'empereur Alis, bientôt oublieux de son serment,
envoie des ambassadeurs à l'empereur d'Allemagne
pour lui demander la main de sa fille. Ayant été agréé,
Alis, accompagné de son neveu Cligès et d'un cortège
de barons, prend la route de Cologne où a lieu la
rencontre des deux souverains.

L'empereur aussitôt mande sa fille l'avenante.
La pucelle se hâte. Au palais elle vient bientôt.
Elle était si belle et si bien tournée qu'on eût dit
que Dieu l'avait faite, se plaisant à y travailler pour
émerveiller tout le monde. Fénice s'appelait la
pucelle et ce n'était pas sans raison, car ainsi que
l'oiseau Phénix est de tous oiseaux le plus beau et
qu'il ne peut y avoir qu'un Phénix à la fois, ainsi
Fénice, ce me semble, n'avait nulle pareille en
beauté. Les bras, le corps, la tête, les mains, je ne
les veux décrire en paroles, car si mille ans j'avais
à vivre et que chaque jour doublât mes talents,
j'aurais perdu tout mon temps avant d'y avoir
réussi. Oui, toute ma peine je perdrais sans en
donner une juste idée.

Tant s'est hâtée la jeune fille qu'au palais elle est
venue, tête et visage découverts. L'éclat de sa
beauté y répand plus grande clarté que ne feraient
quatre escarboucles. Devant l'empereur son oncle,

Cligès se tenait, désarmé. Le ciel était un peu couvert mais tous deux ils étaient si beaux — je veux dire la jeune fille et lui — que de leur beauté émanait un rayon dont le palais resplendissait autant que le soleil luit au matin, clair et vermeil.

Pour retracer la beauté de Cligès, je veux faire une description qui ne sera que bref passage. Il était dans la fleur de son âge, car il avait près de quinze ans. Il était plus beau et avenant que Narcisse qui dessous l'orme vit en la fontaine sa forme et l'aima tant quand il la vit qu'il mourut, à ce que l'on dit, parce qu'il ne l'avait pu atteindre.

C'est qu'il avait plus de beauté que de sagesse. Mais Cligès en avait tant plus que l'or fin passe le cuivre. Et plus encore que je le dis. Ses cheveux paraissaient d'or fin et son visage rose nouvelle. Il avait nez bien fait, bouche belle, et était de si grande estature que Nature n'eût pu mieux faire car en un seul elle avait mis ce dont elle donne part à chacun. Mieux connaissait l'escrime et l'arc que Tristan neveu du roi Marc, et mieux aussi chasse à l'oiseau et chasse aux chiens. Nulle qualité ne lui manquait.

Dans sa beauté, devant son oncle il se tenait. Ceux qui le connaissaient ne le quittaient des yeux. Ceux qui ne connaissaient la jeune fille la regardaient en grande merveille. Mais Cligès par amour dirige vers elle ses regards en secret. Et si sagement les ramène qu'à l'aller ni au revenir on ne le peut tenir pour fol. Très doucement il la regarde mais de ceci il ne prend garde que la pucelle à bon droit fait la pareille.

Par bon amour et non par tromperie elle lui donne ses yeux et prend les siens. L'échange lui semble délicieux et meilleur encore lui paraîtrait, si elle savait mieux le sentiment de Cligès : si l'on doit aimer un homme pour sa beauté serait-il juste d'aimer ailleurs? Ses yeux et son cœur, elle a mis en lui et celui-ci a promis le sien.

« Promis? Non mais donné entièrement. Donné? Non! par ma foi je mens car nul ne peut donner son cœur. Il faut que je parle autrement.

« Je ne parlerai pas comme ceux qui unissent deux cœurs en un seul corps. Il n'est point vrai ni vraisemblable qu'en un corps puissent loger deux cœurs. Mais, s'il vous plaît de m'écouter, moi je vous dirai en quel sens deux cœurs ne font qu'un sans pour autant loger ensemble. S'ils ne font qu'un comme l'on dit, c'est que les sentiments passent d'un cœur à l'autre cœur et tous deux ont même désir, ce qui fait qu'il y a des gens qui disent ainsi qu'on dit souvent : « Chacun possède le cœur des deux. » Mais nul cœur n'est en deux endroits. Ils peuvent n'avoir qu'un vouloir. Chacun d'eux garde son cœur de même que plusieurs voix peuvent chanter même chanson à l'unisson. Disant cela je veux vous montrer qu'un corps ne peut tenir deux cœurs. Si l'un connaît tout ce que l'autre souhaite comme tout ce qu'il hait, un corps ne peut avoir qu'un cœur. Les voix qui chantent à l'unisson, se fondant en une seule voix, ne peuvent être celle d'une seule personne. Mais ici je ne veux tarder car autre besogne me presse. »

Il convient de parler maintenant du duc de Saxe qui a envoyé à Cologne un sien neveu pour découvrir à l'empereur que le duc, son oncle, lui mande de n'attendre ni paix ni trêve s'il ne lui envoie sa fille. Que celui qui pense l'enlever en chemin prenne garde, car le chemin ne lui sera libre et il sera bien combattu si la jeune fille n'est rendue! Le jeune homme fait bien son message

sans orgueil et amènement, mais ne trouve qui lui
réponde, ni empereur ni chevalier. Et quand il voit
que tous se taisent et font silence, par dédain il
quitte la cour, outragé.

Mais au moment de s'éloigner, sa jeunesse
l'entraîne à défier Cligès à la joute.

Pour jouter, montent à cheval trois cents champions de chaque part, en nombre égal. La salle se
vide. Il ne reste ni chevalier, ni demoiselle, car tous
montent aux galeries, aux meurtrières, aux
fenêtres, pour regarder le combat de ceux qui vont
jouter.

Elle y est aussi montée, celle qui d'Amour était
domptée, dont le vouloir était conquis. A une
fenêtre elle s'est assise et se plaît en ce lieu-là d'où
elle peut apercevoir celui qui a ravi son cœur. Elle
n'a désir de le lui enlever et n'aimera jamais que
lui. Mais elle ne sait comment il se nomme, qui il
est, de quelle famille. Le demander ne serait
honnête. Il lui tarde d'entendre ce qui donnera joie
à son cœur. Par la fenêtre elle regarde les écus dont
luisent les ors et ceux qui à leur cou les portent et
vont s'ébattre à jouter.

Mais c'est Cligès que ses yeux suivent quelque
part qu'aille le jeune homme! Et lui pour elle se
dépense que la demoiselle entende dire combien il
est preux et adroit. Il sera juste, en tout cas, qu'elle
le loue pour sa vaillance.

Il se dirige vers le neveu du duc qui allait brisant
maintes lances et mettait les Grecs en déroute.
Cligès s'affiche et s'appuie sur ses étriers et le
frappe avec telle force que tombe le beau neveu,
vidant la selle et les arçons. Quand le jeune Saxon
se relève et remonte sur son cheval il pense bien
venger sa honte. Il s'élance vers Cligès qui vers lui
abaisse sa lance et si durement le requiert que
derechef il le jette à terre. Voici donc sa honte

doublée et ceux de son parti sont en grande frayeur car ils savent qu'ils ne vaincront pas et qu'il n'est personne parmi eux pour se garder sur les arçons devant Cligès. Ceux d'Allemagne et ceux de Grèce sont joyeux de voir comme les leurs font conduire aux autres qui se retirent déconfits. Les vainqueurs les chassent et repoussent jusqu'à atteindre une rivière où les vaincus doivent plonger et en bon nombre prendre un bain.

Au plus profond de la rivière Cligès a renversé le neveu du duc et tant d'autres qui ont fui, tout dolents et penauds.

Joyeusement revient Cligès. Des deux côtés il remporte le prix et vient tout droit à une porte voisine de la salle où était celle qui, à l'entrée, prend le péage d'un doux regard. Il le lui rend. Des yeux ils se sont rencontrés. Ainsi chacun a vaincu l'autre.

Il n'est Tudesque ni Allemand qui ne dise : « Par Dieu, quel est celui-ci en qui si grande beauté fleurit et d'où vient-il qu'il a acquis si grand renom ? » Tel demande et tel autre encore : « Qui est ce jeune homme ? » Tant est-il que, par toute la cité, tous connaissent la vérité, son nom et celui de son père et la promesse que l'empereur a bien voulu lui faire.

Tant s'est répété, publié ce nom, qu'elle l'a entendu, celle qui en a si grande joie en son cœur, car vraiment elle ne peut dire qu'Amour l'a trompée ni se plaindre de rien. Amour lui fait aimer le plus beau, le plus courtois, le plus preux que l'on puisse trouver en nul lieu. Mais par force la jeune fille doit épouser un homme qui ne peut lui plaire. Elle est angoisseuse, affligée car elle ne sait de qui prendre conseil sur le cas de celui qu'elle désire. Accablée, sans plus de forces, ayant perdu toutes couleurs elle sait bien qu'elle n'a ce qu'elle veut. Elle joue et rit et se divertit moins que d'ordinaire. Elle en cèle les raisons si on lui demande ce qu'elle a.

Sa nourrice s'appelait Thessala qui était savante en nécromance. On l'appelait ainsi parce qu'elle était de Thessalie où les charmes diaboliques sont enseignés et pratiqués. Les femmes de ce pays sont expertes en envoûtements et sortilèges.

Thessala voit perdre couleur et pâlir celle qu'Amour tient en sa puissance. Parlant ainsi elle l'interroge :

« Dieu, fait-elle, vous a-t-on jeté un sort, ma douce demoiselle chère, pour avoir visage si pâle ? Je me demande ce que vous avez. Dites-le-moi, si vous savez, en quel endroit le mal vous tient le plus, car si quelqu'un vous doit guérir vous pouvez vous reposer sur moi. Je saurai bien santé vous rendre. Je sais guérir l'hydropisie, l'esquinancie et l'asthme aussi. Je connais si bien l'urine et le pouls que vous auriez tort d'avoir un autre mire. Je sais aussi, si j'ose dire, plus d'enchantements et sortilèges éprouvés que jamais Médée connut. Jamais ne vous en ai dit mot et pourtant je vous ai nourrie. Ne me le reprochez pas. Je ne vous aurais rien dit si je n'avais vu aussi sûrement qu'un tel mal vous a envahie que vous aurez besoin de moi. Demoiselle, dites-moi votre mal, vous ferez bien, avant qu'il gagne davantage. Pour que de vous je prenne garde, l'empereur m'a mise à vous servir. Je m'en suis si bien acquittée que je vous ai gardée en santé. Or j'aurai bien perdu ma peine si de ce mal je ne vous guéris. Voyez, ne me le cachez pas, si c'est un mal ou autre chose. »

La jeune fille n'ose découvrir ouvertement ce qu'elle désire parce qu'elle redoute que la servante la blâme ou lui fasse reproche. Mais l'entendant se vanter d'être savante en enchantements et sortilèges, elle va lui dire pourquoi elle est si pâle.

D'abord elle met condition que toujours la servante cachera ce que sa maîtresse va lui confier.

« Nourrice, fait-elle, sans mentir, je croyais ne souffrir aucun mal mais bientôt je ne le croirai plus. A cette seule pensée je souffre en grande affliction. Si on ne l'a déjà éprouvé comment savoir ce qu'est le mal ou le bien-aise ? Mon mal diffère de tous les autres : si je voulais dire la vérité, ce mal me plaît et pourtant j'en ai chagrin et je me complais en ma peine. Thessala, dites-moi, ce mal n'est-il pas hypocrite ? Doux il me semble et il m'angoisse. Je ne sais comment reconnaître si c'est un mal, si c'est bien. Nourrice, dites-m'en le caractère et la nature ! Mais sachez bien que je n'ai cure de guérir en nulle manière car cette angoisse m'est bien chère. »

Thessala, servante d'Amour et de toutes ses pratiques, découvre ainsi que c'est Amour qui tourmente sa maîtresse. Parce que Fénice appelle doux son mal il est certain que Fénice aime car tous les maux sont amers excepté le mal d'aimer. Celui-là fait douce et suave son amertume.

« Madame, ne craignez rien. Je vais vous apprendre le nom et la nature de votre mal. Vous m'avez dit, si j'ai compris, que la douleur que vous ressentez vous semble être joie et santé. De telle nature est le mal d'amour qu'il renferme joie et douleur. Donc vous aimez, je vous le prouve car de douceur en nul mal je n'en trouve si ce n'est seulement en amour. Tous autres maux sont détestables et horribles. Mal d'amour est doux et paisible. Vous aimez, j'en suis certaine. Je ne vous en tiens pour vilaine, mais ce serait vilenie si follement vous me cachiez vos sentiments par négligence ou par sottise.

— Nourrice, vous m'avez gardée. Mais l'empereur veut m'épouser. Je m'en courrouce et déses-

père parce que celui qui me plaît est le neveu de
celui que je dois prendre. Si celui-ci a joie de moi,
sans espoir j'ai perdu ma joie. J'aimerais mieux être
écartelée que, parlant de nous, on rappelle l'amour
d'Yseult et de Tristan dont tant de folies on raconte
que c'est grand'honte d'y penser! Non, je ne
pourrais accepter la vie que mena Yseult. En elle
amour trop s'avilit car son corps eut deux possesseurs et elle usa toute sa vie sans refuser aucun des
deux. Cet amour ne fut légitime. Le mien est à
jamais durable. Ni de mon cœur ni de mon corps
jamais mon corps ne sera garçonnier, jamais n'aura
deux possesseurs! Qui a le cœur, qu'il ait le corps!
Que tous les autres soient exclus!

« Mais comment pourrais-je savoir comment
mon corps pourrait avoir celui auquel mon cœur
s'abandonne quand mon père à un autre me donne
et que je n'ose le contredire? Si vous connaissiez un
art par lequel mon époux n'eût rien de moi, à qui je
suis promise et donnée, vous me rendriez grand
service. Nourrice, mettez tout votre soin à ce qu'il
ne manque point à sa fiance celui qui, sous foi de
serment, a juré au père de Cligès que jamais il ne
prendrait femme. Sa fiance sera violée puisqu'il va
tantôt m'épouser mais j'ai trop d'estime envers
Cligès pour ne pas préférer être enterrée vive plutôt
que de lui voir perdre par ma faute un seul denier
de son héritage. Que de moi ne puisse naître un
enfant par qui Cligès serait déshérité! Nourrice
veillez-y, afin que je sois toujours auprès de vous! »

La nourrice le lui promet : elle fera tant de
conjurements de philtres et d'enchantements que
de l'empereur la jeune fille ne devra avoir garde ni
peur. Ils pourront coucher ensemble. Elle sera en
sûreté auprès de son époux comme s'il y avait un
mur entre eux deux. L'empereur n'en éprouvera
nulle contrariété car il aura plaisir de sa femme en

son sommeil. Quand il dormira profondément, d'elle il aura pleineté de joie, tout autant que s'il était éveillé. Il ne soupçonnera nul rêve, nulle tromperie, nul mensonge. Toujours ainsi il en sera : c'est en dormant qu'il croira jouer au jeu d'amour.

La jeune fille aime, loue, estime cette bonté et ce service. Sa nourrice la met en bonne espérance par ses promesses et l'assure qu'elle les tiendra. Ainsi Fénice pense-t-elle atteindre le bonheur. Si Cligès sait qu'elle l'aime, Cligès sera heureux de cet amour. Elle veut sauvegarder sa virginité pour que soit sauvé l'héritage de celui qu'elle aime, un homme aussi noble sera touché assurément d'une si généreuse entreprise ! La jeune fille croit en l'art de sa nourrice et met en elle sa confiance et se jurent de taire à tous un secret qui ne sera jamais connu.

« Pourquoi tout vous conter ? » demande alors Chrétien. « Je ne veux pas m'arrêter aux menus détails. » Il conte donc sobrement les fastes des noces d'Alis, empereur de Grèce et de Constantinople avec Fénice, fille de l'empereur d'Allemagne. Il rapporte comment Thessala compose son philtre. Une occasion savamment ménagée fait que Cligès lui-même offre à l'époux, son oncle, le breuvage fatal. L'empereur en boit une grande gorgée...

Maintenant l'empereur est joué ! Il y a grand nombre d'évêques et d'abbés pour bénir en le signant le lit nuptial. Quand est venue l'heure d'aller se coucher l'empereur, comme il le devait,

reposa auprès de sa femme. Comme il le devait?
Ai-je menti? Il ne l'embrassa ni ne l'étreignit bien
qu'ils fussent dans le même lit.

La pucelle en tremble d'abord, redoutant que le
philtre soit sans effet. Mais le philtre est si
enchanté que le mari n'éprouve nul désir, de son
épouse ni d'une autre, sinon dans son sommeil.
Alors il en a tel plaisir comme on en peut avoir en
songe et ce songe-là il le croit vrai! Cependant elle
le craint encore et se tient au loin de lui. Son mari
ne peut l'approcher. Maintenant le prend le sommeil. Il dort et songe et croit veiller. Grand'peine
et grand mal il se donne, croyant caresser la jeune
fille à qui cela fait grand danger! Elle se défend
comme pucelle. Il la prie et il l'appelle très
suavement sa douce amie. Il la croit tenir mais il ne
la tient. C'est pour néant qu'il se réjouit. Néant
étreint, néant embrasse, néant tient et néant accole,
néant voit et parle à néant. Avec néant il se querelle
et pour néant il est bien las et affaibli. Il croit
vraiment avoir enlevé la forteresse. Je le dis une
fois pour toutes : jamais autre plaisir n'en eut.

Ainsi en sera-t-il pour lui tous les jours de sa vie
s'il peut emmener son épouse. Mais avant qu'il la
tienne en sûreté je crains que grand encombre
n'advienne. Pendant qu'ils s'en reviennent vers la
Grèce, le duc de Saxe à qui Fénice fut premièrement promise ne se tiendra point en repos. Il a
amené avec lui grandes forces. Il a garni de troupes
toutes ses marches. A la cour il a espions qui lui
font savoir chaque jour la situation, les apprêts et
combien ils séjourneront, et quand ils s'en retour-
neront, par quel lieu et par quel passage.

L'empereur ne tarde pas longuement après ses
noces. De Cologne il part joyeusement et l'empereur d'Allemagne le conduit en riche compagnie

car beaucoup craignaient une attaque en force de la part du duc de Saxe.

Les deux empereurs ne s'arrêtèrent pas avant d'avoir atteint Ratisbonne. Ils étaient un soir logés dans la prée au long du Danube. Les Grecs étaient dedans leurs tentes au milieu des prairies du côté de la Forêt Noire. De l'autre côté se trouvaient les Saxons qui les guettaient. Le neveu du duc de Saxe était allé sur une hauteur voir s'il pourrait remporter avantage sur ceux-là logés de l'autre côté du fleuve. Tandis qu'il était sur son égard, il vit Cligès qui chevauchait en s'ébattant avec trois jeunes gens portant écu et lances pour jouter et s'amuser. Le neveu du duc de Saxe leur veut causer dommage et leur faire mal, s'il le peut.

Il s'avance donc avec deux compagnons. Tous trois se cachent dans une vallée proche du bois. Les Grecs ne les voient pas jusqu'à ce que les Saxons sortent de leur cache et que le neveu du duc s'élance sur Cligès, le frappe et le blesse un petit sur l'échine.

Cligès se baisse et s'incline. La lance du neveu passe outre mais un peu elle le meurtrit. Quand Cligès sent qu'il est blessé, il se retourne vers le neveu et le frappe d'un si grand coup qu'il lui enfonce la lance dans le corps et l'abat mort. Alors les Saxons s'enfuient en grande peur et se dispersent parmi la forêt.

Les vaincus viennent se plaindre au duc qui jure de s'emparer de celui qui abattit son neveu. Plus de douze jeunes Saxons tentent leur chance auprès du champion des Grecs. Mal leur en prend car ils sont tous abattus. Sauvé par ses barons, le duc lui-même, aidé d'espions

et de traîtres, ourdit un stratagème grâce auquel il
peut s'emparer de Fénice.

Vaillance et Amour qui tient Cligès en ses liens
le font hardi et valeureux. Il a tant malmené les
Saxons qu'il les a tous tués ou conquis. Il a mutilé
les uns, occis les autres. Il n'en a laissé échapper
qu'un seul, parce qu'ils étaient pair à pair et qu'il
fallait que, de sa bouche, le duc connût sa honte et
en eût grande peine.

Quand le duc apprit sa malchance il en eut
grande colère et grande pesance. Et Cligès ramène
Fénice dont Amour le tourmente. Si à elle il ne se
confesse, Amour sera pour lui un mal insupportable. Ainsi souffrira-t-elle si elle se tait et ne lui
avoue ce qu'elle sent. Mais ils n'osent dévoiler leur
cœur par même crainte d'un refus. Cependant leurs
yeux révéleraient leur pensée si les jeunes gens
savaient bien s'aviser. Des yeux ils parlent par
égard mais de la langue ils ont telle crainte que de
cet amour qui les tient, en nulle guise ils n'osent
parler. Si elle ne parle d'abord ce n'est pas
merveille car simple et craintive personne doit être
une pucelle. Mais celui-là qu'attend-il donc, pourquoi tarde-t-il, lui qui pour elle est partout si hardi
et devant elle seule acouardi? Dieu, d'où lui vient-
il de redouter pucelle seule, faible et craintive,
simple et tranquille? A ce me semble, je vois les
chiens fuir devant le lièvre, la tourterelle chasser le
castor, l'agneau le loup, le pigeon l'aigle! Toutes les
choses à l'envers!

Mais me vient le désir de donner certaines
raisons par lesquelles il advient aux fins amants que
sens et hardiesse leur manquent pour dire ce qu'ils
ont en leur pensée, quand ils en ont leur aise et le

lieu et le temps. Vous qui d'amour avez expérience, vous qui gardez votre foi dans les coutumes et les usages de sa cour, vous qui jamais n'avez faussé sa loi, quoi qu'il vous en dût arriver, dites-moi : peut-on rien voir qui soit objet d'amour sans en tressaillir et pâlir? Qui osera me contredire y trouvera sa confusion! Celui qui ne tressaille ni ne pâlit n'a plus ni raison ni mémoire. Il veut obtenir indûment ce qui nullement ne lui est dû. Serviteur qui n'a crainte de son maître ne doit être de son service, ni compter parmi sa suite. Qui ne craint son seigneur ne l'aime, mais fait besogne de le tromper et le voler. De peur doit le vassal trembler quand son seigneur l'appelle ou mande. Celui qui se met au service de l'amour en fait son maître et son seigneur. Il est droit qu'on l'ait en pensée et qu'on le craigne et qu'on l'honore si l'on veut être bien vu en sa cour.

Amour sans crainte et sans peur c'est feu sans flamme et sans chaleur, jour sans soleil, brèche sans miel, été sans fleur, hiver sans gel, ciel sans lune, livre sans lettres. Il ne se méprend donc point, Cligès, s'il redoute son amie. Pourtant il n'eût pas manqué de lui parler et de la requérir d'amour, quelle que chose qu'il en advînt, si elle n'avait été la femme de son oncle. La plaie de son cœur s'en aggrave et lui fait plus grand mal encor car il n'ose dire ce qu'il désire.

Ainsi vers leurs gens tous deux s'en reviennent et n'ont parole que de riens. Nulle chose ne leur chaut. Chacun chevauche un bon cheval et ils courent vers le camp où il y a grand deuil. Toute l'armée en perd raison mais ils se trompent en disant que Cligès est mort. De là vient qu'ils ont désespoir et pour Fénice aussi s'affligent car ils croient qu'ils ne la reverront jamais. A cause d'elle, à cause de lui, le camp est en grande tristesse. Que les deux jeunes gens ne tardent et changeront les sentiments! Les voici tous deux revenus et le deuil est tourné en joie.

A leur rencontre ils viennent tous. Tout le camp autour d'eux s'assemble. Et les deux empereurs ensemble quand ils connaissent les nouvelles de Cligès et de la pucelle vont à l'encontre en grande joie. A chacun il tarde d'entendre comment le chevalier a retrouvé l'impératrice et l'a sauvée. Cligès leur conte. Ceux qui l'entendent s'en émerveillent, louent sa prouesse et sa vaillance.

De son côté le duc de Saxe enrage. Il se jure et propose que seul à seul, Cligès — s'il l'ose — le rencontre en combat. Si Cligès est le vainqueur l'empereur pourra repartir emmenant la pucelle. Si le duc vainc ou occit Cligès qui lui a fait si grand dommage, sans paix ni trêve chacun fera au mieux de son avantage. Ainsi le veut le duc qui par un interprète savant en grec et en allemand fait savoir aux deux empereurs qu'il est prêt à livrer combat à ces conditions définies.

Le messager dit son message en l'un et l'autre langage et se fait entendre de tous. Tout le camp en frémit et bruit. Et tous disent : « A Dieu ne plaise ! »

Et les deux empereurs en ont grande frayeur.

Cligès pleure de joie quand son oncle lui accorde de combattre le duc. En position très périlleuse, il entend un cri de Fénice. Reprenant courage, il se bat si vaillamment qu'il force le duc à demander merci.

Au moment où le cortège impérial va reprendre la route de Constantinople, Cligès demande à son oncle la permission de quitter la compagnie de la cour et de retourner en Bretagne chez le roi Arthur. Il lui semble

que ce roi l'appelle. *Les larmes coulent quand Cligès
prend congé de l'empereur et de la chère Fénice.*

Cligès gagne Obseneford (Oxford). *Le roi Arthur
qui tient là sa cour, a ordonné un magnifique tournoi.
L'aventure est belle pour Cligès de reparaître en cette
journée de fête! Il se fait acheter à Londres des armes
noires, des armes vermeilles, des armes vertes. Il
paraît. Nul chevalier n'ose s'avancer pour jouter avec
lui. Enfin Sagremor-le-Frénétique se décide.*

Quelques-uns demandent, montrant Cligès : « *Qui
est-il donc? D'où est-il né? Qui le connaît? — Pas
moi! — Ni moi! — Mais il n'a guère neigé sur lui!* »
*(Car son armure est plus noire que chape de moine ou
de prêtre.)*

Les deux chevaliers laissent courir leurs chevaux,
impatients et ardents à la joute. Cligès frappe si
bien son adversaire qu'il lui applique l'écu au bras,
le bras au corps. Tout étendu tombe Sagremor. Il
se fiance prisonnier. Aussitôt la mêlée commence.
Les chevaliers s'attaquent les uns les autres et tant
qu'ils peuvent.

Cligès se jette dans la mêlée et devant lui il ne
rencontre nul chevalier qu'il ne le prenne ou ne
l'abatte. Des deux côtés il remporte le prix. Dès
qu'il joute cesse le tournoi! Même celui qu'il
emmène prisonnier en acquiert déjà grand renom
pour cela seulement qu'il osa jouter contre Cligès.
Le jeune chevalier a remporté le prix et la gloire de
tout le tournoi.

Quittant la joute sans être remarqué, il revient à
son logis afin que nul ne lui adresse la parole. Les
armes noires ne permettront qu'on le retrouve en
son logis, car en une chambre il les serre. Et il fait

mettre en plein regard les armes vertes à l'huis sur la rue.

Ainsi Cligès est dans la ville et se cache par cette ruse. Ceux qu'il avait fait prisonniers vont de porte en porte par la ville, demandant le chevalier noir. Nul ne leur peut enseigner.

Et même le roi Arthur l'envoie chercher ici et là. Mais les gens disent :

« Nous ne le vîmes depuis que nous partîmes du tournoi. Nous ne savons ce qu'il devint. »

Envoyés par le roi, des jeunes gens le cherchent. Ils sont plus de vingt, mais Cligès s'est tant dévoyé qu'ils n'en trouvent nulle trace. Pour ce chevalier le roi Arthur se signe quand on lui raconte qu'on n'a pu retrouver personne, ni grand ni petit, qui ait su en indiquer le repaire, pas plus que s'il était à Césarée, à Tolède ou bien à Candie.

« Par ma foi, fait le roi, je ne sais qu'en dire, mais je suis bien étonné ! Ce fut un fantôme, peut-être, qui s'est mêlé hier à nous ! Maints chevaliers il a renversés. Il a reçu la foi des meilleurs mais ils ne verront point sa porte ni son pays, ni sa contrée. Chacun aura manqué à sa foi. »

Le lendemain reprirent leurs armes sans prière ni semonce.

Pour faire la joute première bondit Lancelot du Lac, Lancelot qui n'a un cœur de lâche. Et Cligès est venu alors plus vert que n'est herbe du pré, monté sur un destrier à crinière. Tandis qu'il apparaît sur sa monture fauve il n'est ni chevelu ni chauve qui ne s'émerveille à le voir et l'on dit d'une et d'autre part :

« Comme le pin est plus beau que le charme et le laurier plus beau que le sureau, celui-ci est en tous points plus noble et plus adroit que le chevalier d'hier aux armes noires. Nous n'avons su encore qui était celui-ci. Mais nous saurons bien qui il est aujourd'hui ! Que celui qui le connaît le dise ! »

Chacun dit ne le connaître ni l'avoir vu. Mais on en convient : il est plus beau que celui d'hier, plus beau que Lancelot du Lac ! S'il n'était vêtu que d'un sac et Lancelot d'argent ou d'or, le plus beau il serait encore.

Tous se tiennent du parti de Cligès et les deux chevaliers poignant s'entreviennent du plus fort qu'ils peuvent éperonner. Cligès donne un tel coup sur l'écu d'or peint d'un lion qu'il abat Lancelot de sa selle et vient sur lui prendre sa foi. Lancelot ne se peut défendre et s'engage prisonnier.

Voilà le tournoi commencé dans le bruit et l'écroi des lances. Ceux qui sont du parti de Cligès mettent en lui toute leur confiance. Cligès fit si bien ce jour-là, tant il en abattit et prit qu'il fut prisé deux fois plus des siens et conquit deux fois plus de gloire que la veille.

A l'avesprée, le plus tôt qu'il put, il s'en revint à son repaire. Aussitôt il fit porter dehors l'écu et l'équipement vermeil. Il commanda que soient bien cachées les armes qu'il avait portées dans la journée.

Et cette nuit-là longuement l'ont encore cherché les chevaliers, ses prisonniers, mais nulle nouvelle n'en eurent. Dans les logis tous ceux qui devisaient de lui le prisaient et le louaient.

Le lendemain s'en reviennent aux armes les chevaliers, dispos et forts. Des rangs du côté d'Oxford sort un vassal de grand renom. Il s'appelle Perceval le Gallois. Dès que Cligès apprend son nom et le voit s'ébranler il est pris d'un grand désir de combattre. Il sort des rangs sur un destrier espagnol. Vermeille est son armure et tous disent que jamais on ne vit chevalier aussi avenant. Les chevaliers, sans point tarder, donnent de l'éperon maintenant et sur les écus frappent de grands coups. Courtes et grosses, les lances ploient et arçonnent. Sous les yeux de tous, Cligès frappe Perceval, l'abat de son cheval et il le fait son prisonnier.

Alors commence le tournoi. Ils s'entreviennent tous ensemble. Cligès ne rencontre nul chevalier qu'il ne le fasse choir à terre. Ce jour-là on ne put le voir une heure hors de la mêlée. Comme on frappe sur une tour, le frappent tous ceux du tournoi, mais non pas à plusieurs ensemble, car en ce temps-là ce n'était pas encore la coutume. De son écu il fait enclume : tous y forgent, tous le martèlent. Ils le fendent, ils l'escartèlent. Mais nul n'y frappe sans payer, sans vider selle et étriers. N'y eut personne au départir qui eût pu dire sans mentir que le chevalier au rouge écu n'eût toute la journée remporté victoire. Les meilleurs et les plus courtois auraient voulu devenir ses compagnons. Mais le souhait en fut vain car il s'en partit au repos dès qu'il vit se coucher le soleil.

Il fait alors enlever son écu vermeil et tout l'autre harnois et il fait apporter les armes dont il fut armé nouveau chevalier. Ces armes et le destrier il les fait poser devant l'huis. Alors tous s'aperçoivent enfin que par un seul chevalier ils ont été déconfits. C'est que chaque jour, ils le comprennent, le chevalier changeait de cheval et d'armure et semblait autre homme que lui-même.

Monseigneur Gauvain avoue que jamais tel jouteur il ne vit. Il voudrait faire sa connaissance, savoir son nom. Il dit qu'il sera premier, le lendemain, à la rencontre des chevaliers. Certes il ne se vante de rien mais messire Gauvain pense bien que si celui-là peut se faire orgueil et vantence de ses coups de lance, à l'épée il ne pourra être son maître car jamais de maître il ne put trouver. Il dit qu'il voudra s'éprouver avec le chevalier étrange qui chaque jour ses armes change et renouvelle cheval et harnois. Bientôt Cligès aura fait quatre mues si chaque jour, selon la coutume, il ôte et met une nouvelle plume.

Il l'ôte et en met une nouvelle. Le lendemain Gauvain voit venir Cligès plus blanc que fleur de lys, tenant par les brides l'écu et monté sur arrabi blanc.

Gauvain le preux, le glorieux, ne s'arrête point sur le champ. Il pique et s'avance et s'agence de bien jouter s'il trouve avec qui le faire. Les lances flatissent les écus et les coups donnent tel fracas que toutes jusqu'au manche elles volent en éclats. Les arçons se brisent. Se rompent sangles et harnais de poitrail.

A terre les combattants tombent tous deux en même temps et ils tirent les épées nues. Environ sont les gens venus regarder cette bataille. Pour départir et accorder vient le roi Arthur devant tous. Mais ils ont d'abord déchiré et démaillé les blancs hauberts et pourfendu et détaillé les écus et les heaumes neufs, avant que l'on dise parole de paix.

Le roi Arthur ordonne aux chevaliers de cesser la bataille. Il n'aime pas un tournoi qui dure trop. Cligès, s'étant revêtu « à la française », accepte de suivre le roi. On lui fait grande fête et grand honneur à la cour. Cligès se découvre pour satisfaire à la curiosité du roi. Monseigneur Gauvain lui donne l'accolade. Cligès suivra quelque temps le roi Arthur en Bretagne, en France, en Normandie.

Mais l'amour qu'il a pour Fénice n'a cessé de le tourmenter. Il lui tarde de la revoir. Il presse son voyage par terre et par mer.

Il prend port devant Constantinople. On vient à sa rencontre. On le conduit au palais impérial.

Quelques jours plus tard il arrive que Cligès se trouve seul à l'écart avec Fénice enfin retrouvée. Elle l'interroge sur la Bretagne, sur la personne de Gauvain, sur les dames ou les jeunes filles qu'il a pu aimer en pays lointain.

« Madame, dit-il, il est vrai que j'ai aimé là-bas. Mais rien n'ai aimé qui fût de là-bas. Comme l'écorce sans aubier mon corps sans cœur fut en Bretagne. Depuis que je partis d'Allemagne, je ne sais ce que mon cœur devint sinon qu'il vous suivit ici. Ici fut mon cœur, là-bas mon corps.

« Et vous, qu'en a-t-il donc été de vous depuis qu'en ce pays vous êtes venue ? Quelle joie y avez-vous connue ? Vous plurent-ils ces peuples et ces régions ? Je ne vois plus rien à vous demander sinon si ce pays vous plaît.

— Jamais encore mais à présent naissent joie et plaisance. Sur moi il n'est plus que l'écorce. Je vis sans cœur et suis sans cœur. Jamais je ne fus en Bretagne et pourtant mon cœur y a fait je ne sais quelles entreprises.

— Madame, nos deux cœurs sont donc ici avec nous, à ce que vous dites, car le mien est vôtre entièrement.

— Ami, vous avez le mien tant nous nous convenons l'un l'autre. Sachez bien, Dieu me garde, que jamais votre oncle n'eut rien de moi. Il ne me plut et ne put rien. Jamais encore ne m'a connue ainsi qu'Adam connut sa femme. A tort je suis appelée dame. Qui m'appelle ainsi, je le sais, ignore que je suis pucelle. Et votre oncle même l'ignore, car il a bu de l'endormie et il croit veiller quand il dort, faire de moi à son plaisir comme si j'étais entre ses bras, mais n'ai jamais voulu y être. Vôtre est mon cœur, vôtre est mon corps. Et nul par mon exemple n'apprendra à faire vilenie. Quand mon cœur se mit en vous il vous donna et promit le corps de sorte qu'aucun autre n'y aura part. Amour par vous tant me blessa que jamais je ne pense guérir non plus que la mer ne peut tarir. Si je vous aime et vous m'aimez, vous ne serez appelé Tristan et moi je ne serai votre Yseult car alors notre amour ne serait point loyal. Mais cette promesse je vous fais : de moi n'aurez autre plaisir que celui que vous avez à présent si vous n'arrivez à trouver comment je pourrais être enlevée à votre oncle et sa compagnie. Faites en sorte que jamais il ne me retrouve et me blâme ni vous ni moi et qu'il ne sache à quoi s'en prendre. Il faut y songer aujourd'hui et vous me direz demain ce que vous aurez inventé. J'y penserai aussi.

« Demain, quand je serai levée, venez au matin m'en parler. Chacun dira son idée et nous tâcherons de mettre en œuvre celle qui nous semblera la meilleure. »

Cligès jure de faire ainsi et dit qu'il trouvera heureuse solution. Joyeuse il la laisse, joyeux il s'en va et toute la nuit chacun veille dedans son lit et invente au mieux qu'il le peut.

Le lendemain ils se retrouvent et Cligès conte le premier :

« Madame, je pense et crois que mieux faire nous ne pourrions que de partir pour la Bretagne. Là j'ai pensé vous emmener. Gardez-vous de m'en empêcher, car jamais en si grande joie Hélène ne fut reçue à Troie quand Pâris l'y eut amenée. Il n'en éclatera une plus vive, par toute la terre du roi mon oncle! Joie pour vous et joie pour moi! Si ceci ne vous agrée, dites-moi votre pensée. Je suis prêt, quoi qu'il advienne, à me joindre à votre idée. »

Elle répond :

« Je vous dirai que je n'irai point ainsi avec vous, car par le monde entier il serait de nous deux parlé comme d'Yseult et de Tristan. Quand nous nous en serions allés tous blâmeraient notre passion. Nul ne dirait, ne voudrait croire la chose comme elle est vraiment. Qui croirait donc que des mains de votre oncle, pucelle j'ai pu m'échapper ? On me tiendrait pour effrontée ou pour sotte, et vous pour fou. Il est bon d'estoper la bouche médisante. Si vous ne vous en alarmez pas, je pourrai bien venir à bout. Je veux me faire passer pour morte, voilà l'idée que j'ai eue. D'abord je ferai la malade et vous penserez à pourvoir à ma sépulture. Veillez et mettez grand soin à ce que le tombeau et le cercueil soient bien faits de telle manière que je n'y étouffe ni ne meure. Que nul ne soupçonne rien quand vous viendrez m'enlever de là, la nuit venue. Que nul sinon vous ne me voie. Que nul ne me fournisse du nécessaire sinon vous à qui je me confie et m'abandonne. De nul autre homme je ne veux être servie. Vous serez mon seigneur et mon serviteur. Tout me sera bon que vous ferez pour moi. Jamais je ne serai reine d'aucun royaume si vous n'en êtes le roi. Un pauvre lieu obscur et sale me sera plus clair que toutes ces salles quand vous y serez ensemble avec moi. Si je vous ai et je vous vois, je serai dame de tous les biens et le monde entier sera mien. Si la chose est habilement faite, jamais n'en sera dit du mal. Personne n'en pourra médire. On croira bien par tout l'empire que je suis en terre pourrie et Thessala qui m'a élevée, ma gouvernante en qui j'ai toute ma confiance, m'aidera de très bonne foi. »

Ayant écouté son amie, Cligès lui dit :

« Madame, si vous croyez que ce peut être, alors préparons-nous et agissons rapidement! Mais si nous ne faisons sagement nous sommes perdus sans recours. Je connais un maître-ouvrier à qui je vais m'adresser qui sait à merveille tailler la pierre et le bois. Il s'appelle Jean. Il est mon serf. Il n'est nul métier, quel qu'il soit, où il ne se montre incomparable s'il veut se mêler de l'affaire. Auprès de lui tous sont novices comme des enfants en nourrice. Ils ont appris en l'imitant, ceux d'Antioche et ceux de Rome. On ne connaît homme plus loyal. Je vais l'éprouver et si je le trouve sûr, lui et tous ses enfants je les affranchirai. Sans rien déguiser, je lui ouvrirai votre projet s'il me fait le serment de nous aider loyalement et de ne jamais me trahir. »

Elle répond :

« Qu'il en soit ainsi! »

Alors elle permet à Cligès de se retirer et il s'en va. Sitôt elle mande Thessala qui vient sur l'heure ne sachant pourquoi la mande sa maîtresse.

Elle lui conte qu'elle veut feindre d'être malade puis d'être morte. La nuit Cligès l'enlèvera. « Et nous serons toujours ensemble », dit-elle.

Sitôt sa nourrice l'assure qu'elle l'aidera en toutes choses. Que Fénice soit sans crainte! Elle y mettra toute sa peine si bien que personne ne verra sa maîtresse. Oui, tous croiront certainement que son âme a quitté son corps dès que Thessala lui aura donné un breuvage qui fera froide la dame, décolorée, pâle et roide et sans parole et sans haleine. Pourtant elle sera vivante et en bonne santé, ne sentira ni bien ni mal. Rien ne lui arrivera de fâcheux d'un jour et une nuit entière en son tombeau et son cercueil.

Quand Fénice a tout entendu, elle lui répond :

« Nourrice, de tout je m'en remets à vous. Sur vous je me repose. Pensez à moi et dites aux gens

que je vois ici de s'en aller jusqu'au dernier. Je suis
malade et ils font trop de bruit. »

Thessala dit poliment à tous ces gens :

« Seigneurs, ma dame est souffrante. Elle veut
que vous vous en alliez. Vous parlez trop. C'est
trop de bruit qui lui fait mal. Elle n'aura repos ni
aise tant que vous serez en cette chambre. Jamais,
autant qu'il m'en souvient, je ne l'entendis se
plaindre ainsi. Allez-vous-en! Ne soyez point
fâchés. Vous ne pourrez lui parler aujourd'hui. »

*Pendant ce temps Cligès s'entend avec son merveil-
leux ouvrier pour qu'il construise et orne un tombeau
selon ses plans. Jean, l'ouvrier, vient justement
d'élever tout près de la ville une tour de plusieurs
étages, peinte et sculptée, comportant plusieurs
chambres secrètes et parfaitement installées pour le
bien-aise. Et l'huis « est de pierre dure dont nul ne
trouverait la jointure ». L'ouvrier fait à Cligès les
honneurs de son œuvre.*

*Fénice, la fausse malade, se plaint de mille douleurs.
L'art des médecins demeure sans effet d'autant que
Thessala administre à sa maîtresse le fameux philtre
annoncé. La demoiselle présente d'évidents symptômes
de mort. Trois célèbres « mires » obtiennent du roi de
demeurer seuls avec la « morte ». Ils la fustigent, lui
versent dans les paumes du plomb fondu. Ils sont prêts
à la jeter nue dans les flammes mais quelques dames de
la cour qui avaient surpris la scène par le trou de la
serrure, s'indignent de tels procédés et, aidées de la
nourrice Thessala, enfoncent la porte, délivrent
Fénice, la remettent dans son suaire et défenestrent
proprement les médecins. Bientôt Fénice est ensevelie
dans le tombeau préparé pour elle.*

Fénice est en la sépulture que gardent trente
chevaliers. Voici que tombe la nuit obscure. Dix
cierges brûlent, grande lumière, grande clarté. Les
chevaliers recrus de fatigue ont, cette nuit, mangé
et bu et se sont endormis tous ensemble. A la
nuitée de la cour Cligès s'éloigne de tous les gens.
En hâte il va retrouver Jean qui du mieux qu'il
peut le conseille et lui prépare les armes dont il
n'aura à se servir. Au cimetière tous deux vont,
armés, éperonnant leurs bêtes. Mais le cimetière
était tout entier entouré d'un haut mur. Les
chevaliers qui dormaient croyaient être bien assurés. Ils avaient fermé la porte par-dedans pour que
nul n'entrât. Cligès ne voit comment entrer, car il
ne le peut par la porte et pourtant il lui faut entrer.
Amour l'y invite et l'ordonne.

Il s'agrippe au mur et rampe sur le faîte, car il
est brave et léger. Le dedans était un verger où l'on
avait planté un grand nombre d'arbres et près du
mur, il y en avait un. C'était là le souhait de Cligès.
S'aidant de cet arbre, il retrouve le sol.

D'abord il ouvre à Jean la porte. Il voit les
chevaliers endormis tous ensemble et il éteint toute
lumière. Il trouve la fosse. Il ouvre avec soin le
tombeau. Il saute dans la fosse et en sort son amie
évanouie et à demi morte. Il l'embrasse, il la baise.
Mais est-ce deuil ou est-ce joie? Elle ne bouge, elle
ne dit mot. Jean referme sitôt le tombeau qu'on ne
voie pas nul signe si quelqu'un est venu par là.

Au plus tôt ils sont allés vers la tour. Dans l'une
des chambres souterraines ils ont sorti Fénice du
suaire qui l'enveloppe. Ils la croient morte, car ils
ne savent point qu'un breuvage l'empêche de
bouger et de parler. Cligès en a désespoir et se
lamente, versant des larmes et poussant de profonds soupirs. Mais s'en vient le moment où le
breuvage n'a plus même pouvoir. Fénice entend

Cligès pleurer sa mort et fait effort pour conforter d'une parole ou d'un regard. Peu s'en faut que son cœur se brise du deuil qu'elle lui entend mener.

« Ah! Mort, tu es vilaine de ménager et épargner tant de créatures qui sont vieilles et en mépris. Tu les laisses durer et vivre. Mais tu es forcenée et ivre de faire mourir pour moi mon amie. C'est un prodige que je vois : elle est morte et moi je vis! Ah! douce amie, pourquoi donc vit-il votre ami quand morte il vous voit devant lui? On aurait raison de le dire : En me servant vous êtes morte. Je vous ai donc donné la Mort. Amie je suis la Mort puisque je vous ai fait mourir (n'est-il pas vrai?). Je vous ai enlevé la vie et moi j'ai retenu la vôtre. Douce amie, votre santé et votre vie n'étaient-ils point tout mon bonheur? Ma vie n'était-elle point vôtre? Je n'aimais rien que vous et tous deux nous n'étions qu'une seule et même chose. J'ai bien fait ce que je devais faire pour vous ôter la vie! car en moi elle est, votre vie, et la mienne n'est plus en vous. Pourtant elles auraient dû être en tous lieux de compagnie sans jamais rien qui les sépare! »

Alors Fénice fait un soupir et très faiblement elle dit :

« Ami, ami, tout à fait morte je ne suis, mais peu s'en faut. De ma vie n'ai plus de souci. Je pensais faire semblant de mort, et tromper les gens, mais maintenant vraiment je dois me plaindre, car la mort n'a souci du stratagème. Si je m'en sauve, ce sera miracle. Trop gravement m'ont blessée les médecins qui ont rompu ma chair et déchirée. Pourtant si je pouvais avoir ma nourrice auprès de moi, elle me redonnerait la santé, si rien le peut faire. »

Cligès lui dit :

« Ne soyez pas inquiète. Dès aujourd'hui je l'amènerai près de vous. »

Elle répond :

« Ami, faites plutôt que Jean aille la chercher. »

Ainsi fait Jean qui la cherche tant qu'il la trouve et fait savoir comment elle doit venir. Que nul prétexte ne la retienne. Fénice et Cligès la demandent dans une tour où ils l'attendent.

Fénice est gravement malade. Que Thessala vienne donc avec onguents et électuaires. Si elle tarde un peu seulement et ne vient sitôt secourir, Fénice mourra.

Thessala court prendre les onguents, les emplâtres, les électuaires qu'elle compose. Elle rejoint Jean. Ils sortent de la ville en secret et tout droit ils vont à la tour.

Dès que Fénice a vu sa nourrice, elle se croit déjà complètement guérie tant elle l'aime et se fie en elle. Cligès l'accole et, la saluant, lui dit :

« Nourrice, soyez la bienvenue. Je vous aime si fort et vous ai en si grande estime ! Dites-moi ce que vous semble du mal de cette demoiselle. Guérira-t-elle ?

— Oui, sire, n'ayez nul doute que je vous la guérisse complètement. Il ne se passera une quinzaine qu'elle revienne en meilleure santé et gaîté que jamais. »

Thessala fait donc en sorte de la guérir et pourvoir sa demeure de la tour de tout ce qui est nécessaire.

Cligès va à la tour et en revient très librement sans précaution de s'en cacher. Près de là il a mis en mue un autour prétexte à allées et venues. Qui donc se douterait qu'il va près de la tour pour autre raison que l'autour ? Longtemps il demeure nuit et jour et Jean fait garder la tour, que personne n'entre s'il ne le permet.

Fénice ne souffre plus d'aucune maladie, car
Thessala l'a bien guérie. Si Cligès était devenu duc
d'Almeria, ou du Maroc ou de Tudèle, il n'aurait
donné une cenelle de ces honneurs-là pour la joie
qu'il vit maintenant. Et sachez qu'Amour ne fait là
nulle vilenie quand il les unit l'un à l'autre. Quand
ils s'étreignent ainsi il leur semble que, de leur joie
et leur bonheur, c'est le monde entier qui devient
meilleur.

Toute cette année puis une bonne part de la
suivante, Fénice a vécu dans la tour. Au renouveau
de l'été, quand feuilles et fleurs sortent des arbres
et que les oiselets s'éjouissent, menant leur joie en
leur latin, il advint que Fénice un matin oit chanter
le rossignol. Un bras au flanc et l'autre au cou,
Cligès tenait son amie très doucement et elle lui
pareillement.

Fénice lui dit : « Beau cher ami, grand bien me
ferait un verger où je puisse prendre du plaisir. Je
ne vis lune ni soleil luire depuis plus de quinze
mois entiers. Si cela pouvait être, très volontiers
j'irais dehors au grand jour car je suis enclose en
cette tour. Oui, s'il y avait près d'ici un verger où je
pourrais me promener cela me ferait grand bien
sûrement. »

Jean ne tarde pas à venir, car souvent venait voir
sa tour. Cligès lui fait entendre ce que voulait
Fénice.

« Tout est prêt, pour ce qu'elle souhaite, répond
l'ouvrier. Cette tour est bien pourvue de tout ce
que votre maîtresse veut et demande. »

Et il va ouvrir une porte dont je ne puis vous dire
comment elle était faite. Nul sinon Jean ne le
pourrait. Et nul n'aurait découvert qu'il y avait
porte et fenêtre si l'on n'eût ouvert cette porte tant
elle était invisible et cachée.

Quand Fénice voit l'huis s'ouvrir et le soleil qu'elle n'avait vu de si long temps, tout son sang bouillonne de joie et dit qu'elle ne peut plus rien vouloir (puisqu'elle peut sortir de sa chambre close) et qu'elle ne désire une autre demeure. Elle entre dans un verger qui lui plaît plus que l'on peut dire. Au milieu de ce verger est un arbre chargé de fleurs et bien feuillu dont les branches avaient telle forme qu'elles pendaient toutes jusqu'à terre. Et dessous l'arbre était le pré très délicieux et très beau. Jamais le soleil n'était si haut, à midi quand est le plus chaud, pour qu'un rayon y pût passer. Le verger est clos tout autour d'un haut mur qui tient à la tour.

Là, Fénice est très à son aise, sans nul rien qui lui déplaise. Dessus les feuilles et les fleurs rien ne manque à la demoiselle puisqu'elle peut embrasser son ami à loisir.

Au temps où l'on chasse le gibier avec l'épervier cherchant l'alouette et le brachet pistant la caille et la perdrix, il advint qu'un chevalier de Thrace, jeune et plein d'entrain, très prisé pour sa chevalerie, s'en alla un jour au gibier tout près de cette tour. Bertrand avait nom ce jeune homme. Son épervier avait pris essor après avoir manqué une alouette. Bertrand s'estima mal bailli de perdre ainsi son épervier. Dessous la tour, dans le verger, il l'a vu descendre et se poser (ce qui lui fait contentement car il sait qu'il n'est pas perdu).

Sitôt Bertrand s'agrippe au mur et fait si bien qu'il passe de l'autre côté. Sous l'arbre il voit dormir ensemble Fénice et Cligès, nue à nu. « Dieu! dit-il, que m'est-il arrivé? Quelle merveille est-ce que je vois? N'est-ce pas Cligès? Oui, par ma foi! N'est-ce pas l'impératrice avec lui? Non! Mais cette femme vraiment lui ressemble comme nulle autre. Elle a même bouche, même nez, même front. Jamais encore Nature n'a fait deux êtres aussi ressemblants! Si elle vivait je dirais sûrement que c'est elle! »

A ce moment se détache une poire qui tombe sur l'oreille de Fénice. Elle tressaille. Elle s'éveille. Elle voit Bertrand! Alors elle crie :

« Ami! Ami! Nous sommes morts! Voici Bertrand! S'il nous échappe nous sommes tombés en méchante trappe! Il va dire qu'il nous a vus! »

Alors Bertrand s'aperçoit que c'est vraiment l'impératrice. Il fait bien de se sauver, car Cligès avait apporté au verger sa grande épée et l'avait posée devant Fénice et lui. Il saute sus. Il prend l'épée et Bertrand fuit à toutes jambes et le plus vite qu'il peut escalade le mur. Il en était déjà bien près quand Cligès, haussant l'épée, le frappe et lui tranche la jambe au-dessus du genou comme une branche de fenouil. Pourtant Bertrand s'est échappé, tout mis à mal et éclopé. Quand plus loin les gens le voient, ils sont presque fous de chagrin, le voyant ainsi affolé. Aussitôt ils lui demandent qui l'a blessé ainsi :

« Ne me dites plus rien, demande-t-il, mais montez-moi sur mon cheval. Ces affaires je ne les conterai qu'à l'empereur! Il ne doit pas être sans peur celui qui m'a blessé ainsi, car il est en péril mortel. »

Ils l'ont mis sur son palefroi et l'emmènent, en grand effroi. Derrière eux courent plus de vingt mille qui vont tout droit à la cour. C'est tout le peuple qui accourt. C'est à qui courra le plus vite. Mais Bertrand a déjà fait sa plainte à l'empereur. On le tient pour un jongleur, pour un menteur, de ce qu'il rapporte avoir vu l'impératrice toute nue avec Cligès dessous un arbre en un verger. Les uns disent que c'est folie. La ville est tout ébolie de la nouvelle. Les autres conseillent à l'empereur de se rendre à la tour.

Dans la tour on ne trouve rien. Cligès et Fénice sont déjà partis et ont emmené Thessala qui les conforte et les assure que si, par aventure, des gens courent à leur poursuite ils n'auront à en avoir peur car ces gens ne pourront les voir même à portée de trait d'une forte arbalète.

Mais l'empereur est dans la tour. Il fait chercher et mander Jean. Il commande qu'on le lie et garde et il dit qu'on le fera pendre. Qu'on fera brûler son corps et ventera sa cendre pour la honte qu'il a commise. Jean sera payé de son ouvrage (mais d'un paiement sans profit) pour avoir caché en sa tour le neveu de l'empereur avec l'impératrice.

« Par ma foi, fait Jean, vous dites vérité! Je n'en mentirai pas et pour vous ne m'en cacherai pas. Si j'ai commis une faute, il est droit que je sois pris. Mais si je meurs à tort pour mon maître, s'il vit, il vengera ma mort. Faites au mieux que vous pourrez! Et si j'en meurs, vous en mourrez! »

L'empereur a une sueur de colère. Il a entendu les paroles de Jean et il sait bien ce qu'il a dit.

« Jean, dit l'empereur, tu auras répit jusqu'à ce qu'on trouve ton seigneur. Mauvaisement s'est conduit envers moi qui le chérissais et n'avais idée de le tromper. En prison tu seras tenu. Si tu sais ce qu'il est devenu, dis-le tôt, je te le commande. »

Jean répond alors :

« Comment ferais-je, moi, si grande félonie? On pourrait arracher la vie de mon corps que je ne vous enseignerais où est mon maître si je le savais. Dieu me garde, je ne peux dire de quel côté ils sont allés. Mais ne soyez jaloux pour rien! Je ne crains pas votre colère. Je sais que je ne serai cru mais je vous dirai comment vous avez été joué : par un breuvage que vous avez bu vous avez été trompé le

jour que vous fîtes vos noces. Jamais depuis vous
n'avez eu joie de votre femme sinon quand vous
dormiez et songiez. Et tant le songe vous plaisait
que vous aviez même plaisir qu'à être tenu
vraiment dedans ses bras. Vous n'eûtes jamais
d'autres biens. Son cœur appartenait à Cligès. Tant
elle l'aimait que, pour lui, elle se fit morte. Il a si
bien confiance en moi qu'il me le dit. Il mit Fénice
en ma maison dont il est maître par raison. Vous ne
devez vous en prendre à moi. J'aurais mérité d'être
pendu, d'être brûlé si j'avais refusé à mon maître et
si je l'avais trahi. »

Quand l'empereur entendit parler du philtre qu'il
avait eu plaisir à boire et par lequel Thessala l'avait
ainsi joué, il comprit qu'il n'avait jamais eu joie de
sa femme, sinon en songe, mais cette joie était
mensonge.

Alors il dit qu'il veut prendre vengeance de la
honte et de l'affront œuvre du traître qui lui a ravi
sa femme, ou jamais de sa vie il n'aura plus de joie.

« Allons sans tarder jusqu'à Pavie et de là
jusqu'en Allemagne. Qu'on le recherche en toute
ville, en tous châteaux ! Celui qui me les amènera
tous deux me sera plus cher que tous les hommes.
Que l'on cherche bien ! que l'on fouille en bas, en
haut, auprès, au loin ! »

Ils les recherchent tout le jour. Mais Cligès a de
bons amis qui, si le découvraient ceux qui les
poursuivent, le mettraient en sauveté plutôt que de
l'amener à l'empereur. Et Thessala, qui les
emmène, les conduit si sûrement par savoir et
enchantement qu'ils n'ont tous deux aucune crainte
de tous les efforts de l'empereur.

Jamais ils ne passent la nuit dans une ville, dans
une cité et ils ont tout ce qui leur faut comme de
coutume — sinon mieux. Car Thessala leur pourchasse et apporte tout ce qu'ils veulent.

Nul ne les poursuit, ne les guette. Tous les gens d'Alis s'en sont retournés. Mais Cligès est sans repos. Il veut aller trouver son oncle le roi Arthur. Tant il le cherche qu'il le trouve. Au roi il se plaint de l'empereur, son oncle, qui prit femme malgré le serment qu'il avait fait.

Le roi Arthur dit que sa flotte ira devant Constantinople. Il remplira mille nefs de chevaliers et trois mille nefs de soldats. Ni ville, ni bourg, ni château ne pourront soutenir l'assaut. Cligès ne manque de remercier le roi pour l'aide qu'il lui apporte. Le roi fait mander en hâte tous les hauts barons de sa terre. Il fait équiper nefs et dromons, galères et barques. Il convoque toute l'Angleterre, et les Flandres, la Normandie, la France et la Bretagne et tous les pays jusqu'aux défilés d'Espagne.

Déjà ils allaient passer la mer que de Grèce vinrent des messagers qui retinrent le roi et sa cour et retardèrent le départ. Avec les messagers se trouvait Jean, homme le plus digne d'être cru. Ces envoyés étaient de hauts seigneurs de Grèce qui cherchaient Cligès et furent joyeux de l'avoir trouvé. Ils lui dirent :

« Sire, que Dieu vous sauve, au nom de tous ceux de votre empire ! La Grèce vous est abandonnée et Constantinople donnée par le droit que vous avez sur elles. Votre oncle est mort du chagrin qu'il eut de ne pouvoir vous retrouver. Si grand chagrin il souffrit qu'il en perdit raison. Il mourut comme un forcené. Beau sire, revenez, car tous vos barons vous mandent et vous désirent et vous demandent et vous veulent faire empereur... »

L'expédition n'aura pas lieu dont certains auraient eu grand plaisir. Le roi renvoie ses gens. Cligès se prépare en hâte, car en Grèce il veut retourner. Il prend congé du roi et de tous ses amis. Il emmène Fénice. Ils s'en vont, ne s'attardant pas en chemin. Les barons les reçoivent en grande joie comme on le doit faire. A Cligès ils donnent pour femme son amie. Tous deux ensemble on les couronne.

De son amie Cligès a fait sa femme, mais il l'appelle maîtresse et dame, car à ceci elle ne perd rien. Il l'aime comme son amie. Elle l'aime pour sa part comme on doit aimer son amant, et chaque jour croît leur amour. Jamais Cligès ne manqua de confiance en elle ni ne la querella pour nulle chose. Jamais Fénice ne fut enclose comme ont depuis été tenues celles qui vinrent après elle. Il n'y eut depuis d'autre empereur qui ne craignît d'être trompé par son épouse, ayant entendu conter comment Fénice trompa Alis par le philtre qu'on lui donna puis par l'autre stratagème. Pour cette raison l'impératrice, si haute et si noble qu'elle soit, est gardée comme en une prison. Elle demeure dans sa chambre plus par crainte que pour le hâle. Auprès d'elle il n'y aura mâle qui ne soit châtré dès l'enfance. Pour ceux-ci ni risque ni crainte qu'Amour les tienne dans ses liens !

Ici finit l'œuvre de Chrétien.

*Lancelot, le Chevalier
à la charrette*

C'est au « commandement » de Marie de Champagne, fille de la superbe Aliénor d'Aquitaine, qu'est due la composition par Chrétien de l'un des plus célèbres romans arthuriens, Le Chevalier à la charrette. _La comtesse Marie lui a fourni la « matière » et le « sens », c'est-à-dire le sujet et la thèse._ Aussi Chrétien a-t-il souci de célébrer le rôle directement inspirateur de la princesse amie des lettres. Souvent les dames de la cour de Champagne prenaient part à des débats de courtoisie qui étaient consignés par un greffier et se terminaient par des arrêts. On peut penser que ce Lancelot est l'écho de l'un de ces « débats d'amour » menés par la comtesse.

La matière et le sens du sujet proposé au romancier l'obligent à un exercice périlleux étant donné le fonds des œuvres antérieures. Sur des modes divers, dans Érec comme dans Cligès, Chrétien a célébré la valeur de l'amour conjugal et sans partage. Cette fois, il devra sacrifier à la célébration de la fine amor chantée par les troubadours et assurer que « bien est qui aime obéissant ». C'est le triomphe de l'amour courtois. La femme assure son pouvoir sur le héros (comme ici la comtesse inspiratrice assure son pouvoir sur le romancier auquel elle impose une thèse qu'elle *sait ne pas être sienne). On peut être déçu et choqué par la façon dont Lancelot, oubliant la chevalerie, se soumet à tous les caprices de sa maîtresse. Mais les esprits du temps savaient sans doute reconnaître plus spontanément que nous-mêmes que l'aventure de ce chevalier si étrangement soumis est encore une quête, pathétique parce que désespérée. Peut-être n'est-il au monde que des âmes captives qui se tourmentent les unes les autres en leur captivité, surtout lorsqu'elles se sont reconnues comme âmes sœurs. Dédains, caprices, rebuffades, soumissions représentent ces tourments. Que l'âme soumise parvienne à conquérir l'âme conquérante, alors l'amour les libère toutes deux à jamais, voilà peut-être la signification profonde des aventures étranges de Guenièvre et de Lancelot.*

Guenièvre, c'est la Gwennyfar des Gallois, le « blanc fantôme » dont les Anglais feront le prénom Jennifer. Elle vient du fonds le plus ancien : du mythe de la reine ou princesse enlevée par un dieu ou héros malfaisant qui la retient en un royaume de ténèbres : au terme d'une quête fertile en épreuves, un prince la reconquiert et la ramène en son pays (ainsi en est-il dans l'histoire irlandaise de la belle Éthain et du roi Éochaid). Peu à peu, à partir des mythes et peut-être d'événements historiques très lointains, s'est constituée dans la légende d'Arthur une légende de Guenièvre, son épouse. Amours adultères, enlèvements, errances, épreuves, condamnations et délivrances composent ses aventures. Un récit traditionnel des Hautes-Terres d'Écosse rapporte que : « l'une des épouses du roi Arthur, accusée d'adultère et condamnée à être dévorée par des chiens s'enfuit de Cambrie jusqu'en Écosse et y passa le reste de ses jours. Près du lieu où elle fut enterrée s'élève une pyramide sur laquelle un bas-relief représente d'un côté des chiens qui dévorent la reine, de l'autre des hommes qui la poursuivent ».

L'Historia *de Geoffroy de Monmouth, le* Lai *de*

Lanval de Marie de France, le Roman de Rou *de*
Wace, tous contemporains de l'œuvre de Chrétien,
contribuent à définir plus précisément et presque
toujours sans tendresse la figure et le rôle de la
fascinante Guenièvre. Elle est l'héroïne d'une tradition
d'amours infidèles, de mensonges criminels, de dénon-
ciations. Mais elle fascine si bien la comtesse Marie de
Champagne, les dames courtoises, les poètes que, par
l'effet de leurs débats, de leurs écrits, le caractère du
personnage change du tout au tout. Sous le même nom,
ce n'est plus la même reine perfide et cruelle. La
souveraine sauvage devient souveraine précieuse.
(Beaucoup de traits de cette « nouvelle Guenièvre »
n'auraient-ils pas été inspirés par le superbe person-
nage d'Aliénor, petite-fille de l'un des plus illustres
troubadours, Guillaume IX de Poitiers, et mère de
Marie de Champagne? A travers les vicissitudes
conjugales et politiques d'Aliénor, successivement reine
de France et reine d'Angleterre, des liens d'affection et
de communauté de goût ne cessèrent d'unir la mère et
la fille. La louange de Guenièvre (chantée, il est vrai,
par son neveu Gauvain attaché à la reine par un
sentiment amoureux) représente la célébration d'une
femme idéale. Elle est courtoise, belle et sage sans
pareille. « Elle enseigne et instruit tous ceux qui
vivent. D'elle descend tout le bien du monde. Elle en
est source et origine. Nul ne peut la quitter qui ne s'en
aille découragé. Nul n'observe droiture et ne conquiert
honneur qui ne l'ait appris auprès d'elle. Nul ne sera si
affligé qu'en partant d'elle il emporte son chagrin avec
lui. »

Ainsi apparaîtra-t-elle dans le dernier roman de
Chrétien, le Roman du Graal. *Dans* Le Chevalier à
la charrette *nous n'en sommes pas encore là. Elle est*
ici la maîtresse, la dominatrice et la captive que le
héros subjugué devra libérer.

*Il faut dépasser largement le trois millième vers
pour connaître le nom du chevalier amant de la reine.
Le nom de Lancelot n'est point d'origine galloise. C'est
bien un nom français dérivé du mot « ancel », de racine
latine (ancilla) désignant un serviteur. Ancelot en est
le diminutif. C'est sous cette forme sans article qu'est
parfois désigné l'amant de la reine Guenièvre. Ainsi
dans le roman d'Ogier : « N'est mie de la fable
Ancelot ne Tristan. » De là « l'Ancelot » puis Lancelot. Mais que le nom du héros ne soit point gallois
signifie-t-il pour autant que le personnage et le roman
n'ont point d'origine galloise? Le dictionnaire gallois
de Walter indique qu'en cette langue « serviteur » se
dit « Maël ». Or la tradition celtique connaît un prince
de ce nom, contemporain du chef breton dont la
légende devait faire le roi Arthur. Son caractère et ses
aventures annoncent ce que sera et fera le Lancelot de
Chrétien. On vante sa beauté. On déplore ses mœurs.
On lui reproche ses amours adultères avec Gwennyfar,
épouse du roi Arthur et l'enlèvement qu'il n'hésite pas
à commettre, déguisé en faune de la forêt. Selon la*
Légende des Rois *en langue armoricaine, Maël-
Lancelot se retire finalement dans un couvent où il
meurt de frayeur pour avoir aperçu à travers les fentes
de la porte de l'église le « spectre jaune » de la peste.
Écrivant dans la première partie du* XIIᵉ *siècle,
Caradoc de Lancarvan raconte que le jeune prince
rendit au roi Arthur l'épouse enlevée, se réconcilia
avec lui et se fit moine après avoir écouté les
exhortations d'un homme de Dieu. Voilà bien des
ressemblances avec l'intrigue du roman de Chrétien.
Trop de ressemblances sans doute pour que le personnage du* Lancelot, Chevalier à la charrette, *ne doive
rien, une fois de plus, à une inspiration galloise.*

*Pourquoi Chrétien s'est-il arrêté si près de la fin?
Toutes les « explications » ne sont que des conjectures.*

A-t-il lui-même confié à Geoffroy de Lagny le soin de composer (sans doute sur canevas) les derniers épisodes jusqu'au duel final devant la cour réunie autour d'Arthur et de Guenièvre ? L'énigme demeure concernant l'inachèvement de l'œuvre.

Puisque ma dame de Champagne veut que j'entreprenne un roman, je l'entreprendrai volontiers comme le peut faire un homme qui est sien tout entier pour tout ce que je puis faire au monde. Je le dis sans y mettre nul grain d'encens, mais j'en connais bien d'autres qui voudraient en célébrer grande louange et diraient assurément que cette dame surpasse toutes les autres comme le zéphyr qui vente en avril ou mai l'emporte sur tous les autres vents.

Non, par ma foi, je ne suis pas celui qui veut faire ainsi louange de sa dame! Dirai-je donc alors : « Autant vaut un diamant de cabochons et de sardoines, autant la reine vaut de comtesses? » Non vraiment je n'en dirai rien et en maugré de moi, car cela est bien vrai pourtant. Mais je dirai qu'en cet ouvrage œuvrent bien mieux ses commandements que mon talent et que ma peine. Chrétien commence donc à rimer son livre du *Chevalier à la charrette*. La comtesse lui en donne la matière et le sens et il s'entremet de penser, n'y dépensant guère que son travail et son attention.

Lors de la fête de l'Ascension, le roi Arthur tint la cour magnifique qu'il sied à un roi de tenir.

Après manger, le roi ne s'éloigna point de ses compagnons. Il y avait là un grand nombre de barons. Avec eux se trouvait la reine, aussi maintes belles dames courtoises parlant bien la langue française. Ké, le sénéchal, dirigeait le service du repas, mangeant avec les connétables.

Alors survint un chevalier armé de toutes ses armes. Le chevalier en cet arroi s'en vint jusque devant le roi qui siégeait parmi ses barons. Il ne salua pas mais il lui dit :

« Roi Arthur, je retiens en mon pouvoir une part de ta terre et des gens de ta maison : chevaliers, dames et pucelles, mais je ne t'en donne point de nouvelles avec intention de te les rendre. Au contraire, je veux t'apprendre que tu n'as ni force ni bien par quoi tu les puisses ravoir. Et sache bien que tu mourras sans avoir pu les secourir. »

Le roi répond qu'il lui faudra donc souffrir ce malheur s'il ne peut apporter remède. Mais il en aura grande peine. Le chevalier fait mine de s'en aller et va jusqu'à l'huis de la salle. Mais il ne descend point les marches. Il s'arrête et de là il dit :

« Roi, s'il y a à ta cour un seul chevalier d'un tel mérite que tu te fies assez à lui pour oser lui permettre d'emmener la reine en ce bois où je vais, j'en fais serment, je l'attendrai et les prisonniers te rendrai qui sont en exil en ma terre. Encore faudra-t-il qu'il conquière sur moi la reine. Alors il aura droit de la ramener ici. »

Tous ceux qui étaient dans le palais entendirent ces paroles. La cour en fut tout émue. La nouvelle vint bientôt à Ké, le sénéchal, qui mangeait avec les hommes d'armes. Il laisse son manger, va droit au roi et lui dit sur le ton de la colère :

« Roi, longuement je vous ai servi en bonne foi et loyalement. Aujourd'hui, je prends congé et je m'en vais car jamais plus je ne vous servirai ! »

Le roi est peiné de ce qu'il entend, mais quand il revient de sa peine il demande brusquement :

« Est-ce vérité ou plaisanterie ? »

Et Ké répond :

« Beau sire roi, je ne suis pas homme à plaisanter ! Voyez comme je prends congé. Je ne vous demande autre desserte, autre loyer pour mon service. Je m'en irai sans plus attendre. »

« Est-ce par colère ou par dépit que vous voulez partir ? Sénéchal, faites selon votre coutume. Demeurez à la cour et sachez que je n'ai rien en ce monde que je ne sois prêt à vous donner.

— Sire, ce n'est point la peine ! Je ne prendrais pas un settier d'or pur comme présent de chaque jour. »

Le roi est désespéré. Il vient auprès de la reine.

« Dame, fait-il, savez-vous ce que le sénéchal me demande ? Son congé ! Et il me dit qu'il ne sera plus de ma cour, je ne sais pourquoi. Ce qu'il ne veut faire pour moi, il le fera à votre prière. Allez à lui, ma dame chère. S'il ne veut pour moi demeurer, demandez-le-lui pour vous. Et s'il le faut, jetez-vous à ses pieds et dites-lui que je perdrais toutes mes joies si je perdais sa compagnie. »

Le roi envoie la reine au sénéchal. Au milieu des autres elle le trouve et lui dit :

« Ké, grande affection me vient, n'en doutez pas, de ce que l'on m'a dit de vous. On m'a conté que vous voulez quitter le roi. D'où cela vous vient-il et par quel sentiment ? Je ne retrouve point là votre sagesse et votre courtoisie. Je vous veux prier de demeurer. Oui, Ké, demeurez, je vous prie !

— Dame, dit-il, excusez-moi, mais je ne saurais demeurer. »

La reine encore le prie et tous les chevaliers aussi. La reine se jette à ses pieds. Ké la veut relever, mais elle dit qu'elle ne le fera. Jamais elle ne se relèvera tant qu'il n'aura accepté de faire selon sa volonté.

Enfin Ké assure qu'il restera, mais à cette condition que le roi octroie ce qu'il voudra et que la reine l'octroie de même.

« Ké, répond la reine, quoi que vous nous demandiez, le roi et moi nous vous l'accorderons. Venez-vous-en. Nous lui dirons qu'à ce prix vous êtes resté. »

Avec la reine le sénéchal est venu devant le roi.

« Sire, dit la reine, j'ai pu retenir Ké mais ce fut à grand'peine. Je vous le rends. Selon votre serment, vous ferez ce qu'il vous dira. »

Le roi en soupire de joie et dit qu'il fera ce qu'on lui demandera.

« Sire, dit Ké, or sachez donc ce que je veux et quel est le don que vous m'avez assuré. Ma dame que voici, vous m'avez permis de la prendre pour suivre le chevalier qui nous attend dans la forêt. »

Le roi en est chagrin et, s'il ne se dédit de rien, il est plein de douleur et de colère, ce qui se voit à son visage. La reine est aussi en grande tristesse. Et tous les gens de la maison disent que c'est par orgueil, outrecuidance et déraison que Ké a demandé la reine.

Le roi l'a prise par la main et il lui dit :

« Dame, il faut sans contredit que vous accompagniez le sénéchal. »

Et celui-ci ajoute :

« Donnez-la-moi. N'ayez de crainte à son sujet, car fort bien je la ramènerai saine et sauve. »

Le roi lui remet la reine et il l'emmène. Tous s'en vont derrière eux et sont en grande alarme. Le sénéchal est bientôt armé et ses chevaux amenés au milieu de la cour. Auprès d'eux attend un palefroi ni braidi ni tirant sur le mors — belle monture pour une reine. Morne, dolente et soupirant monte la reine qui dit tout bas, pour que personne ne l'entende :

« Ah, roi, si vous saviez, vous ne permettriez que Ké m'éloigne d'un seul pas ! »

Elle pensait avoir dit tout bas, mais l'entendit le comte Guinable. Tous firent tel deuil que tous ceux qui les entendirent auraient pu croire qu'on l'emmenait gisante en bière. Nul ne croyait qu'elle revînt jamais de sa vie. Le sénéchal l'emmenait là où l'attendait le chevalier inconnu.

Messire Gauvain dit alors au roi, son oncle :

« Sire, vous avez agi comme en enfance et je m'en étonne. Mais, si vous croyez mon conseil, tant qu'ils sont tout près encore, vous et moi, nous les suivrons et avec nous tous ceux qui voudront venir. Non je ne pourrai tenir que je courre derrière eux ! Ce ne serait pas avenant de ne chercher à les rejoindre afin de savoir, s'il se peut, ce que la reine deviendra et comment Ké se comportera.

— Allons-y donc, beau neveu, fait le roi. Vous avez parlé là en chevalier courtois. Puisque vous avez pris l'affaire, commandez que l'on sorte les chevaux, qu'on leur apprête selles et freins. Il n'y aura plus qu'à monter. »

Et les chevaux sont amenés, appareillés et ensellés. Le roi est le premier en selle, après lui messire Gauvain et tous les autres bientôt. Certains portent leur armure, mais beaucoup montent sans armes. Messire Gauvain est armé et il fait par deux écuyers mener en dextre deux destriers.

Comme ils approchaient de la forêt, ils virent en sortir le cheval de Ké. Ils le reconnurent bien et remarquèrent que les rênes de la bride étaient rompues toutes les deux. Le cheval n'avait plus de cavalier. Du sang rougissait l'étrivière et les arçons avaient été lacérés. Tous en furent vivement furieux. Les uns les autres, ils se poussaient du coude et se faisaient des clins d'œil.

Bien loin devant, sur le chemin, chevauchait messire Gauvain. Il voit soudain venir au pas, las et suant, un chevalier qui le salue et auquel il rend son salut. Le chevalier s'arrête et dit :

« Sire, vous voyez comme mon cheval est mouillé de sueur. Il ne sera plus bon à rien! Je crois que ces deux destriers sont vôtres. Puis-je vous prier de me prêter ou me donner l'un de ceux-là et, s'il se trouve, je vous en rendrai le bienfait.

— Choisissez des deux celui qui vous plaît », lui répond Gauvain.

Mais lui, qui est en grand besoin de trouver une monture, ne va pas chercher le meilleur ni le plus beau de plus belle taille. Il monte sur le destrier le plus près de lui et sitôt le lance au galop. Celui qu'il a laissé tombe mort.

Le chevalier, sans nul arrêt, s'éloigne à travers la forêt. Messire Gauvain le suit et le pourchasse avec rage. Il dévale la pente d'une colline. Quand il a fait quelque chemin, il retrouve étendu mort le cheval qu'il avait donné au chevalier et découvre en ce lieu mainte défoulée et débris d'écus et de lances. Il semblait bien que se fût livré là un grand combat entre chevaliers. Il lui déplut de n'en avoir été.

Il passa outre à grande allure jusqu'à ce qu'il retrouve, par aventure, le chevalier, tout seul, à pied, tout armé, heaume lacé, l'écu au col, l'épée ceinte, près d'une charrette rencontrée. Les charrettes servaient alors à quoi servent les piloris. Et en chacune bonne ville où il en est plus de trois mille, n'en était qu'une en ce temps-là qui était à tous commune, comme aujourd'hui les piloris, pour ceux qui ont commis meurtre et trahison, pour ceux qui sont tombés en duel de jugement,

pour les larrons et les bandits de grand chemin.
Qui était pris sur le fait était alors mis sur la
charrette, mené par toutes les rues puis déclaré
hors-la-loi, ne pouvant plus être ouï en justice, non
plus honoré, ni fêté. Par ce qu'en ce temps-là, les
charrettes étaient si cruelles, il fut dit : « Quand tu
verras charrette et tu l'encontreras, signe-toi et
souviens-toi de Dieu, afin que mal ne t'advienne ! »

Le chevalier à pied, sans lance, s'approche donc
de la charrette, et voit un nain sur les banons qui
tenait comme un charreton une longue verge en sa
main.

Le chevalier dit au nain :

« Nain, dis-moi donc, pour Dieu, si tu n'as pas
vu par ici passer ma dame la reine ? »

Le nain, fils de pute, ne voulut en donner
nouvelles, mais lui dit :

« Si tu veux monter sur la charrette que je mène,
tu pourras savoir d'ici demain ce que la reine est
devenue. »

Puis le nain continue sa route sans plus l'attendre. Un petit instant le chevalier hésite à y
monter. Il eut bien tort s'il craignit la honte et
n'osa monter aussitôt. Il s'en tiendra pour mal
bailli.

C'est que Raison, séparée d'Amour, lui dit qu'il
se garde de monter. Elle le gronde et lui enseigne à
ne rien faire ni entreprendre dont il puisse avoir
honte ou reproche. Cette Raison-là n'est pas au
cœur, mais en la bouche. Mais Amour est au cœur
enclos et lui commande et lui ordonne que vite il
monte sur la charrette. Amour le veut et le
chevalier monte. De la honte, il ne lui chaut guère
puisqu'Amour le commande et veut.

Messire Gauvain galope derrière la charrette. Il y
trouve assis un nain et lui demande :

« Nain, donne-moi nouvelles de la reine, si tu sais. »

Le nain répond :

« Si tu as pour toi-même autant de haine que le chevalier assis là, monte avec lui, et je vous conduirai tous deux. »

Quand messire Gauvain entend ces paroles, il les tient pour grande folie et répond qu'il ne montera point car ce serait trop vilain échange : une charrette pour un cheval ! Et il ajoute :

« Mais va toujours où tu voudras, et j'irai là où tu iras ! »

Là-dessus, ils se mettent en chemin. L'un chevauche, les deux autres vont en charrette et ils font tous trois même route.

A l'heure de basse-vêpre, ils arrivent devant un château très puissant. Ils entrent tous trois par une grande porte. Les gens sont bien étonnés de voir ce chevalier sur la charrette et ils font tous une grande huée, petits et grands, vieillards, enfants, tous répandus parmi les rues. Ils crient grandes vilenies et grands outrages. Et en criant ils demandent :

« A quel supplice accommodera-t-on ce chevalier ? Sera-t-il écorché, pendu, noyé ou brûlé sur feu d'épines ? Dis, nain, toi qui le mènes, en quel forfait fut-il trouvé ? Est-il convaincu de larcin ? A-t-il tué ? A-t-il été vaincu en champ clos ? »

Mais le nain ne répond à personne. Il ne répond ni oui ni non. Suivi de monseigneur Gauvain, le nain conduit le chevalier à son logis, un donjon, de l'autre côté de la ville.

Là, ils rencontrent une demoiselle, la plus belle de la contrée, accompagnée de deux pucelles. Dès qu'elles voient monseigneur Gauvain, elles lui font grande joie et le saluent et s'enquièrent :

« Nain, qu'a donc méfait ce chevalier que tu mènes comme s'il était impotent ? »

Mais il ne répond toujours rien. Il fait descendre le chevalier, puis il s'en va. On ne sut où il s'en alla. Alors messire Gauvain descend, et sitôt viennent deux valets qui les désarment. Ils les habillent de manteaux fourrés de petit-gris.

Quand vint l'heure du souper, le repas fut bien atourné. La demoiselle s'assit près de monseigneur Gauvain et tint compagnie bonne et belle. Quand ils eurent assez mangé, on prépara deux lits hauts et longs, et un troisième plus riche encore. On ne vit jamais meilleur lit et de plus grande aise. Quand vint le moment du coucher, la demoiselle, montrant les lits, dit à ses deux hôtes :

« C'est pour la bonne aise de vos corps que sont apprêtés ces deux lits. Mais dans celui qui est là-bas ne saurait prendre du repos que celui qui l'a mérité. Ce lit-là n'est pas fait pour vous. »

Le chevalier qui était venu dans la charrette dit alors :

« Dites-moi la raison pour laquelle ce lit m'est défendu. »

Elle répondit aussitôt :

« Il ne vous convient pas de poser pareille question. Honni est chevalier qui est monté en charrette. Ce ne serait point raison de vouloir coucher dedans ce lit. Il le pourrait tôt regretter. Je ne l'ai pas fait parer si richement pour que vous y couchiez. N'en auriez-vous que la pensée, vous paieriez la chose très cher.

— Vous la verrez, dit-il, avant longtemps.

— Je la verrai ?

— Vraiment.

— Donnez-moi de la voir !

— Je ne sais pas qui y perdra. Que s'en fâche qui le voudra ! En ce lit-là je veux gésir et reposer tout à loisir. »

Dès qu'il se fut déchaussé, il se coucha dans le lit

le plus long, élevé d'une demi-aune, sous courtepointe et samit jaune étoilé d'or. La fourrure qui la
bordait était de zibeline et non de petit-gris pelé.
Elle était aussi bien digne d'un roi la couverture
sous laquelle se mit le chevalier. Certes pour ce lit-
là on n'avait point usé de chanvre, paille ou vieilles
nattes !

A minuit, de vers les poutres fondit une lance
comme foudre, le fer dessous, qui faillit coudre le
chevalier par ses flancs au couvertoir et aux draps
blancs et au lit où il se gisait. A la lance un pennon
pendait qui était de feu tout épris. Au couvertoir le
feu a pris, aux draps, au lit en même temps. Et le
fer de la lance passe tout à côté du chevalier, lui
ôtant un peu du cuir, sans le blesser toutefois. Alors
le chevalier se dresse, éteint le feu et prend la lance.
Au milieu de la salle il la balance sans pour cela
quitter son lit. Il se recouche et il s'endort tout
aussi tranquillement qu'il l'avait fait premièrement.

Le lendemain, au point du jour, la demoiselle de
la tour fit préparer tout le nécessaire pour qu'on
célébrât une messe. Elle fit éveiller et lever les
chevaliers. Quand la messe eut été chantée, à la
fenêtre vers la prée s'en vint le chevalier pensif
(celui-là qui était venu dans la charrette). Il
regardait les prés en bas. A la fenêtre prochaine la
demoiselle était venue, et parlait en secret avec
monseigneur Gauvain. Ce qu'ils se dirent je n'en
sais rien. Mais comme ils se trouvaient tous deux à
la fenêtre, ils virent soudain passer par la prairie, au
long de la rivière, des gens qui portaient une bière.
Dedans était un chevalier et aux côtés trois
demoiselles faisaient grand deuil. Derrière eux
venait une escorte et devant chevauchait un chevalier de grande taille ayant à sa gauche une dame
très belle. Le chevalier à la fenêtre reconnut que
cette dame était la reine. Il n'en finissait plus de la

regarder le plus longtemps qu'il le pouvait. Quand
elle eut disparu, il voulut se laisser choir par la
fenêtre. Il glissait déjà dans le vide quand monseigneur Gauvain le retint, lui disant :

« De grâce, seigneur, tenez-vous en paix ! Par
Dieu, ne songez plus jamais à faire pareille folie ! A
tort vous haïssez la vie !

— Non point, c'est à bon droit, dit alors la
demoiselle. Ne sera-t-elle pas comme en tous lieux
la nouvelle de son malheur ? Puisqu'il est monté en
charrette, il est juste qu'il souhaite d'être occis car
il vaudrait plus mort que vif. Sa vie est désormais
honteuse et méprisable et malheureuse. »

Là-dessus, les chevaliers demandèrent leurs
armes et s'armèrent. La demoiselle fut courtoise et
généreuse. A celui qu'elle avait moqué elle donna
un cheval et une lance en signe d'amitié et de bon
accord.

Au plus tôt, les chevaliers s'en vont par là où ils
ont vu s'éloigner la reine. Ils n'ont pas cherché à
rejoindre l'escorte. Des prés, ils entrent en un
plessis, puis trouvent un chemin empierré. Tant ils
chevauchent par la forêt qu'il était peut-être prime
de jour quand, en un carrefour, ils rencontrèrent
une demoiselle. Tous deux la saluent et la prient de
leur dire en quel lieu on emmène la reine. Elle
répond comme personne sage :

« Si je pouvais avoir de vous sûres promesses je
saurais bien vous mettre en la voie, vous nommer
la terre où elle va et le nom du chevalier qui
l'emmène. Mais il lui faudrait souffrir grande peine
et grandes douleurs à celui qui voudrait entrer dans
ce pays !

— Demoiselle, dit Gauvain, je vous fais entière
promesse. Je me mettrai à votre service et de tout
mon pouvoir aussitôt qu'il vous plaira. Mais ne me
cachez point la vérité. »

Celui qui monta sur la charrette s'engage pareillement.

« Donc, je vous le dirai », fait la demoiselle.

Et elle conta ainsi :

« Par ma foi, seigneurs, c'est Méléagant, un chevalier corsu et grand, fils du roi de Gorre qui l'a prise et l'a mise dans son royaume d'où nul étranger ne revient. Par force on y séjourne en servitude et en exil. »

Les deux chevaliers lui demandent :

« Demoiselle, où est cette terre ? Où en trouverons-nous le chemin ?

— Vous le connaîtrez mais, sachez-le, vous y trouverez obstacles et trépas car c'est affaire très périlleuse d'entrer en ce pays sans la permission du roi Baudemagus. L'accès n'en est permis que par deux cruels passages. L'un a nom le *Pont dessous l'eau,* parce qu'il est vraiment sous l'eau entre le fond et la surface, il n'a qu'un pied et demi de large et autant d'épaisseur. L'autre pont est le plus mauvais et le plus périlleux que jamais homme n'ait passé. Il est tranchant comme une épée et c'est pourquoi toutes les gens l'appellent le *Pont de l'Épée*. Telle est la vérité. Je ne puis vous en dire plus. »

L'un des chevaliers demande :

« Demoiselle, daignez nous enseigner ces deux chemins. »

Et la demoiselle répond :

« Voici le droit chemin du *Pont dessous l'eau* et celui-là mène au *Pont de l'Épée*. »

Alors le chevalier charreté dit à son compagnon :

« Sire, je vous l'offre sans rancune : prenez l'une de ces deux voies et laissez-moi quitte de l'autre. Prenez celle que vous préférez.

— Par ma foi, dit messire Gauvain, très péril-

leux et douloureux sont l'un et l'autre passage. Je
ne me sens pas assez sage pour faire pareil choix.
De quel côté se trouve le bon parti, je n'en sais
rien. Mais il ne serait pas juste que je ne joue pas le
jeu, puisque vous m'en avez fait l'offre. Je choisis le
Pont dessous l'eau.

— Il est donc juste que j'aille au *Pont de l'Épée*
dit le chevalier et j'y consens volontiers. »

Il leur faut se quitter tous trois en se recommandant à Dieu les uns les autres.

Mais la demoiselle leur rappelle :

« Chacun de vous deux me doit récompense à
mon gré, à l'heure où je le voudrai prendre.
Pensez-y. Ne l'oubliez pas ! »

Chacun s'en va de son côté. Le chevalier à la
charrette songe en homme qui n'a ni force ni
défense envers Amour qui le gouverne. Il s'en
oublie lui-même, ne sait s'il est ou s'il n'est point.
De son nom, il ne lui souvient. Ne sait s'il est armé
ou non. Ne sait d'où il va, d'où il vient. De rien il
ne lui souvient, lors d'une chose, une seule chose et
pour elle, il a mis en oubli toutes les autres. A celle-
là seule, il pense tant qu'il ne voit rien ni n'entend.
Son cheval bientôt l'emporte pour lequel il n'est de
voie torte, mais la plus droite et la meilleure.
D'aventure, il le porte sur une lande. Sur cette
lande était un gué. Sur l'autre bord, un chevalier en
armes gardait le gué. Près de lui, une demoiselle
venue sur un palefroi.

Il était près de none basse et le chevalier ne
sortait toujours pas de sa longue songerie. Le
cheval, qui avait grand soif, accourt vers l'eau
belle et claire dès qu'il la voit. Et celui-là qui se
trouvait sur l'autre bord s'écrie :

« Chevalier, je garde le gué ! Je vous défends de le
passer ! »

Mais l'interpellé ne l'entend car sa songerie l'en

empêche et il laisse son cheval s'élancer vers l'eau du gué.

« Renonce au gué! crie encore l'autre, tu seras sage! Il ne faut pas passer par là! »

Il jure qu'il le ferra de sa lance s'il entre dans le gué. Mais le cheval y saute et commence à boire. Le gardien du passage dit que l'insolent va payer son méfait. Ni écu ni haubert ne le protégeront! Il met son cheval au galop puis le pousse encore. Un coup il dame à l'insolent et il l'abat. Le voici étendu dedans le gué qu'on lui avait défendu. Lance et écu s'envolent de qui les portait. Quand l'endormi sent la mouillure de l'eau, il sursaute et comme quelqu'un qui s'éveille, il se lève et regarde tout étonné autour de lui qui a pu ainsi le frapper. Il voit le chevalier, lui crie :

« Vassal, pourquoi m'avez-vous frappé, dites-le-moi! Je ne vous savais devant moi. Je ne vous avais fait nul tort.

— Par ma foi, vous vous entendîtes bien défier au moins deux fois, si ce n'est trois! Vous êtes entré où je ne voulais pas. Je vous avais pourtant averti que je vous frapperais dès que vous entreriez dans l'eau.

— Que je sois maudit si jamais je vous vis! Il se peut bien que vous m'ayez défendu d'entrer dans le gué. Mais sachez que vous m'auriez frappé pour votre dommage si j'avais pu au frein vous tenir de ma main.

— Et si cela était, qu'en adviendrait-il donc? Tu pourras sur-le-champ me tenir sur le frein si tu l'oses. Ta menace et ton orgueil valent moins pour moi qu'une poignée de cendres.

— Voilà ce que je veux! Quoi qu'il en puisse advenir, je veux vous défier comme j'ai dit! »

L'autre s'avance jusqu'au milieu du gué et celui qui l'avait défié le saisit de la main senestre par la rêne et par la cuisse de la main dextre. Il le serre et l'étreint le plus durement. L'autre se plaint. Il lui semble que sa cuisse est tirée hors de son corps. Il prie son adversaire de le laisser, disant :

« Chevalier, s'il te plaît de combattre d'égal à égal, prends ton écu, ton cheval et ta lance et mesure-toi en joute avec moi.

— Je n'en ferai rien, par ma foi, car je crois que tu t'enfuiras sitôt que je t'aurai lâché. »

Le gardien du gué en a grande honte. Il répète son offre de combattre seul à seul.

L'un s'engage par serment à ne pas toucher l'autre tant que celui-ci n'aura retrouvé ses armes. Il rattrape son écu et sa lance qui flottaient sur les eaux du gué et s'en allaient déjà loin à val.

Il revient prendre son cheval. Il tient l'écu par les énarmes et met sa lance en arrêt sur l'arçon. Les deux chevaliers courent l'un contre l'autre le plus fort que peuvent leurs chevaux. Celui qui défendait le gué attaque d'abord si durement que sa lance vole en éclats. Son ennemi le frappe si bien qu'il l'envoie à plat dessus le flot et que l'eau sur lui se referme. Mais bientôt se remet sur pied. L'autre laissant son avantage tire du fourreau le brant d'acier. Celui qui sort de l'eau dégaine aussi son épée bonne et flamboyante. Ils se rencontrent au corps à corps. De leurs écus où reluit l'or ils se couvrent et leurs épées font si bel ouvrage qu'elles frappent sans fin ni repos.

Ils s'entredonnent de grands coups et la bataille est acharnée. Le chevalier à la charrette en a grande honte en son cœur. Il se dit que bien pénible sera la voie entreprise s'il met déjà un si long temps pour vaincre un seul chevalier. Il charge son ennemi et le presse si fort que celui-ci gauchit et fuit et lui laisse passer le gué malgré qu'il en ait. Le chevalier à la charrette le pourchasse et le fait tomber à paume-tons. Il vient sur lui et lui dit :

« Bien mal inspiré vous fûtes de me faire choir dedans le gué et m'éveiller de mes pensers. »

La demoiselle que le chevalier avait amenée avec lui entend ces paroles de menace. Elle a grand'peur et elle prie que le vainqueur laisse la vie à son rival. Mais il répond qu'il lui prendra la vie, car le vaincu lui fit trop grande honte. Comment lui accorder merci ? Il vient à lui, l'épée tirée. L'autre en est tout effrayé. Il demande encore merci. Le chevalier à la charrette répond :

« Par l'amour de Dieu, pardon j'ai toujours accordé à qui me le requérait de ces mots. Ainsi ferai-je, mais jure-moi que tu seras mon prisonnier où et quand je le voudrai. »

Avec chagrin, le vaincu en fait le serment. Alors la demoiselle dit :

« Chevalier qui es généreux, délie-le pour moi de sa prison. En retour, au moment qu'il faudra, je te donnerai récompense qui te fera grand plaisir. »

Alors le chevalier comprend qui est cette demoiselle. Il rend le chevalier quitte de la prison. Elle ressent honte et angoisse car elle croit être reconnue ayant souhaité que ce ne fût.

Le chevalier veut partir sur-le-champ. Le vaincu et la demoiselle le recommandent à Dieu. Puis ils s'en vont, l'un et les autres chacun de son côté.

Il s'en va, et vers l'heure de basse-vêpre, il trouve une demoiselle très belle et avenante bien tournée et bien vêtue qui s'en venait devers lui. La demoiselle le salue comme fille bien apprise.

« Demoiselle, Dieu vous donne santé du corps et de l'âme !

— Sire, répond-elle, mon logis est tout près d'ici. Pour vous il est tout préparé s'il vous plaît d'y reposer cette nuit. Mais ici vous n'hébergerez que

si avec moi vous couchez. La chose doit être
entendue. »

D'une telle offre j'en connais bon nombre qui
diraient mille et mille merci. Mais le chevalier, lui,
en est tout rembruni et répond aussitôt :

« Demoiselle, je vous remercie de l'offre de votre
logis. J'en suis heureux. Mais, s'il vous plaisait, du
coucher je me passerais bien.

— Par mes yeux, dit la jeune fille, je ne ferai pas
autrement ! »

Ne pouvant attendre mieux, il promet donc
comme elle veut. Mais promettre lui brise le cœur.
Déjà si rudement blessé, combien il souffrira
davantage à l'heure du coucher ! Elle sera déçue et
peinée, la jeune fille qui l'a emmené. Et peut-être,
l'aimant si fort, lui refusera-t-elle de la quitter ?

Ayant assuré qu'il ferait selon le vouloir de son
hôtesse, le chevalier suit la demoiselle. Elle l'emmène jusqu'en une enceinte fortifiée close à la
ronde de hauts murs et d'eau profonde. Là-dedans,
il n'y avait nul autre homme que celui qu'elle
amenait.

C'était là qu'elle avait pour logis particulier une
très vaste salle plénière et beaucoup de belles
chambres bien parées.

Ayant longé une rivière, les voici donc tous deux
parvenus jusqu'en ce manoir. Pour leur donner
passage, on leur descend un pont-levis. Rien ne les
retient au seuil de la salle dont l'huis est alors grand
ouvert. Ils voient une longue table couverte d'une
grande nappe. Déjà on avait mis dessus des plats,
des chandelles en chandeliers et des hanaps
d'argent doré, plus deux pots, l'un plein de moré et
l'autre de fort vin blanc. Près de la table, au bout
d'un banc, ils trouvent deux bassins d'eau chaude
pour se laver les mains, et à l'autre bout, une
serviette bien ouvrée et très blanche pour s'essuyer.

Ils ne virent ni valets ni écuyers. Le chevalier se débarrasse de son bouclier et le suspend à un croc. Il place sa lance dans un râtelier. Il saute à bas de son cheval et la demoiselle du sien. Il plut beaucoup au chevalier qu'elle n'eût voulu attendre son aide. A peine descendue de cheval, la demoiselle s'en court à sa chambre. Elle apporte un manteau d'écarlate dont elle revêt son hôte. Dans la salle mille ténèbres. Pourtant les étoiles luisaient déjà au ciel.

Il y avait tant de chandelles, de tortices gros et ardents que très vive était la clarté.

Quand elle lui eut attaché au cou le manteau :

« Ami, dit-elle, voici l'eau, voici la serviette. Personne ici pour vous les présenter, sinon moi comme vous voyez. Lavez vos mains et prenez place dès qu'il vous plaira.

— Bien volontiers. »

Il s'assied, et elle s'assied près de ce chevalier qui lui plaît vivement. De compagnie ils mangent et boivent. Quand ils sortent de table, la jeune fille dit au chevalier :

« Sire, allez là-dehors vous distraire. Mais n'y demeurez que le temps que vous penserez nécessaire pour mon coucher. Alors vous pourrez venir, si vous voulez tenir votre promesse. »

Il répond :

« Je vous tiendrai ma promesse. Je reviendrai quand je penserai que c'est l'heure. »

Alors il sort. Il demeure un bon moment au milieu de la cour. Puis, il lui faut bien revenir, comme il en a fait le serment. Il s'en revient donc dans la salle, mais son amie il ne revoit, car vraiment elle n'est pas là. Il dit :

« Par la promesse que j'ai faite, je la chercherai jusqu'à ce que je la trouve ! »

Il entre en une chambre d'où il entend crier très

haut une pucelle. C'était celle-là même avec laquelle il venait coucher. Il voit l'huis ouvert d'une autre chambre d'où viennent tous ces hauts cris. Et il voit, là, sous son regard, qu'un chevalier l'a renversée et la tient entravée sur le lit, toute découverte. Sûrement, elle appelle au secours!

« A l'aide! A l'aide, chevalier, toi qui es mon hôte! Si tu n'ôtes ce ribaud de sur moi, il me honnira devant toi. C'est toi qui dois coucher avec moi comme tu as promis. Celui qui me tient fera-t-il ce qu'il veut par force et sous tes yeux? Gentil chevalier, secours-moi vite, je t'en supplie! »

Le chevalier voit bien que très vilainement le ribaud tient la demoiselle découverte jusqu'au nombril. Il a grand'honte de le voir nu qui tient la demoiselle nue. Cette vue pourtant ne lui donne nul désir et il n'a nulle jalousie. Mais il voit près de la porte de la chambre, comme portiers très bien armés, deux chevaliers tenant épée nue, puis quatre sergents munis chacun d'une hache capable de trancher l'échine d'une vache tout aussi aisément que racine de genêt.

Le chevalier s'arrête devant la porte et dit :

« Dieu, que pourrais-je faire? Je me suis mis en route pour la grande affaire de poursuivre la reine Guenièvre. Je ne dois avoir cœur de lièvre, puisque je me suis mis pour elle en cette quête. Si lâcheté me tient et me commande, je ne parviendrai où je tends. Si je reste ici je serai honni. Que Dieu n'ait de moi merci — par orgueil je ne le dis — si j'aime mieux mourir avec honneur que de vivre avec honte. Si la voie était libre, si ceux-là me laissaient congé de passer, où donc serait l'honneur? Assurément le pire homme y passerait bien. Et moi, j'entends cette fille que l'on force, qui ne cesse de m'appeler au secours par le serment que j'ai fait et de me reprocher de ne rien faire! »

Alors il s'approche jusqu'à l'huis. Il passe le cou et la tête, voit les épées venir sur lui. Aussitôt il se retire. Les portiers ne peuvent retenir leur coup. Les épées frappent sur le sol si durement que les lames se brisent.

Il saute au milieu des sergents. Il frappe si bien qu'il les abat tout plat. Le troisième sergent portier manque son coup, mais le quatrième l'assaille. Le fer traverse le manteau, tranche chemise et chair blanche, touche le rond derrière l'épaule. Le sang dégoutte. Mais le chevalier ne se plaint de sa plaie ni ne s'arrête de combattre. Il enjambe les corps. Il empoigne, à la tête il se saisit du ribaud qui forçait la demoiselle. (Il pourra tenir son serment avant de partir tout à l'heure!) Il redresse le ribaud, mais le sergent qui à l'instant l'avait manqué, lève son épée derechef. Il croit bien lui fendre le chef jusqu'aux dents. Mais le chevalier sait trouver bonne défense. Il pousse le ribaud à l'encontre du choc et la hache frappe ce bouclier de chair là où l'épaule joint le cou qui se déjoignent l'un de l'autre. Alors, le chevalier prend la hache. Il lâche l'homme qu'il tenait car il lui faut se défendre, les chevaliers venant sur lui. Les trois sergents à la hache l'assaillent à toutes forces. Il saute très agilement entre le lit et le mur et crie :

« Or çà, venez tous à moi! Vous seriez bien vingt ou trente, maintenant que je suis dans ce recet, vous aurez bataille tant que vous en voudrez! »

La demoiselle dit :

« Par mes yeux, vous n'avez rien à craindre en tout lieu où je serai. »

Elle renvoie les chevaliers et les sergents. Ils quittent la chambre sans retard ni contredit.

« Sire, reprend la jeune fille, vous m'avez bien soutenue contre ma maisonnée. Venez-vous-en. Je vous emmène. »

Main dans la main tous deux retournent dans la salle. Pourtant cette belle compagnie ne plaît guère au chevalier car il s'en passerait volontiers.

Un lit est préparé au milieu de la salle. Les draps en sont d'une grande blancheur, larges et fins. Une couverture faite de deux étoffes de soie à ramages est étendue dessus la couche. Et la demoiselle se couche, mais elle n'ôte point sa chemise. Le chevalier a grand'peine à se déchausser, puis dévêtir. Il lui prend une sueur d'angoisse. Mais son serment l'oblige et rompt sa résistance. Est-ce donc coup de force? Lors, qu'il y aille donc! Il convient par obligation qu'il s'aille coucher avec la demoiselle. Il va se coucher aussitôt, mais sans enlever sa chemise comme sa compagne avait fait. Il a grand'peur de la toucher. Il s'en éloigne, gît sur le dos. Il ne dit mot comme frère convers auquel il est défendu de parler quand il est étendu sur son lit. Il ne peut faire meilleure mine à la demoiselle. Pourquoi donc? C'est que son cœur ne l'y pousse. Pourtant elle est belle et gracieuse. Mais le chevalier n'a qu'un cœur, et ce cœur-là n'est plus à lui. Il est confié à autrui, aussi le chevalier ne peut nullement le donner ailleurs. Il le fait demeurer fidèle. Amour qui règne sur tous les cœurs. Sur tous? Non pas! Sur ceux qu'il prise. Mais on doit priser davantage celui qu'Amour daigne gouverner? Amour prisait tant ce chevalier qu'il le gouvernait de préférence et lui donnait grande fierté. Aussi, je ne veux le blâmer si cet homme répugne à ce qu'Amour défend et obéit à ce qu'il veut.

La demoiselle voit bien qu'il déteste sa compagnie. Il s'en passerait volontiers celui qui n'a le moindre désir de la prendre dans ses bras et se réjouirait de n'avoir à le faire.

« Si la chose ne doit vous fâcher, sire, dit-elle, je

partirai d'ici. J'irai coucher en ma chambre et vous en serez plus à l'aise. Je ne crois pas que vous charment ici beaucoup ma compagnie et le plaisir de moi. Ne tenez pas à vilenie si je vous dis ce que je crois. Reposez-vous donc cette nuit. Vous avez si bien observé mes conditions que je ne puis vous demander plus, même si peu que rien. Je vous dis adieu et je m'en vais. »

Elle se lève. Le chevalier n'a point de chagrin. Il la laisse aller volontiers comme quelqu'un qui est ami parfait d'une autre femme. La demoiselle le voit bien. Elle s'en vient dans sa chambre. Elle se couche toute nue et se dit à elle-même :

« Depuis que pour la première fois j'ai connu un chevalier, je n'en ai estimé aucun qui vaille le tiers d'un denier angevin, fors celui-ci. Si comme je pense et devine, il veut entreprendre un exploit si périlleux que jamais chevalier n'osa l'entreprendre, Dieu lui donne d'en venir à bout ! »

Elle s'endormit et s'éveilla quand le jour clair apparut.

Maintenant que l'aube point, la demoiselle est tôt levée. Le chevalier se réveille et il s'atourne et s'appareille et s'arme sans attendre d'aide. La demoiselle arrive alors et le voit ainsi atourné :

« Qu'un bon jour brille pour vous ! dit-elle aussitôt.

— Pour vous aussi, ma demoiselle ! répond le chevalier, mais il me tarde que l'on sorte mon cheval ! »

La jeune fille le fait amener.

« Sire, dit-elle, je m'en irais loin avec vous sur le chemin si vous osiez m'emmener et me conduire selon les usages et coutumes qui furent établis bien avant nous au royaume de Logres. »

Les coutumes et les franchises dont elle voulait parler étaient celles-ci en ce temps-là : tout cheva-

lier rencontrant demoiselle seule eût préféré s'égor-
ger plutôt que de manquer à la traiter en tout
honneur, s'il se souciait de son renom. Mais s'il la
prenait par force, pour toujours il était honni en
toutes cours de tous pays. Si tel autre chevalier
ayant désir d'elle la voulait disputer en bataille et
par armes en faisant conquête, il pouvait sans honte
et sans blâme faire d'elle à sa volonté.

« Je vous promets, dit le chevalier, que nul ne
vous fera dommage avant de m'en causer à moi.

— Je veux donc partir avec vous ! »

Elle fait seller son palefroi. Tous deux montent
sans écuyer et s'en vont à très grande allure. La
demoiselle essaie de converser mais il n'en a cure et
refuse la parole. Penser lui plaît, non pas parler.
Amour trop souvent rouvre la plaie qu'il lui a faite.
Jamais emplâtre n'y fut posé pour guérison ou pour
santé. Le blessé n'a jamais voulu quérir d'emplâtre
ni de mire, à moins que sa plaie n'empire. Il
rechercherait plutôt ce qui augmente son mal. En
prenant routes et sentiers, comme le droit chemin
les mène au milieu d'un pré ils découvrent une
fontaine. Sur un perron tout à côté a oublié je ne
sais qui un peigne d'ivoire doré. Jamais depuis le
temps du géant Isoré, on ne vit de peigne plus
beau. Celle qui s'en était servie avait bien laissé
dans ce peigne une demi-poignée de cheveux.

Quand la demoiselle aperçoit la fontaine et la
grande pierre, elle veut empêcher le chevalier de les
voir et le mettre sur une autre voie. Lui, qui se fait
plaisir de sa profonde rêverie, ne remarque pas tout
d'abord que la demoiselle l'égare. Mais dès que la
chose lui est claire, craignant quelque tromperie, il
croit qu'elle ne prend cette voie que pour éviter
ailleurs péril.

« Holà, demoiselle, vous n'allez pas bien ! Venez-vous-en par ici! Jamais on ne fit chemin plus court en allant hors de celui-ci! »

Ils reviennent dans ce chemin et ils continuent d'avancer. Ils sont bientôt près du perron et voient le peigne. Le chevalier dit :

« Jamais autant qu'il m'en souvienne, je ne vis peigne si beau que celui que je vois ici.

— Donnez-le-moi, fait la pucelle.

— Volontiers je vous le donnerai. »

Lancelot se baisse et il le prend et il le tient très longuement. Il le regarde et il contemple les cheveux. La demoiselle commence à rire. Alors le chevalier la prie de lui dire pourquoi elle rit. Elle répond :

« Taisez-vous-en! Je ne vous dirai pour l'instant.

— Pourquoi?

— Je ne m'en soucie, voilà tout! »

Lancelot la conjure, lui disant que nul ami à son amie, et non plus l'amie à l'ami ne doivent manquer de parole.

« Si vous aimez quelqu'un de cœur, demoiselle, lui dit-il, par celui-là je vous conjure, je vous requiers et je vous prie, de ne rien cacher plus longtemps!

— Vous me parlez de voix si grave, fait-elle, que je vous dirai tout sans mentir en rien. Ce peigne appartient à la reine. Croyez bien ce que je vous dis : ces cheveux-ci que vous voyez, si beaux, si clairs et si luisants qui sont restés entre les dents sont de la chevelure de la reine. »

Le chevalier lui dit :

« Ma foi, il est assez de reines et de rois! De laquelle voulez-vous parler? »

Elle dit :

« Ma foi, cher seigneur, de la femme du roi Arthur. »

Quand il l'entend, il est prêt de s'effondrer. Le

chevalier doit s'appuyer à l'arçon de devant la selle. La demoiselle croit qu'il va tomber. Si elle a peur, ne l'en blâmez : elle le voit déjà pâmé. Par telle douleur messire Yvain a eu le cœur si fort étreint qu'il a perdu un long moment et la parole et ses couleurs. La demoiselle a sauté à bas. Elle court tant qu'elle peut courir pour le retenir et secourir. La voyant, il en a vergogne et il lui dit :

« Qu'êtes-vous venue faire ici devant moi ? »

Ne croyez pas que la demoiselle lui dise le pourquoi de son empressement. Que de honte et que d'angoisse il souffrirait s'il connaissait la vérité ! La demoiselle est bien rusée et dit avec grande adresse :

« Sire, je suis venue quérir ce peigne, car j'en avais si grand désir que jamais assez tôt ne croyais le tenir ! »

Comme il veut bien qu'elle ait le peigne, il le lui donne, mais les cheveux il en retire si doucement qu'il n'en rompt pas un seul. Jamais regards d'homme ne verront tant honorer nulle chose ! Il commence à les adorer. Cent fois et bien plus il les caresse, les porte à ses yeux, à sa bouche, à son front et à son visage. Il n'est nulle joie qu'il ne fasse. Ils sont sa richesse et sa joie. Près de son cœur, il les enferme, entre sa chemise et sa chair. En échange, il ne voudrait point un char empli d'émeraudes et d'escarboucles.

La demoiselle bientôt remonte, emportant le peigne. Le chevalier se sent ivre de joie de ces cheveux qu'il a là sur son sein.

Après la plaine, ils trouvent bientôt une forêt. Puis ils vont par un chemin de traverse, car la voie s'est rétrécie. Les voici obligés de chevaucher l'un après l'autre, car on n'y peut plus mener deux chevaux côte à côte. La demoiselle devant son hôte s'en va par le chemin droit. Là où la voie est la plus étroite, ils voient venir un chevalier. De si loin qu'elle l'aperçoit la demoiselle le reconnaît.

« Sire, dit-elle à son compagnon, voyez-vous celui qui vient à votre rencontre, tout armé et prêt à la bataille? Il croit bien m'emmener sans faute avec lui, sans nulle défense. Je sais bien quelle est sa pensée car il m'aime comme un fou. Il y a longtemps qu'il m'a priée d'amour par lui-même et par messagers mais je me refuse à cet amour car je ne pourrais pas l'aimer. Que Dieu m'aide! Plutôt je mourrais que je l'aimasse un tant soit peu! Je sais bien qu'en cet instant il se réjouit comme s'il m'avait déjà toute à lui. Je vais voir ce que vous allez faire. On saura si vous serez preux, si votre compagnie me protège. Qu'il en soit ainsi, alors je dirai sans mentir que vous êtes preux et de haute valeur. »

Mais il lui dit :

« Allez, allez! »

Et cette parole vaut autant que s'il eût dit :

« Peu m'en chaut! Pour néant vous êtes émue! Je ne me soucie point de ce que m'avez dit! »

Venait à grand galop le chevalier à leur rencontre. Il croyait bon de se hâter. Il ne le voulait faire en vain et se disait bien heureux de voir là devant lui ce qu'il aimait le mieux.

Maintenant voici qu'il l'approche, et de bouche et de cœur salue la demoiselle. « Que la belle la plus aimée qui me donne le moins de joie, mais le plus de douleur, soit la bienvenue d'où qu'elle vienne! »

Le chevalier attache grand prix à ce salut qui ne lui a souillé la bouche et ne lui a rien coûté. Eût-il triomphé aux joutes il n'eût ressenti plus d'honneur et d'estime de soi. L'orgueil l'incite à prendre la rêne du frein. « Demoiselle, je vais donc vous emmener. J'ai nagé tout droit aujourd'hui par bon vent, et me voici arrivé à bon port. Désormais, je ne suis plus captif. J'ai pu échapper au péril. Après le déplaisir, je suis en allégresse, après la grande souffrance me voici en bonne santé. J'ai tout ce que je voulais puisque je vous trouve en cette occasion qui me permet de vous emmener sans rien commettre de honteux. »

Elle dit :

« Ne vous flattez pas ainsi, car voici le chevalier qui m'escorte.

— Pauvre escorte! répond-il. Je vous emmène à l'instant. Ce chevalier, je le crois, aura mangé un muid de sel avant d'oser vous disputer à moi. Je pense ne voir jamais homme sur lequel je ne puisse vous conquérir. Comme je vous trouve à propos, et qu'il en déplaise ou non à votre chevalier, je vous emmènerai donc, devant ses yeux, et qu'il fasse de son mieux! »

L'autre chevalier ne tient nul cas de cette vantardise, mais sans brocards ni vanterie, il commence à le challenger :

« Sire, dit-il, ne vous hâtez et ne gâtez point vos paroles. Vos droits seront respectés quand vous en aurez sur la demoiselle. Sachez bien qu'elle s'en est venue sous ma sauvegarde. Laissez-la, vous l'avez déjà trop tenue pour vôtre. Elle n'a rien à craindre de vous. »

L'autre réplique :

« Qu'on me brûle plutôt si je ne l'emmène malgré elle!

— Ce serait lâcheté si je vous laissais l'emmener! Sachez-le bien : il y aurait d'abord bataille entre nous. Mais on ne peut combattre dans cette voie. Allons jusqu'à un grand chemin, jusqu'à la prée ou une lande. »

Ils s'en vont jusqu'à une prée. Il y avait là beaucoup de pucelles et chevaliers et demoiselles jouant à bien des jeux car le lieu était agréable. Ne jouaient pas tous à folâtrer, mais aux tables et aux échecs, aux dés aussi, ou au tric-trac ou à la mine. Et d'autres qui se trouvaient là, se souvenant de leur enfance menaient bals, caroles et danses. Ils chantaient, ils faisaient des sauts ou se travaillaient à la lutte.

Un chevalier — non point un jeune — était de l'autre part du pré sur un cheval jaune d'Espagne. Il avait selle et rênes dorées. Cet homme, déjà grisonnant, se tenait là, main sur la hanche. Par ce beau temps il était en bliaut, regardait les jeux et les danses. Un mantel d'écarlate, fourré de petit-gris, lui couvrait les épaules. De l'autre côté, près d'un sentier, il y avait plus de vingt chevaliers armés sur bons chevaux irois. Sitôt que les trois survenants paraissent, ils se retiennent de faire joie et tous ils crient parmi la prée : « Voyez, voyez ce chevalier qui fut mené dans la charrette! Que maudit soit qui continue de jouer tant que ce félon sera là! »

Entre-temps s'est approché le fils du chevalier chenu, puis est venu près de son père. C'était justement celui-là qui aimait la pucelle et la tenait déjà pour sienne.

« Sire, dit-il, je suis en grande joie! Qui veut le savoir n'a qu'à l'ouïr! Oui, Dieu m'a accordé chose que j'ai le plus désirée! M'eût-il fait roi couronné, je n'en saurais un meilleur gré. Je ne pourrais me louer autant de lui car ce que j'ai gagné est admirable. »

Le chevalier son père lui répondit :

« Je ne sais encore si elle est tienne! »

Son fils lui réplique aussitôt :

« Vous ne savez? Que voyez-vous donc? Pour Dieu, sire, n'en doutez jamais! Vous pourrez voir que je la tiens. Dans cette forêt d'où je viens je l'ai rencontrée. Je crois que Dieu me l'a amenée. Je l'ai prise comme mon bien.

— Ne sais encore s'il te l'octroie, celui qui s'en vient sur tes pas. Il va te la challenger, je crois. »

Comme ils échangeaient ces paroles cessèrent jeux, chants et caroles. Pour le chevalier qu'ils voyaient, ils ne firent plus nulle joie, lui montrant ainsi leur mépris. Et le chevalier servant ne cessait de suivre de près la demoiselle :

« Laissez-la, dit-il au prétendant. Sur elle vous n'avez aucun droit. Si vous osez en réclamer, à l'instant contre vous je la défendrai. »

Le vieux chevalier dit :

« Hein, ne le savais-je pas bien? Beau fils, ne veuille plus retenir la pucelle et laisse-la au chevalier. »

Ce conseil-là ne fut plaisant à celui qui jura par serment que jamais il ne la laisserait.

« Que jamais Dieu ne me donne plus joie de toute ma vie si je la laisse! Si de mon écu brides et bretelles se rompent je n'aurai plus nulle confiance en mon épée, en mon armure ou en ma lance lorsque j'aurai abandonné mon amie!

— Quoi que tu dises, répond le père, je ne te laisserai point combattre. A ta prouesse trop tu te fies! Fais donc ce que je te commande!

— Suis-je un enfant qu'on épouvante? Il n'est pas un chevalier, je l'assure sans me flatter, que je laisserais me la prendre.

— Beau fils, je te l'accorde! Voilà ce que tu crois tant tu te fies à ton courage. Mais je ne veux aujourd'hui et jamais ne voudrai que combatte mon fils contre ce chevalier.

— Grande honte serait sur moi si j'écoutais votre conseil! Maudit celui qui vous croira et qui, par vous, sera un lâche! Ailleurs je pourrais barguigner car vous cherchez à me duper. Je sais qu'en un lieu étranger, je pourrais mieux montrer ma vaillance. Je suis tout angoissé de ce que vous m'avez blâmé. Et qui blâme, vous le savez, la volonté d'homme ou femme, le fait brûler et s'enflammer plus haut qu'avant. Si j'abandonne rien pour vous, que Dieu ne me donne plus jamais joie! Mon père, je combattrai malgré vous!

— Par saint Pierre l'apôtre, prière ne sert à rien. Faire leçon est perdre son temps. Mais je te jouerai un tel tour que tu en auras le dessous et il te faudra m'obéir. »

Le père appelle les chevaliers qui attendaient près du sentier. Il leur commande de saisir son fils puisqu'il ne peut le convaincre.

Il dit :

« J'aimerais mieux le faire lier plutôt que de le laisser combattre! Tous, autant que vous voilà, vous êtes tous mes hommes et me devez amour et foi. Sur tout ce que vous tenez de moi, je vous l'ordonne et vous en prie. Mon fils se conduit comme fou qui refuse de m'obéir. »

Les vassaux disent qu'ils le prendront et l'empêcheront de combattre. Il lui faudra bien, malgré lui, ne plus réclamer la pucelle! Et ils vont tous pour le saisir, le lier aux bras et au cou.

« Ah! fait le père. Comprends-tu que tu étais fou? Reviens à toi! Tu n'as plus pouvoir maintenant de combattre ni de jouter quoiqu'il doive t'en coûter, te faire tourment et chagrin. Fais ce qui me plaît et me sied, je t'en prie, ce sera sagesse. Et sais-tu bien ce que je pense? Pour que tu aies moins de douleur, toi et moi nous suivrons ce chevalier par les champs et par les bois, chacun chevauchant son cheval. Peut-être trouverons-nous en lui quelque chose qui donnera raison de te laisser l'éprouver et combattre à ta volonté. »

Le fils lui promet d'obéir puisqu'il le faut. Il

prendra patience comme le veut son père. Tous deux suivront donc le chevalier.

Quand ils voient cette aventure, les gens qui étaient par le pré disent :

« Avez-vous vu? Ce chevalier qui fut sur la charrette, a aujourd'hui conquis si grand honneur qu'il emmène avec lui l'amie si chère au fils de notre seigneur et celui-ci l'a voulu suivre! En vérité, nous pouvons dire qu'il a dû trouver en lui quelque bien puisqu'il le laisse emmener la dame. Rallons jouer! »

Ils recommencent leurs jeux. Ils carolent et dansent. Le chevalier s'en va. La pucelle ne veut pas demeurer en arrière. Tous deux partent donc sans tarder. Le père et son fils les suivent!

A travers les prés fauchés, jusqu'à none, ils ont chevauché. Alors, en un lieu très beau, ils trouvent un moûtier et près du chœur, un cimetière enclos de murs. Le chevalier met pied à terre et il entre pour prier Dieu. La demoiselle lui tient son cheval jusqu'à ce qu'il revienne quand il aura fait sa prière. Le chevalier voit s'en venir à sa rencontre un très vieux moine. Et très doucement il le prie de lui dire ce qui est enclos dans ces murs. Le moine lui répond que c'est un cimetière.

« Menez-m'y, demande le chevalier.

— Volontiers, sire. »

Et il le mène au cimetière parmi les plus belles tombes qu'on puisse trouver jusqu'à Dombes, ou de là jusqu'à Pampelune. Et sur chacune étaient inscrites des lettres qui révélaient le nom de ceux qui plus tard reposeraient dans ces tombes. Il commence à lire les mots :

> ICI REPOSERA GAUVAIN
> ICI REPOSERA LOUIS
> ICI REPOSERA YVAIN

Après ces trois noms, le chevalier en lit bien d'autres, noms de chevaliers très choisis, les plus prisés et les meilleurs de ce pays comme d'ailleurs.

Puis il trouve une tombe, en marbre, plus belle que toutes les autres par la beauté de l'ouvrage.

Le chevalier appelle le moine et lui demande :

« Ces tombeaux qui sont ici, à qui servent-ils ? »

Le moine répond :

« Si vous avez compris ce qui est écrit dessus, vous savez donc ce que ces tombes signifient.

— Et cette grande-là, dites-moi, à qui est-elle destinée ? »

L'ermite répond :

« Je vous le dirai. C'est un sarcophage qui surpasse en richesse tous ceux qui furent jamais faits. De si riche et si bien sculpté, jamais je n'en vis ni personne. Il est beau dehors, il est encore plus beau dedans. Ne vous désespérez ainsi ! Cela ne servirait de rien. Vous n'en verrez jamais l'intérieur. Elle est couverte d'une pierre et sachez — c'est chose certaine — que pour la lever il faudrait sept hommes plus forts que vous et moi ne sommes. Les lettres écrites dessus disent :

CELUI QUI LÈVERA SEUL CETTE PIERRE, DÉLI-VRERA CEUX ET CELLES QUI SONT PRISONNIERS EN CETTE TERRE D'OÙ NE PEUVENT SORTIR NI SERF NI GENTILHOMME NÉ ALENTOUR. ON RETIENT ICI LES ÉTRANGERS, TANDIS QUE LES GENS DU PAYS VONT ET VIENNENT DEDANS ET DEHORS SELON LEUR PLAISIR.

Aussitôt le chevalier va saisir la dalle puis la lève sans qu'il lui en coûte néant, mieux que dix hommes l'auraient fait en y mettant toutes leurs forces.

Le moine s'en émerveille car il ne croyait voir pareille chose de toute sa vie. Il dit :

« Sire, j'ai grande envie de connaître votre nom. Me le direz-vous ?

— Par ma foi, non !

— J'en ai peine, dit le moine. Si vous vouliez bien me le dire, vous me feriez grande courtoisie et pourriez y trouver profit. Qui êtes-vous ? Quel est votre pays ?

— Je sors du royaume de Logres. Je voudrais que cela vous suffît. Dites-moi donc qui reposera dans cette tombe.

— Sire, ce sera celui qui délivrera tous ceux qui sont pris à la trappe de ce royaume dont nul n'échappe. »

Quand le vavasseur l'entend, il s'en étonne. Sa femme et ses enfants partagent sa peine. N'en est un seul qui n'ait chagrin et ils disent au chevalier :

« Pour votre malheur êtes venu, beau doux sire, et c'est grand dommage pour vous ! Car maintenant vous serez comme nous en servitude et en exil.

— Et d'où êtes-vous donc ? fait-il.

— Seigneur, nous sommes de votre terre. En ce pays, il y a beaucoup d'hommes en servitude. Maudite soit la coutume et avec elle ceux qui la maintiennent, car nul étranger ici vient qu'il ne lui faille demeurer, retenu en ce pays. Qui le veut peut bien y entrer, mais il faut y rester. Sur vous-même le sort est jeté. Jamais, je crois, n'en sortirez.

— J'en sortirai, dit-il, si je le puis ! »

Le vavasseur lui dit encore :

« Comment ? Croyez-vous vraiment en sortir ?

— Oui, s'il plaît à Dieu, et je ferai selon tout mon pouvoir.

— Donc en sortiront sans nul doute tous les autres quittes et libres, car puisqu'un seul peut sortir de cette prison après combat loyal tous les autres certainement pourront en sortir sans que nul en fasse défense. »

Le chevalier recommande le moine à Dieu et à tous ses saints. Et sans tarder, rejoint dehors la demoiselle. Ils sont bientôt sur le chemin. Comme elle monte sur son palefroi, le moine a tout conté à la pucelle ce qu'avait fait le chevalier. Il la prie qu'elle lui dise le nom du chevalier si elle le sait. Elle répond qu'elle n'en sait rien, mais qu'elle ose dire une chose : il n'est tel chevalier vivant là où ventent les quatre vents.

La pucelle laisse là le moine, s'élance après le chevalier. Maintenant ceux qui les suivaient arrivent et trouvent le moine seul dans l'église.

Le vieux chevalier lui demande :

« Sire, vîtes-vous, dites-le-nous, un chevalier escortant une demoiselle ?

— Je n'aurai peine à vous dire vérité sur eux, répond le moine. Ils s'en sont allés à l'instant. Le chevalier vint céans dans le cimetière et fit merveille si grande que tout seul la dalle il leva qui recouvrait la tombe marbrine. Il va au secours de la reine et sans doute il la secourra et avec elle tous les captifs. »

Alors le père dit à son fils :

« Fils, que t'en semble ? N'est-il pas un grand preux celui qui a fait tel exploit ? Tu connais maintenant qui de nous deux eut tort. Je ne voudrais, pour toute la ville d'Amiens, t'avoir vu combattre avec lui. Tu t'es pourtant bien débattu avant qu'on puisse t'en détourner. Nous n'avons plus qu'à revenir, car ce serait grande folie de continuer à les suivre.

— Vous avez raison, dit le fils, les suivre ne nous vaudrait rien. Dès qu'il vous plaît, rallons-nous-en. »

C'était sagesse. Et la pucelle s'en alla, côtoyant

au plus près le chevalier. Elle veut qu'il la regarde mieux et prenne intérêt pour elle. Elle veut apprendre son nom. Elle le requiert de le lui dire une fois d'abord, puis tant d'autres fois qu'il lui dit enfin par ennui :

« Ne vous ai-je pas dit que je suis du royaume du roi Arthur ? Foi que je doive à Dieu et sa toute puissance, de mon nom vous ne saurez rien ! »

Alors la pucelle lui demande congé de le quitter. Il le lui donne, mine ravie. Elle s'en va. Le chevalier sans compagnie chevauche tant qu'il est bien tard. Après vêpres, à l'heure de complies, comme il allait son chemin, il aperçoit un vavasseur revenant de chasser au bois. Il venait, le heaume lacé, portant troussée la venaison que Dieu lui avait donnée ce jour-là. Le vavasseur vient à l'encontre du chevalier et le prie d'héberger s'il veut.

« Sire, bientôt il fera nuit. Il est temps de trouver logis. Par raison vous le devez faire. J'ai près d'ici un mien manoir. Jamais on ne vous aura mieux reçu. Venez, j'en aurai grande joie.

— Et moi aussi j'en suis joyeux », lui répondit le chevalier.

Le fils s'en va en messager faire préparer le logis. Le vavasseur avait pour épouse une dame bien apprise. Ils comptaient cinq fils très aimés, aussi deux filles à marier, possédant grâce et beauté. Ces gens n'étaient pas nés dans ce pays mais dans le royaume de Logres. Depuis de longues années, ils étaient enserrés ici.

Le vavasseur amène le chevalier dans la cour du manoir. La dame court à l'encontre. Tous ils se donnent à le servir, le saluent, l'aident à descendre. Au maître de la maison, leur seigneur, ni les deux sœurs, ni les cinq frères ne font jamais autant d'honneur. S'il fut bien servi au souper, est-il besoin de le dire ? Quand vint le temps d'après manger, n'y eut danger de parler de bien des affaires. Le vavasseur commença par s'enquérir qui était le chevalier et de quelle terre. Mais de son nom, il ne sut rien car le chevalier répondit :

« Je suis du royaume de Logres. Jamais je ne fus auparavant en ce pays. »

Quand le vavasseur l'entend, il s'en étonne vivement comme sa femme et ses enfants.

« Beau doux sire, dirent-ils, vous êtes venu pour votre grand dommage, car vous demeurerez comme nous en servage et en exil. »

Il demande :

« Mais d'où êtes-vous donc ?

— Nous sommes de votre terre ! En ce pays, il y a maint prudhomme de ce lieu-là en servitude. Maudite soit la coutume et tous ceux qui la maintiennent, car tout étranger venu ici est retenu par cette terre. Qui veut y entrer le peut bien, mais il lui faut y demeurer. Non, vraiment, je le crois, jamais d'ici vous ne sortirez.

— Ainsi ferai-je, dit-il, si je puis.

— Comment croyez-vous en issir ?

— Oui, s'il plaît à Dieu, je ferai de tout mon pouvoir.

— Alors tout quittement et sans crainte, les autres pourraient sortir. Si l'un de nous, loyalement, parvient à sortir de cette prison, tous les autres, à coup sûr, pourront sortir sans que nul n'en fasse défense. »

Soudain, le vavasseur se ressouvient d'une chose qu'on lui avait contée : un chevalier de grande valeur était entré de vive force en ce pays pour secourir la reine que tenait Méléagant, le fils du roi Baudemagus. Il se dit : « Je crois que bien c'est lui et je le lui dirai. »

Il parle donc au chevalier :

« Sire, ne me celez rien de votre entreprise. Par

un serment que je vous dois, je vous donnerai conseil au mieux que je saurai. J'y gagnerai, moi aussi, si vous êtes le plus fort. Dénouez-moi la vérité pour votre profit et le mien. En ce pays, je le crois bien, vous êtes venu pour la reine. Oui ici, chez la gent sarradine, pire que tous les sarrazins. »

Le chevalier lui répond :

« Je ne suis venu pour autre chose. Je ne sais où ma dame est enclose, mais de toutes mes forces, je veux la secourir. J'ai grand besoin de conseil. Conseillez-moi si vous savez.

— Sire, vous avez emprunté bien rude voie! Celle-ci où vous êtes vous mène tout droit au *Pont de l'Épée*. Mais si vous vouliez bien me croire, vous iriez au Pont de l'Épée par une voie plus sûre. Je vous y ferai mener.

— Cette autre voie est-elle aussi droite que celle-ci?

— Non, dit le vavasseur, elle est plus longue, mais plus sûre.

— Je n'en veux point. Conseillez-moi sur la voie passant par ici : je suis prêt à la prendre.

— Vraiment, sire, vous n'y aurez profit. En allant par un autre lieu que celui que je vous conseille vous viendrez demain à un passage où vous pourrez avoir dommage. Il a nom *Passage des Pierres*. Voulez-vous que je vous dise pourquoi ce passage est mauvais? N'y peut passer qu'un seul cheval, côte à côte ne passeraient deux hommes. Ce passage est très bien défendu. On ne vous fera pas bon accueil quand vous y serez parvenu. Vous prendrez grands coups d'épées et coups de lances. Vous en aurez beaucoup à rendre avant de gagner l'autre bout. »

L'un des fils du vavasseur fait deux pas et dit alors :

« Sire, avec ce seigneur je m'en irai, si vous le consentez. »

Alors son frère se lève et dit :

« J'irai moi aussi ! »

Bien volontiers leur père leur donne congé. Le chevalier ne sera plus seul et il les remercie tous deux car il aime la compagnie. Là-dessus on emmène coucher le chevalier. Il dormit s'il en eut envie. Mais dès qu'il peut voir le jour, il se lève. Et bientôt se lèvent aussi ceux qui s'en vont avec lui. Tous chevauchent près les uns des autres et arrivent au *Passage des Pierres,* tout juste à l'heure de prime. Par le travers de ce passage se dressait une bretèche où était posté un guetteur. Dès qu'ils furent arrivés auprès, cet homme cria très fort :

« Ennemi qui vient ! Ennemi qui vient ! »

A cette voix, un cavalier bondit de la bretèche, armé d'une armure fraîche et de chaque côté de lui sergent tenant hache tranchante.

Quand le chevalier fut auprès, ce guerrier qui l'avait regardé sur la charrette lui reprocha très laidement :

« Vassal, tu y vas hardiment ! Tu es chevalier bien naïf à te risquer en ce pays ! Homme promené en charrette ne dût jamais venir ici ! »

Sitôt ils fondent l'un sur l'autre tant que leurs chevaux peuvent aller. Celui qui gardait le passage a bientôt sa lance en morceaux. Rien ne lui reste au poing. Le chevalier le vise à la gorge et d'un coup droit dessous la panne de l'écu, il l'envoie dessus les pierres.

Les sergents portant les haches bondissent, mais à escient frappent à côté car n'ont envie de lui faire mal, ni à lui ni son cheval. Le chevalier s'en aperçoit. Il ne tire point son épée et il passe outre sans encombre. Après lui passent ses compagnons.

L'un de ceux-ci dit à son frère :

« Jamais je ne vis chevalier si vaillant. Non aucun n'est pareil à lui! N'a-t-il pas accompli merveille en passant par force ce défilé?

— Beau frère, répond l'autre, fais vite et retourne vers notre père pour lui conter cette aventure. »

Mais le plus jeune n'en veut rien faire. Il veut être adoubé par ce chevalier si vaillant. Ils vont tous trois et rencontrent un homme qui leur demande qui ils sont.

« Nous sommes chevaliers, disent-ils, et nous allons là où nous avons à faire. »

Alors l'homme rencontré propose au chevalier de l'héberger lui et ses compagnons ensemble.

Il hésite, puis ils y vont. Quand ils ont chevauché longuement, ils rencontrent un écuyer qui galopait sur un roncin. L'écuyer crie à l'homme :

« Sire, sire, venez au plus tôt! Les gens de Logres se sont jetés sur ceux de cette terre. Ils assurent qu'un chevalier a pénétré en cette contrée. Il a en maint lieu combattu. On ne peut l'empêcher de passer là où il veut! On ne peut le retenir, quelque dommage qu'on en ait. Ils disent tous en ce pays qu'il les délivrera tous et que les nôtres seront vaincus. Hâtez-vous, je vous le conseille! »

Lors l'homme se met au galop. Les trois compagnons se réjouissent car ils ont entendu le messager et veulent aider leurs amis. Ils trouvent bientôt sur leur chemin une forteresse établie sur un tertre. Tous se ruent dans l'entrée. La forteresse était close de hauts murs et de fossés. Dès qu'ils furent entrés, on laissa tomber une porte afin qu'ils ne pussent revenir.

« Allons, allons, dirent-ils, ce n'est pas ici que nous nous arrêterons! »

Ils s'élancent et vont à l'issue qui ne leur était défendue. Mais on fit tomber devant eux une porte

à coulisse. Lors ils font triste mine quand ils se
voient enfermés, car ils se croient enchantés. Mais
le chevalier dont je vous conte l'histoire avait à son
doigt un anneau. La pierre avait telle vertu que, dès
qu'on l'avait devant les yeux, nul enchantement
n'avait plus de pouvoir.

Il met l'anneau devant ses yeux. Il regarde la
pierre et dit :

« Dame, dame, Dieu me garde. J'aurais à présent
grand besoin que vous veniez m'aider ! »

Cette dame était une fée qui lui avait donné
l'anneau et l'avait élevé en son enfance. Il avait très
grande confiance, en quelque lieu qu'il se trouvât,
qu'elle dût l'aider et le secourir. Mais il voit bien à
son appel et à la pierre de l'anneau qu'il n'y a point
d'enchantement, et il sait que certainement ils sont
enclos et seront pris.

Ils viennent à un huis barré d'une poterne étroite
et basse. Ensemble, ils tirent leurs épées et frappent
si beaux coups chacun qu'ils tranchent la barre de
poterne. Quand ils sont arrivés dehors, ils voient
que le combat a déjà commencé, grand et farouche,
par les prés. Il y a bien mille chevaliers de part et
d'autre, outre la foule des vilains. Ils reconnaissent
tout d'abord de quel côté sont leurs amis.

Celui que les deux frères tiennent pour leur
seigneur combat longtemps en la mêlée. Il rompt,
il fend et dépièce écus et lances et hauberts. Bois de
l'écu, fer de l'armure ne peuvent empêcher celui
qu'il touche d'être mal en point et voler du haut du
cheval pour retomber mort de ce coup.

Seul, le chevalier fait si bien qu'il déconfit tous
ceux qu'il attaque. Et très bien font aussi ceux qui
sont venus avec lui. Les gens de Logres s'étonnent
en voyant combattre ce chevalier, car il leur est
inconnu. Ils demandent au fils du vavasseur qui
leur répond :

« Seigneurs, c'est celui qui nous tirera tous hors de l'exil et de la grande maleureté où nous avons longtemps été. Nous lui devons marquer grand honneur puisque pour nous tirer de servitude il a passé tant de lieux périlleux et encore en passera d'autres. Il a beaucoup à faire, mais il a fait beaucoup. »

Il n'est personne qui n'ait joie quand la nouvelle est répandue. Tous l'entendent et tous la savent. La joie en accroît leur force. Tant ils s'exaltent qu'ils tuent grand nombre d'ennemis. Ils les malmènent plus, ce me semble, par les exploits d'un chevalier que par les efforts de tous ensemble. S'il n'était si près de la nuit, tous les ennemis seraient déconfits. Mais vient la nuit si obscure qu'il leur faut bien s'éloigner.

A ce moment, tous les captifs se pressant tous à l'envi, viennent autour du chevalier. De toutes parts au frein ils le prennent et chacun dit déjà :

« Soyez le bienvenu, beau sire ! »

Et chacun, qu'il soit jeune ou vieux :

« Vous serez mieux en mon logis que chez autrui. »

Oui, chacun le dit pour ce qui le regarde :

« Sire, par ma foi, vous hébergerez chez moi !... Sire, par Dieu et par son nom, ne prenez pas ailleurs logis ! »

Chacun le veut avoir, chacun l'enlève à son voisin. Il s'en faut de peu qu'ils se battent. Il leur dit qu'ils se démènent pour temps perdu et qu'ils sont fous.

« Laissez cette chamaillerie sans profit pour moi ni pour vous ! Pourquoi nous chercher querelle quand il nous faut nous entraider ?

— Venez dans ma maison !

— Non, venez dans la mienne !

— Vous parlez toujours aussi mal, dit le cheva-

lier. Le plus sage d'entre vous est encore fou quand
vous faites pareille querelle! Vous devriez m'aider à
prendre de l'avance et vous ne pensez qu'à me faire
faire des détours. Par Dieu, le bon vouloir de
chacun me touche comme l'honneur et les bienfaits
dont vous m'avez comblé. »

Ainsi les fait-il taire et les apaise : on le conduit
chez un chevalier très à l'aise et tous rivalisent pour
le servir.

Le matin, au temps de partir, chacun veut aller
avec lui. Chacun s'offre et se présente. Mais il ne
veut nulle compagnie, sinon celle des deux compagnons qu'il a amenés jusque-là.

Ce jour-là, dès la matinée ils ont chevauché
jusqu'à la vesprée sans trouver aventure — Vont
cheminant le droit chemin. Comme le jour va
déclinant, ils viennent au *Pont de l'Épée.*

A l'entrée de ce pont terrible, ils mettent pied à
terre. Ils voient l'onde félonesse, rapide et
bruyante, noire et épaisse, aussi laide et épouvan-
table que si ce fût fleuve du diable. Et si périlleuse
et profonde qu'il n'est nulle créature au monde, si
elle y tombait, qui ne soit perdue comme en la mer
salée. Le pont qui la traverse n'est pareil à nul autre
qui fut ni qui jamais sera. Non, jamais on ne
trouvera si mauvais pont, si male planche. D'une
épée fourbie et blanche était fait le pont sur l'eau
froide. L'épée était forte et roide et avait deux
lances de long. Sur chaque rive était un tronc où
l'épée était clofichée. Nulle crainte qu'elle se brise
ou ploie. Et pourtant, il ne semble pas qu'elle
puisse grand faix porter. Ce qui déconfortait les
deux compagnons, c'est qu'ils croyaient voir deux
lions ou deux léopards à chaque tête de ce pont,
enchaînés à une grosse pierre.

L'eau et le pont et les lions mettent les deux

compagnons en une telle frayeur qu'ils tremblent de peur et disent au chevalier :

« Sire, croyez le conseil que vous donnent vos yeux! Il vous faut le recevoir! Ce pont est mal fait, mal joint et mal charpenté. Si vous ne vous en retournez maintenant, vous vous en repentirez trop tard. Avant d'agir, il convient de délibérer. Imaginons que vous ayez passé ce pont — ce qui ne peut advenir, pas plus que de retenir les vents, de leur défendre de venter, d'empêcher les oiseaux de chanter ou de faire rentrer un homme dedans le ventre de sa mère et de faire qu'il en renaisse. Ce serait faire l'impossible comme de vider la mer. Comment pouvez-vous penser que ces deux lions forcenés enchaînés à ces pierres ne vont vous tuer puis sucer le sang de vos veines, manger votre chair, ronger vos os? Nous nous sentons trop hardis rien que d'oser les regarder. Si vous ne vous en gardez point, ils vous occiront, sachez-le. Et les membres de votre corps ils vous rompront et arracheront. Jamais n'auront pitié de vous!

« Ayez donc pitié de vous-même et demeurez avec vos compagnons! Vous auriez tort si, par votre faute et le sachant, vous vous mettiez en péril de mort! »

Le chevalier leur répond en riant :

« Seigneurs, je vous ai gré très vif de vous émouvoir ainsi pour moi. C'est preuve de cœurs amis et généreux. Je sais bien qu'en nulle guise, vous ne voudriez qu'il m'arrive malheur. J'ai telle foi, telle confiance en Dieu qu'il me protégera en tous lieux. Le pont ni cette eau je ne crains, non plus que cette terre dure. Je veux me mettre à l'aventure, me préparer à passer outre. Plutôt mourir que reculer! »

Lors, ils ne savent plus que dire, mais de pitié pleurent et soupirent. Et lui de passer le gouffre.

Le mieux qu'il peut, il se prépare et — très étrange
merveille! — il désarme ses pieds, ses mains. Il se
tenait bien sur l'épée qui était plus tranchante
qu'une faux, les mains nues et les pieds déchaux,
car il n'avait laissé aux pieds souliers, ni chausses,
ni avanpiés. Mais il aimait mieux se meurtrir que
choir du pont et se noyer dans l'eau dont il ne
pourrait sortir. A grand douleur, comme il
convient, il passe outre, et en grand détresse,
mains, genoux et pieds il se blesse. Mais l'apaise et
le guérit Amour qui le conduit et mène. Tout ce
qu'il souffre lui est doux. Des mains, des pieds et
des genoux, il fait tant qu'il parvient de l'autre côté.
Alors il se souvient des deux lions qu'il croyait
avoir vus quand il était sur l'autre rive. Il regarde
tout autour de lui. N'y avait pas même un lézard
qui pût donner à craindre. Il met sa main devant sa
face, regarde son anneau et ne trouve aucun des
deux lions qu'il croyait pourtant avoir vus. Il pense
être déçu par un enchantement, car il n'y a rien là
qui vive.

Ceux qui sont sur l'autre rive font grande joie
quand ils voient que le chevalier a passé le pont.
Mais ils ne savent pas la peine qu'il a eue. Le
chevalier se tient pour heureux de n'avoir pas
souffert davantage. Il étanche avec sa chemise le
sang qui coule de ses plaies. Il voit soudain devant
lui une tour plus forte qu'il n'en vit jamais. Le roi
Baudemagus s'était accoudé à une fenêtre. C'était
un roi très subtil sur les questions d'honneur et de
tout bien et loyauté. Loyauté en toutes choses, il
voulait faire et garder. Son fils faisait tout le
contraire, car déloyauté lui plaisait. Il n'était jamais
lassé de faire vilenie et trahison et félonie. Près du
roi son père, à la fenêtre, il était aussi accoudé.
D'en haut, tous les deux ont vu le chevalier passer
le pont avec grand peine et grand douleur. De

colère, Méléagant en a blêmi. Il sait maintenant
que lui est challengée la reine. Mais il est si vaillant
chevalier qu'il ne craint force et courage de nul
autre au monde. N'y aurait eu meilleur chevalier, il
est vrai, s'il n'eût été félon et déloyal. Mais il avait
un cœur de pierre sans douceur et sans pitié. Le roi
était tout réjoui de ce qu'il venait de voir. Le fils en
avait grande tristesse. Le roi savait certainement
que celui qui venait de passer le pont n'avait son
égal sur la terre.

Le roi Baudemagus dit alors à son fils :

« Beau fils, ce fut par aventure que nous nous
sommes accoudés ici, toi et moi. Pour récompense,
nous avons vu accomplir l'action la plus hardie
qu'on pût penser. Dis-moi si tu ne sais bon gré à
celui qui a fait telle merveille. Accorde-toi avec lui !
Rends-lui la reine. Tu n'auras à gagner si tu luttes
contre lui et tu pourras même en avoir dommage.
Tiens-toi en homme sage et courtois. Fais mener la
reine vers lui avant qu'il se trouve face à toi.
Honore-le en ta terre. Donne-lui ce qu'il est venu
chercher comme il te le demande. Car tu sais bien
certainement qu'il cherche la reine Guenièvre. Ne
te fais point tenir pour obstiné et fol et orgueilleux.
Si ce chevalier est seul sur ta terre, tu dois lui faire
compagnie. Prudhomme doit atraire prudhomme
et honorer de maints égards, non pas le tenir à
l'écart. Qui fait honneur, s'honore lui-même. Et
l'honneur il sera pour toi si tu le rends et rends
service à celui-là qui s'est montré le meilleur
chevalier du monde. »

Le fils répond :

« Que Dieu me confonde s'il n'en est d'aussi bon
ou de meilleur ! Mains jointes et pieds joints,
voulez-vous que je devienne son vassal et tienne ma
terre de lui ? M'aide Dieu, j'aimerais mieux devenir
son vassal que de lui rendre la reine. Non ! Elle ne

sera de moi rendue, mais disputée et défendue
envers tous ceux qui seront assez fous pour la venir
quérir. »

Le roi reprend alors son discours :

« Fils, tu ferais grande courtoisie en te montrant
moins obstiné. Je te prie de choisir la paix. Tu sais
bien que ce sera honte pour ce chevalier s'il n'a
point à faire bataille pour conquérir sur toi la reine.
Il aimerait mieux l'obtenir par bataille que par
bonté. A mon escient, il ne veut pas que tu lui
rendes sans combattre. Je te prie de choisir la paix.
C'est ma prière et mon conseil. Si tu méprises mon
avis, peu m'importera ta défaite et le grand mal qui
t'adviendra car ce chevalier ne peut bien redouter
que toi. Mes hommes et moi, nous lui accordons
entière sécurité. Jamais ne fis déloyauté, ni trahison, ni félonie et ne commencerai à le faire pour
toi, pas plus que pour un étranger. Je fais promesse
au chevalier de lui donner armes, cheval et tout ce
qu'il faut pour combattre, puisque si hardiment il
est parvenu jusqu'ici. Je veux encore te le redire :
s'il peut l'emporter sur toi, il n'aura nul autre
ennemi à craindre.

— Pour l'heure, répond Méléagant, j'ai tout
loisir de garder silence et me taire. Dites-moi tout
ce qui vous plaira, ce que vous dites ne me touche
pas. Je ne suis ni un ermite ni un prudhomme, et je
ne veux être homme d'honneur en lui donnant ce
que j'aime. S'il trouve en vous son allié, ce n'est
pas pour cela que je vous obéirai. Et si vous et tous
vos hommes le prenez en sauvegarde, que me
chaut ? Mon cœur ne me faut pour si peu et il me
plaît, Dieu me regarde, qu'il n'ait de plus redoutable adversaire que moi. Je ne vous requiers de
faire pour moi déloyauté ou trahison. Tant qu'il
vous plaît soyez prudhomme et laissez-moi être
cruel ! »

— Comment? Ne feras-tu comme je te dis?

— Non.

— Alors, je me tais. Fais de ton mieux. Je te laisse. Je vais parler au chevalier. Je veux lui offrir et présenter mon aide et mon conseil car je me tiens de son côté. »

Lors le roi Baudemagus descendit de sa tour et fit enseller son cheval. On lui emmena un grand destrier. Il monte par l'étrier, prend avec lui trois chevaliers et deux sergents. Ils descendent jusqu'au bas de la pente et parviennent là devant le pont. Ils voient le chevalier qui étanche ses plaies et en ôte le sang. Le roi espère l'avoir pour hôte le temps qu'il guérisse mais autant faire tarir la mer qu'essayer de l'en convaincre!

Le roi se hâte de descendre. Alors le chevalier blessé se dresse encontre lui. Non pas qu'il l'eût reconnu, mais pour ne pas montrer ce qu'il avait souffert aux mains, aux pieds, en traversant le pont terrible. Le roi le voit raidir ses forces. Il accourt pour le saluer.

« Sire, dit-il, je suis bien étonné de ce que vous arrivez chez nous, en ce pays, à l'improviste. Mais soyez-y le bienvenu. Nul autre que vous ne tenta jamais telle entreprise. Nul ne fut jamais si hardi pour se mettre en un tel péril. Sachez que je vous en aime bien plus, puisque vous avez fait ce que nul n'osait accomplir, ne serait-ce qu'en pensée. Vous me trouverez envers vous généreux, loyal et courtois. Je suis roi de cette terre et je vous offre à devise mon aide et mon conseil. Je vois bien de qui vous êtes en quête. C'est la reine, je crois, que vous cherchez.

— Sire, dit le chevalier, vous ne vous trompez point. Je ne suis pas ici pour autre raison.

— Ami, vous aurez grande peine avant de réussir. Vous êtes cruellement blessé. Je vois les

plaies et le sang. Celui qui l'a ici amenée, vous ne le
trouverez assez franc pour vous la rendre sans
mêlée. Mais il vous faut séjourner ici et faire
soigner vos plaies jusqu'à ce qu'elles soient guéries.
L'oignement des Trois Mariés serait le meilleur si
l'on en trouvait par ici. Je veux votre bonne aise et
votre guérison. La reine a bonne prison. Qui la
convoite de chair est sans pouvoir sur elle, même
mon fils qui l'amena ici. Il en enrage comme
jamais mortel n'enragea.

« Moi, j'ai pour vous de bons sentiments et vous
donnerai, Dieu me sauve, très volontiers tout ce
qu'il vous faudra. Jamais si bonnes armes n'aura
mon fils et il m'en saura mauvais gré. Et je vous
donnerai aussi le cheval dont vous aurez besoin. Je
vous prends sous ma protection quoique les gens en
veuillent penser. Vous n'aurez à vous méfier de
personne, sinon de celui-là seulement qui amena ici
la reine. Qu'il ne vous en chaille : si mon fils n'est
votre vainqueur en bataille, il ne pourra jamais
vous faire malgré moi le plus petit dommage.

— Sire, dit le chevalier, soyez-en remercié. Mais
je gâte trop le temps ici et ne le veux point. Je ne
me plains de nulle chose et je n'ai plaie qui me
nuise. Menez-moi là où je trouverai mon ennemi,
car je suis prêt à donner et prendre des coups ».

Et déjà savent la nouvelle les chevaliers et les
pucelles, et les dames et les barons de tout le pays
environ. Ils viennent d'aussi loin qu'une grande
journée, étrangers et gens du pays. Tous chevauchent et vont grand train toute la nuit jusqu'au
lever du jour.

De part et d'autre, devant la tour, il y a si grande
presse au lever du jour qu'on ne pourrait faire un
demi-tour...

De bon matin, avant prime, on a amené les deux
chevaliers au lieu du combat, tout armés, sur des

chevaux couverts de fer. Méléagant était très beau et bien taillé de bras, de jambes et de pied. Le heaume et l'écu qui était à son cou pendu lui allaient comme on ne peut mieux. Mais tous ceux qui regardaient se tenaient du côté de l'autre, même ceux qui avaient auparavant souhaité sa honte. Ils disent qu'auprès du chevalier Méléagant ne vaut ce qu'ils croyaient.

Dès qu'ils furent tous deux sur le lieu du combat, le roi s'en vient. Il tente encore de les retenir. Il prend peine à faire la paix, mais il ne peut fléchir son fils. Il leur demande :

« Tenez à tout le moins le frein de vos chevaux jusqu'à ce que je sois monté en la tour. Ce ne sera montrer trop grande bonté que de m'attendre un peu comme je demande. »

Il les quitte en chagrin et s'en va droit là où il savait que la reine l'avait prié de la poster afin qu'elle voie la bataille sans en rien perdre. Le roi, qui l'avait accordé, va la chercher et il l'amène car il voulait faire toutes choses pour l'honorer et la servir. Devant une fenêtre il la place et lui-même, près d'elle, à sa droite, se penche à une autre fenêtre. Avec eux deux, il y avait là, amassés de tous côtés, chevaliers, dames enseignées par la vie et pucelles nées du pays. Et il y avait beaucoup de captives très attentives en oraisons et prières, car prisonniers et prisonnières priaient tous pour leur seigneur, ne se fiant qu'en Dieu et en lui pour avoir secours et délivrance.

Les deux combattants, sans plus tarder, font reculer tous les gens. Tous deux partent au grand galop et, de la longueur de deux brassées, plongent les lances à travers les écus, si fort qu'elles éclatent comme brandons. Les chevaux d'un tel élan s'entreviennent, front à front, que les deux chevaliers se heurtent poitrine contre poitrine. Les écus

se heurtent ensemble et les heaumes, de sorte qu'il
semble par le craquement qu'ils font qu'il vient de
tonner un grand coup. Il ne reste martingale ni
sangle, étriers, rênes ni dossières qui ne se
rompent, arçons qui ne soient mis en pièces. Ce
n'est pas grand honte pour eux si les deux
chevaliers tombent à terre, car les harnachements
ont cédé. Mais d'un seul bond, tous deux ensemble
sont debout et se combattent sans hâbler, plus
fièrement que deux sangliers. Ils ne prennent peine
de se défier. De leurs épées d'acier se frappent à
grands coups comme gens qui ont grande haine.
Mais il ne pouvait advenir que le chevalier qui avait
passé le pont ne faiblisse de ses mains blessées. Ils
en éprouvent grande crainte, ceux qui en tenaient
pour lui, voyant ses coups moins assurés. Ils
craignent de le voir vaincu. Il leur semble déjà que
le chevalier a le dessous et Méléagant le meilleur.
Ils s'en parlent les uns les autres.

Dedans la tour, il y avait une pucelle très avisée
qui se dit que le chevalier n'a point entrepris la
bataille pour cette gent menue qui en ce lieu-là s'en
est venue. Jamais ne l'aurait entreprise, si ce n'eût
été pour la reine. Elle pense que s'il savait que la
reine est à la fenêtre, qu'elle le regarde et le voit, il
en prendrait force et hardiesse. Si la reine savait le
nom du chevalier, bien volontiers lui crierait-elle,
de la regarder un petit! Alors la pucelle avisée vient
vers la reine et lui demande si elle connaît le nom
du chevalier.

« Demoiselle, il a nom Lancelot du Lac, à ce que
je sais.

— Dieu, que j'ai le cœur joyeux et riant et
content », fait la pucelle.

Alors, elle s'avance et l'appelle si haut que tout le
peuple l'entend à très haute voix :

« Lancelot, retourne-toi et regarde qui de toi s'inquiète ! »

Quand Lancelot s'entend nommer, il ne tarde guère à se retourner. Il se retourne. Il voit en haut, l'être que, du monde entier, il désirait le plus de voir assis aux loges du château. Dès le moment où il l'aperçoit, il ne bouge plus ni ne détourne son visage. Il se défendait par-derrière et Méléagant l'enchaussait toutefois le plus qu'il pouvait, tout joyeux parce qu'il pensait que le chevalier était maintenant sans défense. Ceux du pays en avaient grande joie, mais les exilés captifs avaient si grande douleur qu'ils ne se pouvaient soutenir. Beaucoup se laissaient tomber à terre, tout éperdus, ou à genoux ou étendus. Il y avait grande joie et aussi grand chagrin. Alors derechef la pucelle de la fenêtre s'écria :

« Ah ! Lancelot, qu'y a-t-il donc que si follement tu combats, jetant en arrière tes coups, te battant derrière ton dos. Tourne-toi que tu sois par ici et voies sans cesse cette tour, car il la fait bon et beau voir ! »

Lancelot tient ce qu'il a fait pour grand honte et laiderie. Il sait bien en effet qu'il a eu trop longtemps le dessous. Il saute en arrière et tourne Méléagant qu'il place de force entre lui et la tour. Méléagant fait grands efforts pour se retrouver de l'autre côté. Mais plusieurs fois, Lancelot le repousse et fait chanceler, sans lui demander consentement. En Lancelot croissent force et hardiesse ! Amour lui apporte grande aide. Jamais il n'a haï personne comme celui qu'il combat. Jamais Méléagant ne rencontra ni ne connut chevalier aussi hardi. Jamais nul ne l'a ainsi terrassé. Volontiers s'éloigne de lui. Il se dérobe et se refuse. Lancelot ne le menace, mais d'estoc et de taille, il le chasse vers la tour où la reine est à la fenêtre.

Elle a allumé dans son corps la flamme, la reine qui le regarde tant. Et cette flamme le fait si ardent qu'il pourchasse Méléagant et le mène partout où il lui plaît. Malgré qu'il en ait, Méléagant est mené comme un aveugle ou bonhomme à jambe de bois.

Le roi Baudemagus voit que son fils est si atteint qu'il ne s'aide ni ne se défend plus. Il a le cœur serré et la pitié le prend. Il s'entremettra s'il le peut. S'il veut bien faire, il lui faut prier la reine. Alors, il lui parle ainsi :

« Dame, je vous ai toujours beaucoup aimée, beaucoup servie et honorée depuis que je vous ai en mon château. Donnez-m'en récompense ! Je veux vous demander un don que me devriez consentir au moins par grande amitié. Je vois bien qu'en cette bataille, mon fils a le dessous sans faille. Je ne vous adresse de prière parce que j'en ai chagrin, mais pour que Lancelot, son vainqueur, ne l'occie, qui en a pouvoir. Cette mort ne devez vouloir, bien que mon fils vous ait méfait, à vous et à Lancelot aussi. Mais, dame, pour me faire grâce, dites à Lancelot, je vous en prie, qu'il cesse de le frapper. Ainsi, pourriez-vous me récompenser, si bon vous semble.

— Beau sire, puisque vous m'en priez, je le veux bien, répond la reine. Aurais-je mortelle haine envers votre fils que je ne puis aimer, vous m'avez, vous, si bien servie que je veux bien, pour votre plaisir, dire à Lancelot de laisser vivre votre fils. »

Ces mots, ils les ont entendus, Lancelot et Méléagant. Qui aime est obéissant. Lancelot, sitôt et volontiers — car il est véritable ami — fait comme le veut son amie. Il ne touche plus Méléagant, ne combat plus. Forcené de colère et de honte, Méléagant a entendu que le voilà si bien déchu qu'il faut intercéder pour lui. Le roi, pour le raisonner, descend du haut de la tour. Il vient sur le lieu du combat. Il dit maintenant à son fils :

« Comment ? Est-ce avenant de frapper qui ne te touche ? Tu es trop cruel et furieux. Tu es preux à contretemps. Nous savons sûrement qu'il est bien ton vainqueur. »

Lors Méléagant, par honte déchaîné répond au roi :

« Peut-être avez-vous perdu la vue. A mon escient, vous n'y voyez goutte ! Il faut être aveugle pour douter que j'en ai eu le dessus !

— Cherche donc qui te croie ! répond le roi. Tous les gens qui sont ici savent si tu dis vrai ou si tu mens. Nous savons bien la vérité ! »

Le roi commande à ses barons de tirer son fils en arrière. Aussitôt, ils lui obéissent. Méléagant est maîtrisé. Pour retenir Lancelot, il ne fallut de grands efforts. L'autre aurait pu lui faire grand mal avant que son bras ne riposte.

« De par Dieu, dit le roi à son fils, il te faut maintenant faire la paix, rendre la reine, entériner toute querelle !

— Vous avez dit grande sottise ! J'en ai assez de vous entendre ! Fuyez ! Laissez-nous combattre ! Ne vous mêlez plus de l'affaire ! »

Le roi répond qu'il s'en mêlera car, dit-il, « je sais bien qu'il t'occira si je vous laisse combattre ! »

« Il m'occira ? Ce sera moi qui l'occirai ! Je serais le vainqueur si vous ne veniez nous déranger et nous laisser comme je veux !

— De par Dieu, de tout ce que tu dis, rien ne vaut !

— Pourquoi ?

— Parce que je ne veux t'écouter ! Je ne me fie à ta folie et ton orgueil qui te feront occire. Il est fou qui sa mort désire ! Je sais bien que tu me hais parce que je veux te garder. Mais je souhaite que

Dieu ne me laisse voir ta mort, car j'en aurais peine trop grande. »

Tant il lui fait de remontrances qu'ils font enfin paix et accord. Par cette paix Méléagant rend à Lancelot la reine, à condition qu'au bout d'un an, à partir du jour où Lancelot en sera sommé, ils feront un nouveau combat. Lancelot accepte volontiers la condition. Tout le peuple est d'accord pour qu'on fasse la paix. On est d'avis que cette autre bataille ait lieu à la cour d'Arthur, roi de Bretagne et de Cornouailles. Mais la reine l'octroiera-t-elle et Lancelot garantira-t-il que si Méléagant l'emporte, avec elle s'en repartira et nul ne la retiendra?

La reine s'y engage et Lancelot s'engage aussi. On éloigne les combattants et les désarme.

Il y avait en ce pays telle coutume : si l'un des captifs pouvait quitter son exil, tous les autres le quittaient aussi. Tous bénissaient Lancelot, et vous pouvez bien penser qu'il dut y avoir grande joie, les étrangers s'assemblant autour de Lancelot :

« Sire, disent-ils, dès que nous avons entendu votre nom, nous nous sommes réjouis, car tout de suite nous étions sûrs que tous nous serions délivrés. »

Cette joie assemble une grande presse. Chacun se démène pour pouvoir toucher le vainqueur. Qui peut s'en approcher le plus, en a la plus grande joie. C'est liesse à foison et c'est tristesse aussi : tous ceux qui sont déprisonnés s'abandonnent à grande joie. Mais pour Méléagant et les siens, il n'est plus rien de bon pour eux. Ils sont pensifs et mats et mornes.

Alors revient le roi qui n'oublie de prendre avec lui Lancelot. Le chevalier le prie de le mener près de la reine.

« Je ferai selon votre cœur, dit le roi. Et je vous montrerai aussi Ké, le sénéchal, si ce vous sied. »

Lancelot en tomberait presque de joie! Mais sitôt le roi l'emmène dans la salle où la reine l'attend.

Quand la reine voit le roi qui tient Lancelot par les doigts, elle se lève soudain devant le roi et fait semblant d'être courroucée. Elle baisse la tête et ne dit mot.

« Dame, voici Lancelot, fait le roi, qui vient vous voir, ce qui doit vous plaire et vous seoir.

— A moi, sire! Cela ne peut me plaire! De le voir je n'ai que faire!

— Oh, Madame, dit le roi, qui était très franc et très courtois, où avez-vous pris ce sentiment? Vous avez trop de mépris pour cet homme qui vous a tant servie. En cette quête souvent il a mis sa vie en danger et mortel péril, et de Méléagant, mon fils, il vous a sauvée et défendue. Ne vous souvenez-vous pas que mon fils ne vous a rendue que de mauvais gré?

— Vraiment, le chevalier a perdu son temps car, pour moi, je ne nierai pas que je ne lui en sais point de gré. »

Voici Lancelot, cœur transpercé par ces paroles, qui lui répond très humblement en manière de fin amant :

« Dame, certes, vous m'accablez. Et je n'ose demander pourquoi... » Lancelot eût fait longue plainte si la reine l'eût écouté. Mais, pour le peiner et confondre, elle ne veut un seul mot répondre. Dans une chambre elle s'est retirée. Et Lancelot, jusqu'à la porte, l'a suivie des yeux et du cœur. Aux yeux fut bien court le chemin, car cette chambre était trop proche. Ils y fussent entrés derrière elle bien volontiers si ce pût être. Mais cœur, sire et maître qui possède plus de pouvoir est passé après elle et les yeux sont restés dehors, pleins de larmes avec le corps. Et le roi dit en confidence :

« Lancelot, je suis bien étonné. Qu'est-ce donc?

Et d'où vient-il que la reine ne vous peut voir et qu'elle ne veuille vous parler? Si jamais elle aima à converser avec vous, elle n'aurait dû vous fuir après tout ce que vous avez fait pour elle. Dites-moi, si vous le savez, pour quelle chose, quel méfait elle vous a fait telle mine.

— Sire, je ne m'y attendais à l'instant. Mais il est bien sûr que ma parole ne lui plaît et qu'elle ne veut me voir.

— Certes, dit le roi, elle a tort, car vous vous êtes jusqu'à la mort mis en aventure pour elle. Venez-vous-en, beau doux ami. Vous parlerez au sénéchal.

— Oui, dit Lancelot, très volontiers. »

Tous deux s'en vont donc vers Ké. Quand le sénéchal l'aperçoit, il dit comme premier mot :

« Tu m'as honni!

— Et de quoi? demande Lancelot. Quelle honte t'ai-je donc fait?

— Très grande honte, reprend Ké. N'as-tu pas achevé ce que j'avais commencé? N'as-tu pas fait ce que je n'ai pu faire? »

Le roi, lors, les laisse tous deux dans la chambre et s'en va tout seul. Lancelot demande au sénéchal s'il souffrit grand mal.

« Oui, répond Ké, et grand mal j'ai encore. Jamais je n'en souffris de pire. Certainement, je serais mort si le roi qui s'en va d'ici n'avait montré par sa pitié tant de douceur et d'amitié. Mais pour chacun de ses bienfaits, Méléagant, plein de science mauvaise, par trahison mandait les mires et leur ordonnait de mettre sur les plaies des oignements qui m'occissent. Aussi avais-je un père et un parâtre : quand le roi faisait mettre sur mes plaies un bon emplâtre pour avoir prompte guérison, son fils, traîtreusement, me le faisait enlever et remplacer par oignement mauvais. Mais je sais bien certainement que le roi n'en savait rien. Tel meurtre, telle vilenie, il n'eût souffert en nulle guise.

« Vous ne savez combien le roi fut généreux envers ma dame, la reine. Depuis le temps que Noé fit l'arche, jamais femme ne fut mieux gardée en une tour. A son fils qui en avait grand chagrin, il ne permettait de la voir, sinon devant la foule des gens ou bien en sa présence. Mais m'a-t-on dit la vérité qu'elle a contre vous grand courroux, si grand qu'elle a refusé d'écouter votre parole?

— On vous a dit vrai, dit Lancelot. Mais, par Dieu, sauriez-vous me dire pourquoi elle me hait? »

Ké lui répond qu'il ne le sait et s'en étonne étrangement.

« Qu'il en soit donc selon son commandement, fait Lancelot qui se résigne. Il me faut prendre congé. J'irai chercher monseigneur Gauvain qui est entré en cette terre et a juré de se rendre tout droit au Pont-dessous-l'eau. »

Il prie le roi de le laisser partir. Le roi le lui octroie volontiers. Mais ceux que Lancelot avait délivrés et de l'exil déprisonnés lui demandent ce qu'ils feront.

Il répond :

« Avec moi viendront tous ceux qui voudront venir. Resteront ici tous ceux qui voudront rester près de la reine. Qu'ils fassent chacun selon leur désir! »

Avec lui, s'en vont donc tous ceux qui le veulent, dans une allégresse qui n'était de coutume. Auprès de la reine demeurent pucelles, dames et chevaliers tout à leur joie. Mais il n'en reste pas un seul qui n'aimerait mieux retourner en son pays que séjourner. La reine les retient attendant la venue de monseigneur Gauvain. Elle dit qu'elle ne s'en ira que lorsqu'elle en saura nouvelles.

Partout est portée la nouvelle que la reine est délivrée; que captifs le sont aussi et s'en iront dès qu'il leur plaira.

Quand les gens du pays qui ne furent à la bataille surent comment Lancelot avait vaincu, ils s'avancèrent du côté où ils savaient qu'il s'en allait. Ils croyaient qu'ils feraient plaisir au roi en lui menant Lancelot prisonnier. Le chevalier et les siens étaient dégarnis de leurs armes et, pour ce, furent surpris de voir tant de gens armés. Ce ne fut merveille s'ils prirent Lancelot se trouvant sans défense. Bientôt, ils le ramènent les pieds liés dessous son cheval.

Les captifs qui lui faisaient cortège disent :

« Vous faites mal, seigneurs, car le roi nous protège. Nous sommes tous en sa garde. »

Ils répondent :

« Nous n'en savons rien, mais vous devrez en prisonniers vous en venir à la cour. »

La nouvelle vole jusqu'au roi que ses gens ont pris Lancelot et l'ont occis. Le roi en a grande douleur et il jure par son chef que ceux qui l'ont tué en mourront. Qu'il les tienne, et il les fera périr par la corde, par le feu ou par la noyade! Jamais ne pourront se défendre ni ne pourront rien reprocher car ils lui ont mis dans le cœur si grande douleur, ils lui ont fait si grande honte qu'on lui en ferait juste grief s'il n'en prenait vengeance. Mais que l'on n'ait la chose en doutance!

Cette nouvelle partout va, si bien que la reine elle trouva qui au manger était assise. Peu s'en faut qu'elle ne soit tuée, maintenant que sur Lancelot elle entend dire mensonge et fausse nouvelle. Mais cette nouvelle, elle croit vraie, et si vivement s'en effraie tant qu'elle en perd presque parole.

Pour les gens, elle dit à voix haute :

« Vraiment bien me peine sa mort et s'il m'en peine, je n'ai pas tort. Pour moi il vint en ce pays. Je dois donc en avoir tristesse. »

Puis à elle-même dit tout bas afin qu'on ne l'entende pas que de boire ni de manger il ne faudrait plus la prier s'il est vrai qu'il est mort celui pour la vie duquel elle vivait.

Dolente, sitôt elle se lève de la table et se lamente quand nul ne l'entend ni l'écoute. De s'occire elle est si avide que souvent se prend à la gorge. Mais d'abord à elle seule se confesse et se repent et bat sa coulpe, et beaucoup se blâme et s'accuse du péché qu'elle avait fait envers celui qu'elle savait avoir toujours été sien. Et encore le serait s'il était en vie ! Elle a tel regret de sa cruauté qu'elle perd beaucoup de sa beauté.

« Hélas ! de quoi me souvint-il quand mon ami vint devant moi et que je l'aurais dû conjouir et avec joie accueillir ? Quand mon regard et ma parole je lui refusai, ne fus-je folle ? Folle seulement ? Que Dieu m'aide si je ne fus félonesse et cruelle ! Je pensais le faire pour me jouer, mais il ne le crut pas ainsi et ne me l'a point pardonné ! Nul autre ne lui a donné le coup mortel, que je sache. Quand il parut devant moi, escomptant joie et plaisir que j'aurais à le revoir, n'était-ce lui donner coup de mort que de lui refuser la faveur d'un regard ? Quand je ne voulus lui dire tantôt une parole, je lui arrachai, je crois, le cœur d'avec la vie. Ce double coup l'a tué, ce me semble, et non point le coup d'un soudard. Ah ! Dieu, aurai-je rançon de ce meurtre, de ce péché ? Non ! Plutôt seront desséchés les fleuves et les mers ! Hélas ! comme je serais sauvée, comme j'aurais grand réconfort si une fois, avant qu'il fût mort, je l'eusse entre mes bras tenu. Comment ? Ah oui, tout nu à nue pour que ce fût plus à l'aise ! Maintenant qu'il est mort, je serai femme mauvaise si je n'étais désespérée jusqu'à mourir. Mais bien lâche est celle qui veut mourir plutôt que souffrir mal pour son ami! Je veux bien porter un long chagrin. J'aime mieux vivre et souffrir les coups plutôt que mourir et être en repos. »

Dans sa grande douleur la reine refuse durant deux jours de manger et de boire. On croit la reine morte. Ils ne manquent point les messagers porteurs de mauvaises nouvelles. Ceux qui portent bonnes nouvelles sont moins nombreux. Le chevalier a ouï dire que sa dame et amie est morte. Il en a grande peine, nul ne peut en douter. Chacun connaît sa tristesse et sa douleur. Si profonde elles furent que le chevalier en eut dégoût de la vie : il voulut mettre fin à ses jours après longue lamentation. Il fit un nœud coulant à l'un des bouts de sa ceinture et se dit à lui-même en pleurant : « Ah! Mort, comme tu as bien su user de ruse pour m'amener au désespoir si vaillant que je sois. Je désespère mais de douleur je n'en éprouve sauf de par la tristesse qui a pris tout mon cœur. Vraiment tristesse est comme maladie mortelle. Voilà ce que je crois : Si Dieu le veut, j'en mourrai. Comment mourrai-je? Ne pourrais-je donc mourir d'une autre manière si Dieu le veut bien? Qu'il me laisse seulement passer ce nœud autour de mon cou et la mort me saisira qu'elle le veuille ou non. La mort ne prend que ceux-là qui n'ont d'elle souci. La ceinture que je tiens saura bien enlacer la mort. Alors elle fera comme je voudrai. Qu'elle ne tarde point car je veux tôt la posséder. »

Sans trêve ni délai le chevalier passe le nœud autour de sa tête et le serre autour de son cou. Il ne veut pas se manquer et l'autre bout de la ceinture il attache à l'arçon de la selle. Il fait sans que nul ne le voie. Il se laisse glisser jusqu'à terre afin que son cheval le traîne et que la mort ainsi le prenne. Il ne veut vivre une heure de plus.

Quand ses compagnons le voient à terre ils pensent que le chevalier s'est trouvé mal. Aucun ne voit le nœud coulant enserrant le cou. On le saisit à bras-le-corps, on le relève. Alors on découvre le nœud.

« Je ne sais laquelle plus me hait ou la vie qui me désire ou la mort qui me vient occire. Ainsi l'une et l'autre me tuent. Mais ce n'est point justice que m'obliger à vivre contre mon gré. Oui, j'aurais dû me tuer dès que la reine ma dame me montra figure de haine et ne le fit point sans raison. Mais il y eut juste cause quoique je ne sache quelle elle fut. Si je l'avais sue avant que mon âme allât devant Dieu, je l'eusse déjà expiée aussi complètement qu'il lui eût plu pourvu qu'elle eût de moi merci. Ce forfait quel peut-il bien être ? Je crois bien qu'elle a su que je montai sur la charrette. Non je ne sais quel blâme j'ai reçu si ce n'est celui-là, qui m'a trahi. Si telle est raison de sa haine pourquoi, mon Dieu, m'accabler ainsi pour ce forfait ? Jamais il n'a connu l'amour celui qui m'en fit reproche. Rien de ce qui vient d'amour et dit amour ne peut être blâmé. Tout ce qu'on fait pour son amie est amour et courtoisie. Pour mon amie ne le fis-je pas ? Je ne sais comment dire hélas ! Mais faut-il dire amie ou non ? Je n'ose lui donner ce nom. Mais je crois savoir assez long de l'amour pour penser qu'elle ne m'eût estimé plus vil pour cela, si elle m'aimait. Elle aurait dû me proclamer vrai ami quand, pour elle, tout ce qu'amour demande me paraissait honneur même monter dans la charrette. Elle aurait dû le mettre au compte de l'amour. C'en est la preuve véritable, car amour éprouve ainsi les siens et amour ainsi les connaît. Mais ma dame n'a pas estimé mes services. Elle me l'a bien montré et je l'ai vu à son visage. Mais il est bien vrai que j'ai fait ce que mes amis me reprochent disant que ce fut pour ma honte. Douce vie m'est devenue amère comme il arrive souvent à ceux qui ignorent tout de l'amour. »

La reine ne baissa point les yeux. Elle alla prendre avec joie le chevalier, l'honora le mieux possible. Ils parlèrent à grand loisir de tout ce qui leur fut plaisir. La matière ne leur manquait : Amour leur en donnait assez.

Quand Lancelot vit ainsi sa joie (car il ne dit rien qui ne plût à la dame) alors à voix basse il lui dit :

« Madame, je me demande pourquoi vous me fîtes tel visage avant-hier, lorsque vous me vîtes et ne me dîtes un seul mot. Vous m'avez presque donné la mort. Je ne fus pas aussi hardi que je le suis maintenant où je vous demande pourquoi. Madame, je suis prêt à l'expier pourvu que vous m'appreniez ma faute dont j'ai été très navré. »

La reine lui répond :

« Comment ? N'eûtes-vous pas honte de la charrette ? N'avez-vous donc pas hésité ? A grand contrecœur vous montâtes après avoir demeuré deux instants. C'est pour cela en vérité que je ne voulus ni vous parler ni vous regarder.

— Une autre fois Dieu me garde, fait Lancelot, de tel méfait, et qu'il ne me fasse point grâce si vous n'eûtes grandement raison. Madame, pour Dieu, aussitôt recevez-en de moi l'amende d'honneur et dites-moi, je vous en prie, si vous pensez me pardonner bientôt.

— Ami, vous en êtes quitte, dit la reine, complètement. Je vous pardonne très bonnement.

— Madame, répond-il, je vous en rends grâce, mais je ne puis ici vous dire tout ce que je voudrais.

Volontiers je vous parlerais plus à loisir s'il se pouvait faire. »

Alors la reine lui montre une fenêtre — lui montre de l'œil, non du doigt — et dit :

« Venez parler à moi à cette fenêtre, cette nuit, quand céans tous dormiront. Vous viendrez par un verger. Vous ne pourriez ici entrer ni héberger. Je serai dedans, vous dehors. Je ne pourrai vous approcher si ce n'est de bouche ou des mains. Mais s'il vous plaît, jusqu'à demain j'y serai pour l'amour de vous. Nous retrouver nous ne pourrions car devant moi gît en ma chambre Ké le sénéchal qui languit des plaies dont il est tout couvert.

— Ne demeurez ici plus longtemps, madame ! Ne craignez point le moins du monde que je vienne à faire du bruit. Ces barreaux je crois me céderont très gentiment sans que j'aie à me donner trop de mal ni à rompre le sommeil de personne. »

Alors la reine s'en va et Lancelot commence de faire en sorte de vaincre la fenêtre. Il s'efforce sur les barreaux, il les tire en tous sens. Il les ploie et parvient à les desceller tous. Mais si coupant en est le fer que Lancelot s'ouvre une blessure à la première phalange du petit doigt, une blessure profonde jusqu'au nerf et de même se tranche la première jointure du doigt voisin. Lancelot ne s'aperçoit qu'il perd de son sang goutte à goutte et ne souffre de ses deux plaies car tout son être est ému de bien différente façon.

Lancelot franchit lestement la fenêtre qui s'ouvrait à quelque hauteur. Il trouve le sénéchal plongé dans son sommeil et s'avance doucement jusqu'au lit de la reine. Il l'adore et il s'agenouille car il n'a si grande vénération pour nulle relique. La reine étend vers lui les bras à sa rencontre et l'embrasse. Dessus son sein étroitement elle l'enlace. Près d'elle en son lit elle l'attire et le plus bel

accueil lui fait que jamais elle pût lui faire selon ce
que lui dictent et amour et son cœur. C'est amour
qui la pousse à cette bienvenue.

S'il est vrai que la reine aima Lancelot d'un
ardent amour, il l'aima mille et mille fois davantage
car amour déserta sûrement tous les autres cœurs
pour combler à ce point celui de Lancelot. Oui
c'est dans ce cœur-là qu'amour retrouva toute son
ardeur et s'appauvrit dans tous les autres cœurs.

Maintenant les vœux de Lancelot sont exaucés :
la reine a accueilli sa compagnie et son plaisir
puisqu'il la tient entre ses bras et qu'elle entre ses
bras le tient. Alors le jeu leur est si doux, si bon, du
baiser et de la caresse qu'il leur arriva sans mentir
une joie et une merveille telle que jamais encore on
n'en entendit ou n'en vit de pareille. Mais toujours
par moi sera tue parce qu'en un conte elle ne doit
être dite. Oui, le conte nous tait et cache de toutes
les joies la plus exquise et la plus délicieuse.

Toute la nuit Lancelot jouit d'un grand déduit.
Mais vint le jour ennemi de sa joie puisque
Lancelot doit se lever d'auprès de son amie. A ce
moment il souffrit comme un martyr car s'éloigner
lui parut un supplice. Son cœur voulait retourner là
où était demeurée la reine. L'éloigner était hors de
pouvoir. La reine avait trop charmé ce cœur-là
pour qu'il accepte de la quitter. Le corps s'en va, le
cœur séjourne.

Droit vers la fenêtre Lancelot s'en retourne mais
tant de son corps demeure en ce lieu que les draps
sont tachés et teints de sang. Il part avec la mort
dans l'âme. Il soupire! Ses yeux sont pleins de
pleurs. Rien n'est convenu pour un autre revoir,
hélas! il ne peut en être autrement. Il éprouve
grand regret à repasser la fenêtre par laquelle il
entra avec joie.

Certes elles ne sont point légères les blessures de

ses doigts qui ne sont plus entiers. Pourtant il a redressé les barreaux et les a remis en place de telle manière que sur aucun des côtés on n'aurait pu voir qu'il en avait tiré ou ployé un seul.

Sur le seuil de la chambre Lancelot se retourne et s'agenouille comme on fait devant un autel. Il s'éloigne, en grand chagrin, sans rencontrer personne et s'allonge nu sur son lit en faisant que nul ne s'éveille.

Dedans sa chambre encourtinée la reine s'était doucement endormie au matin sans s'apercevoir que ses draps étaient ainsi tachés de sang. Plutôt elle aurait cru qu'ils avaient encore l'éclat honnête de la blancheur.

Or Méléagant, sitôt qu'il fut habillé, s'en vient dans la chambre où la reine était couchée. Il la trouve éveillée. Il voit les draps tachés de gouttes de sang frais. A ses compagnons il les montre et découvrant vite le mal, regarde devers le lit de Ké le sénéchal. Il en voit les draps tout tachés (car durant cette nuit, sachez-le, les plaies de Ké avaient crevé).

« Madame, dit Méléagant, j'ai bien trouvé les indices que je cherchais. Il est bien vrai que la folie le tient celui qui prend peine à garder femme. Il y perd travail et peine, car plutôt la perd qui la garde que celui n'en prend souci. Ce sont là des signes très sûrs. »

Alors la reine voit pour la première fois les draps tachés de sang dans chacun des deux lits. Elle en a grande surprise et grande honte et en rougit.

« Que Dieu me garde, dit-elle. Ce sang que je vois sur mes draps jamais Ké ne l'apporta. Cette nuit j'ai saigné du nez. »

Ainsi pensait-elle dire vrai.

« Par mon chef, répond Méléagant, vous croyez me payer avec des mots qui sont pur néant. En vain vous tenez langage mensonger. Vous êtes bel et bien convaincue d'infamie. La vérité sera prouvée. »

Aux gardes présents dans la chambre, il dit :

« Seigneurs, ne quittez point ce lieu et prenez garde que l'on n'ôte ces draps! Je veux que le roi reconnaisse mon bon droit quand il aura vu la preuve que voici. »

Méléagant va auprès de son père et se jette à ses pieds.

« Ah! sire, venez voir ce qui ne vous faisait jusqu'ici le moindre soupçon. Venez voir la reine et contempler la chose étonnante que j'ai découverte. Mais d'abord reconnaissez, je vous prie, mon droit à la justice. J'ai couru des aventures très périlleuses pour conquérir la reine. J'ai gagné de trouver en mon père un ennemi puisque vous la tenez sous garde à cause de moi. Je suis allé la visiter ce matin qu'elle était encore dans son lit et j'en ai assez vu pour comprendre que chaque nuit le sénéchal la retrouve. Par Dieu, sire, comprenez que je souffre et je me plaigne à vous. J'ai grand dépit de ne recevoir de la reine que haine alors que chaque nuit elle couche avec Ké. »

Le roi répond :

« Tais-toi. Ce que tu dis là je ne le peux croire!

— Sire, venez voir les draps que le sénéchal a tachés. Si vous ne croyez mes paroles et me prenez pour un menteur, je vous montrerai à l'instant les draps et la courtepointe souillés par le sang des blessures.

— Nous irons donc, dit le roi. Je veux m'en assurer. Mes yeux me diront bien quelle est la vérité. »

Le roi trouve dans sa chambre la reine qui se

levait. Il voit les draps des deux lits tachés de sang.

« Madame, dit le roi, si mon fils m'a dit vrai, voilà qui va très mal !

— Dieu, répond-elle, qui a jamais raconté mensonge aussi affreux, même s'il est né d'un mauvais rêve. Mais le sénéchal est assez loyal et courtois pour mériter qu'à lui on se fie. Moi, je ne suis pas une femme perdue qui se vend ou donne à qui veut son corps. En vérité, Ké ne pourrait vouloir de moi telle folie. Et jamais mon cœur ne la voulut ni ne la voudra.

— Sire, dit Méléagant, je vous saurai gré de faire expier à Ké son outrage afin que la honte en touche aussi la reine. Vous tenez la justice en vos mains. Faites-la, je vous en prie. Ké a trahi le roi Arthur, son seigneur, qui avait en lui telle confiance qu'il lui avait donné la garde de celle qui lui était la plus chère au monde.

— Sire, demande Ké, souffrez que je réponde et je pourrai m'expliquer. Que Dieu, à l'heure de ma mort, n'accorde point son pardon à mon âme, s'il m'arriva jamais d'entrer dans le lit de la reine. En vérité j'aimerais mieux être mort qu'avoir causé à mon seigneur un tort aussi affreux ! Que Dieu m'empêche de guérir de mes blessures ! Que la mort se saisisse de moi en cet instant si j'en eus seulement la pensée. Mais je sais trop bien que mes blessures ont saigné cette nuit et que mes draps en ont été tachés. Votre fils refuse de me croire mais, devant ce que je dis, il n'en a pas le droit. »

Méléagant répond :

« De par Dieu, les diables et les démons de l'enfer vous ont trahi ! Vous avez été trop ardent cette nuit et vos blessures se sont rouvertes. Ce que vous nous contez ne vaut rien. La vraie preuve est là sous nos yeux : le sang qui tache les deux lits. Il est juste qu'il paie son crime celui qui est convaincu d'être criminel. Jamais chevalier de votre renom n'a causé telle déception. Vous êtes déshonoré !

— Sire, sire, proteste Ké, pour l'honneur de ma dame et le mien je saurai bien repousser de mes armes les accusations de votre fils. Il me met en tourment mais je proclame que c'est à tort.

— Vous êtes en trop mauvais point pour que vous ayez à vous battre.

— Sire, donnez-moi permission de me battre contre lui et je prouverai que je n'ai point commis le forfait dont il m'accuse. »

La reine a fait appeler Lancelot en secret. Elle dit au roi qu'elle aura un chevalier pour défendre le sénéchal contre Méléagant si celui-ci maintient l'accusation infamante. Mais Méléagant n'y prend garde.

« De tous les chevaliers, dit-il, il n'en est pas un seul — serait-il un géant — contre qui je n'engage le combat jusqu'à ce que l'un de nous deux soit vaincu sans recours. »

Lancelot arrive à cet instant. Bientôt la salle est pleine de chevaliers. Devant tous, jeunes et chenus, la reine conte à Lancelot ce qui est arrivé.

« Lancelot, dit-elle, Méléagant vient de m'accuser d'une grande honte : il me met en soupçon devant tous ceux qui l'entourent. A vous de faire qu'il se rétracte. A ce qu'il dit, j'aurais reçu Ké cette nuit dans mon lit parce qu'il a vu mes draps et ceux de Ké tachés de sang. Et Méléagant affirme qu'il faudra bien croire félon le sénéchal si celui-ci n'accepte de se battre avec lui ou si quelque autre ne se bat en son nom.

— Vous n'avez point à tenir un long discours, répond Lancelot. Qu'il ne plaise à Dieu qu'on vous soupçonne, vous et le sénéchal ! Si on m'en donne permission je suis prêt à le défendre. Je combattrai pour lui. »

Méléagant bondit :

« Dieu m'aide, je le veux, moi aussi! Qu'on n'aille point penser que l'affaire me contrarie! »

Lancelot dit au roi :

« Sire roi, je connais bien les règles et les lois des procès et des jugements. Un combat sur le sujet d'un si grave soupçon ne doit s'engager sans que l'on prête serment. »

Méléagant répond aussitôt sans crainte.

« D'accord pour le serment! apportez vite les reliques des saints! Je sais bien que je suis dans mon droit! »

Ils ordonnent tous deux qu'on leur apporte leurs armes, qu'on amène aussi les chevaux. Ainsi fait-on avec l'aide de leurs valets. On leur présente les reliques. Tous deux s'approchent et s'agenouillent. Méléagant étend la main et prête serment d'une voix forte :

« J'atteste Dieu et les saints que, cette nuit, Ké le sénéchal est venu dans le lit de la reine et d'elle a connu le plus grand plaisir. »

— Et moi, dit Lancelot, je t'accuse de parjure et je redis sous la foi du serment qu'il n'est point venu près d'elle et n'a connu d'elle nul plaisir. Dieu veuille se venger de celui qui a menti et révèle la vérité. Mais je vais ajouter un autre serment. Quelle que soit la peine que je doive causer, si je puis aujourd'hui vaincre Méléagant, je n'aurai pour lui nulle pitié, aussi vrai que je confie le salut de mon âme en Dieu et en ce saint dont je vois ici les reliques. »

Le roi ne ressent nulle joie à entendre prononcer ce serment. On amène aux deux champions leurs destriers magnifiques. Ils montent, s'écartent un peu et sitôt chacun d'eux fond à toutes brides sur son adversaire. En chargeant au galop ils se donnent de si grands coups que ni l'un ni l'autre ne garde plus rien de sa lance, sinon le tronçon qu'il tient dans son poing. Ils gisent tous deux sur le sol sans avoir pour autant mine d'hommes qui vont mourir. Bientôt ils se relèvent et du tranchant de l'épée nue ils se font le plus de mal qu'ils peuvent. Des coups frappés par le fer sur les heaumes jaillissent vers le ciel de vives étincelles. Ils s'entredonnent des assauts si furieux que leurs épées vont et viennent sans aucune relâche. Ils ne souhaitent non plus de trêve qui leur donnerait de reprendre souffle.

Le roi est en grand tourment. Il prend recours auprès de la reine qui, tout en haut, regardait le combat, appuyée aux loges de la tour. Par Dieu le créateur, il la supplie de consentir à ce que prenne fin le combat.

La reine lui répond :

« Tout ce que désire votre cœur, vous le pouvez accomplir avec mon plein accord. »

Lancelot a ouï la réponse de la reine. Alors il renonce au combat. Mais Méléagant s'enhardit à frapper plus fort. Celui-là ne veut point de répit. Mais le roi se jette entre les deux combattants. Il retient le bras de son fils qui crie qu'il ne se soucie nullement de faire paix.

« Moi je veux me battre! De la paix je me moque! »

Le roi lui répond :

« Tais-toi! Écoute mon conseil et tu feras sagement. Tu ne souffriras ni honte ni tort si tu te fies à moi. Agis comme il faut agir. As-tu oublié qu'a été convenue entre toi et Lancelot une bataille qui aurait lieu à la cour du roi Arthur? C'est là que tu devras obtenir, s'il se peut, l'honneur le plus éclatant. »

Ainsi le roi essaie-t-il de fléchir son fils. Il parvient à le calmer et sépare les deux combattants.

Lancelot a grande hâte de retrouver messire Gauvain, ce pourquoi il vient demander congé au roi et à la reine. Ils le lui donnent volontiers et Lancelot va son chemin vers le Pont-dessous-l'eau. Ses compagnons lui font une suite nombreuse mais plus d'un lui aurait fait grand plaisir en demeurant à la cour.

Ils chevauchent à longues journées et parviennent enfin auprès du Pont-dessous-l'eau. Ils n'en étaient plus éloignés que d'une lieue quand, avant d'apercevoir le pont, ils découvrent, venant devers eux, un nain montant un cheval de belle taille. Ce nain excitait sa monture en la frappant des lanières d'un fouet à nœuds.

A la troupe qu'il rencontre on eût dit qu'il avait mission de demander :

« Lequel d'entre vous se nomme Lancelot ? Ne me le cachez pas car je suis de vos amis ! Dites-le-moi sans craindre rien. En vous demandant quel est Lancelot je ne veux que vous aider. »

C'est Lancelot lui-même qui lui répond :

« Tu ne demandes point un autre homme que moi.

— Lancelot, noble chevalier, abandonnez vos compagnons. Ayez confiance et venez-vous-en seul avec moi. Je vous emmènerai chez des gens qui vous veulent du bien. Mais il faut que nul de vos compagnons ne vous suive. Qu'ils vous attendent ici. Nous reviendrons bientôt. »

Lancelot, qui ne soupçonnait aucune mauvaise intention, fait demeurer sa compagnie en ce lieu et suit le nain qui pourtant l'a déjà trahi en cet instant. Les compagnons de Lancelot attendront longtemps qu'il revienne car les gens qui l'ont surpris et capturé n'ont nulle intention de le relâcher.

Lancelot ne revient pas et ses compagnons s'inquiètent, se tourmentent et ne savent que faire. Ils ont tous compris maintenant que le nain était un traître. Ils s'en veulent de s'être laissé jouer. Ils commencent de chercher partout le cœur serré. Mais de quel côté doivent-ils rechercher Lancelot? Ils l'ignorent. Ils s'assemblent et tiennent conseil. Les plus sages compagnons décident communément de continuer jusqu'au Pont-dessous-l'eau qui est proche. S'il leur arrive ensuite de rencontrer monseigneur Gauvain ils en prendront conseil pour mieux rechercher Lancelot. Nul ne contredit ce projet.

Vers le Pont-dessous-l'eau ils s'en vont et sitôt qu'ils y arrivent ils voient là monseigneur Gauvain trébuché du pont et tombé dans l'eau qui est très profonde. Tantôt surnage et tantôt coule. Tantôt le voient tantôt le perdent. Ils se démènent si bien qu'ils réussissent à le saisir avec des rames, des perches et des crocs. Il n'avait sur le dos que son haubert et sur la tête un heaume qui en valait certes dix. Il portait des chausses de fer toutes rouillées de par sa sueur car il avait souffert maintes peines et avait surmonté maints périls et maintes batailles, étant toujours victorieux. Il avait laissé sur l'autre rive son écu, sa lance et son cheval.

Les chevaliers qui l'ont repêché pensent qu'il ne peut être encore en vie tant il a dû avaler d'eau.

Avant qu'il l'eût toute dégorgée nul n'entendit mot de sa bouche. Mais dès qu'il retrouva sa voix, dès que son cœur battit et que sa poitrine respira, aussitôt il se mit à parler pour être bien compris de ses compagnons. Il leur demanda s'ils avaient connaissance de ce qu'était devenue la reine. On lui répondit qu'elle était sans faute sous la garde du roi

Baudemagus qui la comblait d'obligeance et de prévenances.

Gauvain demanda encore :

« Nul chevalier n'est-il déjà venu rechercher la reine en ce pays-ci?

— Oui.

— Qui donc? »

Ils répondent :

« Lancelot du Lac est venu. Il a passé le Pont-de-l'Épée. Il a secouru et libéré la reine en même temps que nous autres tous. Mais est arrivé un nain bossu et rechigné qui nous a trahis. Il s'est moqué de nous en nous enlevant Lancelot. Nous ne savons ce qu'il en a fait.

— Quand le nain fit-il telle trahison?

— Aujourd'hui, tout près d'ici, alors qu'avec Lancelot nous allions à votre rencontre.

— Dites-moi : que fit Lancelot depuis qu'il vint en ce pays? »

On le lui conte, tout entier sans oublier aucun détail. On lui apprend aussi que la reine l'attend. Elle a juré que jamais elle ne quitterait cet exil tant que ses yeux n'auraient revu Lancelot. Nouvelles de lui ne suffiraient point.

Messire Gauvain demande :

« Quand nous quitterons ce pont, partirons-nous à la recherche de Lancelot? »

Mais ils pensent tous qu'il convient de se rendre d'abord auprès de la reine. Ensuite le roi fera rechercher Lancelot que Méléagant — qui le hait — a dû emprisonner par une nouvelle trahison. Mais où qu'il soit retenu le roi Baudemagus, s'il en connaît le lieu, exigera que Lancelot soit libéré.

Tous sont d'accord et se mettent en chemin. Ils approchent de la cour où sont demeurés la reine, le roi, Ké le sénéchal et le félon qui avait apporté nouvelles affreuses sur le sort de Lancelot. Tous ceux qui les avaient entendues en étaient accablés, se disant trahis, frappés d'un coup mortel.

C'était là peu courtoises nouvelles qu'annonçait à la reine un si grand deuil. Mais la reine sait cacher sa peine et montrer mine avenante. Il lui faut paraître joyeuse pour faire honneur à Gauvain. Pourtant, malgré le soin qu'elle en prend, il arrive qu'à tel instant la peine paraisse sur son visage. Elle doit écouter à la fois la tristesse et la joie : quand elle pense à Lancelot elle a le cœur navré, quand elle voit Gauvain devant elle, elle fait mine du plus grand bonheur.

Tous sont abattus et furieux en apprenant que Lancelot a disparu. Le roi serait vivement heureux de l'arrivée de Gauvain et du plaisir de faire sa connaissance, mais lourde est sa peine quand il se souvient que Lancelot a été trahi. Le roi en demeure affligé et muet. La reine l'exhorte à envoyer rechercher le héros par toute la terre sans perdre un instant. Gauvain et Ké le sénéchal supplient aussi le roi. Tous se joignent à leurs prières.

Le roi répond :

« Laissez à moi seul le soin de cette affaire. Ne m'en dites plus un mot. J'ai pris résolution il y a longtemps déjà. Il n'est nul besoin de m'en prier pour que je fasse rechercher Lancelot. Je le saurai bien. »

Tous font ainsi qu'il l'a demandé. Le roi envoie des messagers par son royaume, des sergents habiles à rechercher un homme. Ils se renseignent de toutes parts mais n'en apprennent nulle nouvelle assurée. Personne ne retrouve trace de Lancelot. Ils s'en retournent à la cour où ils retrouvent les chevaliers, Gauvain, Ké et leurs compagnons, tous décidés à partir en quête bien armés et la lance en arrêt. Nul autre ne partira à leur place.

Un jour, ayant dîné, ils étaient tous occupés à revêtir leurs armures dans la salle car le temps était venu de faire selon le devoir et de se mettre en chemin. Un valet entra, passant parmi les chevaliers et vint jusque devant la reine qui ne gardait plus rien des roses de son teint. Ignorant tout de Lancelot si grand deuil elle avait que sa pâleur étrange faisait grand tort à sa beauté.

Ayant salué la reine puis le roi qui était auprès d'elle, puis Ké, puis messire Gauvain, enfin tous à la ronde, le valet tend au roi la lettre qu'il avait en main. Vite le roi s'en saisit. Il la donne à lire à haute voix à un lecteur habile à ce travail, capable de lire sans ânonner tout ce qui est écrit sur un parchemin.

« Lancelot salue le roi et l'appelle son bon seigneur. Il l'assure qu'il est homme dévoué tout entier aux ordres du roi. Il le remercie des honneurs qu'il lui a accordés ainsi que de tous ses bienfaits. Il mande qu'on sache bien qu'il se trouve en santé parfaite auprès du roi Arthur. Il prie la reine et Ké le sénéchal et monseigneur Gauvain de s'en retourner sans tarder si toutefois la reine y consent. »

Cette lettre contenait assez de signes clairs pour qu'elle fût digne d'être crue. Ce qui advint. Telle nouvelle fut accueillie avec grande joie. Tous les exilés se promirent à voix haute de partir le lendemain dès l'aube.

Ce lendemain, très tôt, ils se levèrent, se mirent en selle et partirent. Le roi fut joyeux de les accompagner une grande partie du chemin jusqu'aux frontières de son royaume. Au moment de franchir cette frontière il fit ses adieux à la reine et à tous ceux qui allaient poursuivre leur route. En prenant congé la reine remercie le roi Baudemagus avec les mots justes et bien trouvés. Elle l'embrasse en lui mettant les bras autour de son cou et lui offre ses services au nom du roi Arthur son époux. Elle ne peut assurer plus grande reconnaissance. Messire Gauvain, le sénéchal et tous les autres s'engagent envers Baudemagus comme envers un seigneur et un ami. Puis ils vont leur chemin. Une fois de plus le roi recommande à Dieu la reine et les deux chevaliers. Encore une fois il salue tous leurs compagnons puis s'en revient à sa cour.

Pendant chaque jour d'une semaine entière ils chevauchent sans faire jamais longue halte. La cour apprend que la reine approche et le roi Arthur en éprouve grande joie qui pénètre son cœur car il pense aussi que son neveu approche dans le cortège. Il ne doute pas que Gauvain n'ait obtenu par son courage le retour de la reine, du sénéchal et de tous les gens qui se trouvaient retenus en exil (mais la vérité est bien différente de ce qu'on pense à la cour). La cité se vide aussitôt de tous ceux qui l'habitent et viennent de partir au-devant du cortège qui approche. Qu'il soit chevalier ou vilain, chacun s'écrie en rencontrant ceux qui approchent :

« Bienvenu soit, messire Gauvain, qui nous a ramené la reine et délivré maintes dames avec elle et nous a rendu maints captifs ! »

Mais Gauvain répond :

« Seigneurs, vous faites de moi grande louange sans qu'il en soit nulle raison. Cessez à l'instant de me louanger ainsi. Je n'ai point à voir avec la gloire de cet exploit. En me faisant honneur vous me faites honte : quand je suis arrivé là-bas tout était terminé. J'ai été trop lent et j'ai échoué. C'est Lancelot qui est arrivé comme il fallait. Il a acquis plus grand renom que n'en eut jamais aucun chevalier. »

On lui demande :

« Beau sire, où donc est Lancelot puisqu'on ne le voit près de vous?

— Où cela? répond Gauvain, mais il est à la cour de monseigneur le roi. N'est-ce point vrai?

— Non point, sûrement. Ni en ce lieu ni ailleurs en ce pays. Depuis que madame la reine a été emmenée loin d'ici nous n'avons jamais eu de Lancelot la moindre nouvelle. »

Alors seulement messire Gauvain comprend que la lettre a menti. Cette lettre les a trompés et trahis. De nouveau les voici tous plongés dans le deuil. Le roi veut savoir sur-le-champ ce qui est arrivé. Des gens bien renseignés lui apprennent comment Lancelot a travaillé, comment son bras a délivré la reine et les autres captifs. Ils content aussi par quelle trahison le nain a pu éloigner Lancelot de ses amis.

Le roi est très triste d'apprendre ce malheur. Mais sa joie d'avoir retrouvé la reine fait battre si fort son cœur que sa tristesse en est vaincue. Il a retrouvé celle qu'il aime le plus, et il se soucie peu du reste.

Pendant que la reine était retenue loin du pays se tint un conseil des dames et demoiselles sans époux. Elles furent toutes de ce même avis qu'elles voulaient se marier sans trop attendre. Il fut donc décidé au cours de ce conseil d'organiser un grand tournoi. Ce fut l'affaire de la dame de Pomeleglois pour l'un des partis et pour l'autre de la dame de Noauz. Les belles garderont le silence à l'égard des mauvais jouteurs mais aux plus courageux elles accorderont leur amour. Le tournoi sera proclamé tant sur les terres voisines que sur les terres lointaines. On convint d'une date point trop prochaine afin que l'assemblée puisse être plus nombreuse.

Pendant ce temps la reine revint au pays. Sitôt que l'on apprit son retour, presque toutes les demoiselles qui désiraient se marier se mirent en chemin pour venir à la cour. Dès qu'elles furent devant le roi, elles le harcelèrent pour qu'il leur fît un don et donne consentement à leur vœu. Il ne savait pas encore ce qu'était ce vœu, qu'il leur promit de faire comme elles voulaient. Les demoiselles lui demandèrent de permettre à madame la reine d'aller voir leur tournoi. Le roi, qui n'aimait guère refuser, estima fort bon ce souhait pourvu qu'il plût à la reine. Heureuses, les demoiselles allèrent trouver la reine et lui dirent tout crûment :

« Madame, ne nous reprenez pas le don que le roi nous a fait. »

Alors la reine demande :

« Qu'est-ce donc ? Il ne faut point me le cacher.

— S'il vous plaît de venir voir notre tournoi, le roi, qui ne veut vous contrarier, ne cherchera point à vous retenir. »

La reine leur assure donc qu'elle ira au tournoi puisque le roi le veut bien. On envoie aussitôt des messagers par tous les pays appartenant au roi et l'on proclame qu'au jour fixé pour le tournoi les demoiselles amèneront la reine. C'est là une nouvelle qui voyage si bien en toutes régions qu'elle gagne même ce royaume là d'où nul ne pouvait jamais revenir. (Mais maintenant on y entrait et l'on en sortait à volonté et librement.) Portée de bouche en bouche, la nouvelle parvint chez un sénéchal de Méléagant, le félon qui devrait brûler dans le feu de l'enfer. Ce sénéchal était le gardien de Lancelot. Son manoir était la prison où Méléagant avait enfermé le chevalier qu'il avait en haine mortelle. Dès que le prisonnier apprit la nouvelle de ce tournoi et sut à quel jour il était fixé, les larmes emplirent souvent ses yeux et la joie déserta son cœur.

La dame du manoir a vu sa grande tristesse. En secret elle lui parle ainsi :

« Sire, pour Dieu et sur votre âme, avec franchise vous me direz pourquoi vous êtes ainsi tout changé. Vous ne buvez ni ne mangez. Jamais vous ne riez ni ne plaisantez. Vous ne courrez nul péril à me dire la raison de votre tourment. »

Lancelot répond :

« Hélas ! madame, pourquoi vous étonner si j'ai si grande tristesse ? Je suis très affligé quand je pense que je ne pourrai être en ce lieu où se trouvera tout ce qu'il y a de plus beau au monde. Je ne pourrai combattre dans ce tournoi dont on dit qu'il sera tenu devant l'assemblée d'un peuple entier. S'il vous plaisait de me donner permission d'y aller je serais assez loyal pour revenir ici comme votre prisonnier.

— En vérité ainsi ferais-je si je n'avais peur d'y perdre ma vie. J'ai grande crainte de notre seigneur Méléagant. S'il savait la chose il tuerait sûrement mon mari. Que ma peur ne vous étonne : vous savez comme ce seigneur est cruel.

— Dame, craindriez-vous qu'après les joutes je ne retourne pas chez vous dans ma prison ?

— Je vous donne permission à une condition, dit la dame.

— Laquelle donc ? »

La dame répond :

« Seigneur, par celle-ci que vous me jurez de revenir et avec cela m'assurerez que j'aurai votre amour.

— Dame, tout entier celui que j'ai je vous le donne et jure de revenir. »

La dame fait, tout en riant :

« Il faudra donc m'en tenir à néant ! A une autre, à ce que je sais, vous avez donné et confié l'amour que je vous ai demandé. Cependant sans nul dédain j'en prends ce que j'en puis avoir. Vous me jurerez que ferez avec loyauté en revenant ici comme mon prisonnier. »

Selon le désir de la dame, Lancelot fait serment sur la Sainte Église de revenir sans faute. La dame lui prête alors l'armure de son propre mari, son écu vermeil et son cheval beau et hardi à merveille. Lancelot monte en selle et part aussitôt sous une armure fraîche et éclatante.

Après avoir longuement chevauché, Lancelot arrive à Noauz. Il prend logement dans une hôtellerie hors de la ville. Il ne trouve que bien pauvre logement bien étroit et bas de plafond pour un homme de si grande valeur. C'est que Lancelot ne voulait demeurer en un lieu où il pourrait être reconnu.

Dans le château il y avait une grande foule de chevaliers de grande valeur et renom. Mais beaucoup étaient en dehors du château car en si grand nombre ils étaient venus pour la reine qu'un chevalier sur cinq, au moins, n'avait pu trouver de logement dans un hôtel. On n'en aurait compté un sur sept qui fût venu en ce lieu si ce n'eût été à cause de la reine. Sur une étendue de cinq lieues autour du château les barons avaient trouvé logement dans des maisons de chaume, dans des grottes et des huttes. C'était merveille aussi de voir rassemblées tant de dames et de nobles demoiselles.

Lancelot avait accroché son écu à l'huis de son logis du côté de la rue. Pour délasser son corps il avait ôté son armure et s'était couché sur le lit, ce qu'il ne prisait guère, car le lit était étroit et le matelas était couvert d'un drap de chanvre rêche.

Comme il se reposait sur ce lit survint un vaurien en chemise, une sorte de héraut d'armes. Il avait dû laisser en gage à la taverne sa cotte, ses chaussures. Très vite il passa pieds nus, le manteau flottant au vent. Il trouva l'écu accroché devant lui et le regarda. Il ne se pouvait faire qu'il le reconnût et sût à qui il appartenait. Il voit entrouverte la porte de la maison. Il entre et découvre Lancelot couché sur le lit. Aussitôt il le reconnaît et fait le signe de la croix. Lancelot le regarde. Il interdit à l'homme de parler de lui où qu'il aille. S'il arrive que Lancelot apprenne qu'il a parlé, mieux vaudrait pour cet homme qu'il ait les yeux crevés et le cou brisé!

Le héraut dit :

« Sire, toujours je vous ai estimé très fort. Aussi longtemps que je vivrai je ne ferai nulle chose dont vous me puissiez avoir mauvais gré! »

Il bondit hors de la maison et court en criant le plus fort qu'il peut :

« Il est venu, il est venu celui qui aunera! »

Le vaurien ne cesse de crier ainsi. Les gens sortent bien vite en lui demandant : « Que veut dire ce cri? »

Mais le vaurien se garde de l'expliquer. Sachez que fut dit alors pour la première fois : « Il est venu, celui qui aunera! »

Notre maître en fut ce héraut qui nous a appris à le dire car ce fut lui qui le cria le premier.

Déjà sont rassemblées les troupes. Viennent la reine et toutes les dames, les chevaliers et autres gens. Il y avait foule de sergents de toutes parts, à droite à gauche. Là où devait se tenir le tournoi il y avait de grandes loges de bois. Parce que la reine y était et les dames et les pucelles. Jamais on ne vit loges si belles ni si longues ni si bien faites. Là se sont réunies les dames autour de la reine voulant

toutes contempler sans peine qui fera le mieux ou
le pis.

Les chevaliers se présentent : dix et dix puis
vingt et vingt ; puis trente et trente, ici quatre-
vingts, là nonante, là cent, là plus de deux fois
autant. L'assemblée en est une foule devant les
loges et autour et déjà le combat commence.

Gens armés, gens sans armes s'assemblent. Les
lances sont comme un grand bois car ils en font
tant apporter ceux qui veulent combattre en joute
qu'on ne peut plus voir que bannières et gonfanons.

Les tournoyeurs vont au tournoi. Ils y trouvent
maints compagnons qui sont venus pour jouter et
près de là d'autres s'apprêtent à faire autres
chevaleries. Ainsi sont pleines les prairies et les
champs en deviennent sombres. On ne pourrait
compter le nombre des chevaliers. Ils étaient trop.
Il n'y eut point de Lancelot en cette première
assemblée. Mais quand il vient parmi la prée,
quand le héraut ne peut se retenir de crier : « Voyez
celui qui aunera ! Voyez celui qui aunera ! » Et l'on
demande : « Qui est-il ? » Mais le héraut ne leur en
veut rien dire.

Quand Lancelot vient au combat lui seul valait
vingt des meilleurs. Sitôt commence à si bien faire
que nul ne peut empêcher ses yeux de le suivre là
où qu'il soit.

Près de lui était Pomeglegloi, chevalier preux et
vaillant dont le cheval sautait et courait plus que
cerf de lande. Il était fils du roi d'Irlande et
combattait bel et bien. Mais plaisait bien quatre
fois plus le chevalier qu'ils ne connaissaient point.

Tous s'empressent à demander :

« Qui est donc celui qui combat si bien ? »

La reine attire à part une pucelle belle et sage et
lui dit :

« Il vous faut porter un message au plus tôt en

quelques paroles brèves. Allez vite à ce chevalier qui porte écu vermeil et dites-lui en secret que je lui demande de faire « au pire ».

La pucelle fait comme le veut la reine. Du chevalier elle s'approche tout près et lui dit avec gentillesse sans que l'entendent les voisins :

« Sire, je viens de la part de la reine qui par moi vous mande et vous dis : « Au pire! »

Il lui répond :

« Très volontiers », comme un qui est sien tout entier. Alors il se porte au plus grand galop contre un chevalier et, le frappant, manque son coup. Puis il fait semblant d'avoir peur de tous ceux qui viennent et vont. Et les chevaliers font de lui grandes risées et plaisanteries. Le voici donc tout maté et déconfit celui qu'auparavant ils prisaient si fort comme le héros qui avait dit que tous seraient par lui conquis. Et il entend qu'on le honnit et qu'on lui dit : « Mais tais-toi donc! Celui-ci plus ne toisera sa valeur. Tant il l'a toisée qu'est brisée l'aune que tu as tant prisée. Il était si preux qu'à bon droit chevalier redoutait de l'attendre. Maintenant ce n'est plus que couarde chose. » Mais la reine, qui le regarde, en est joyeuse. Cela lui plaît et elle sait bien ce qu'est le vrai Lancelot — mais elle se tait.

Ainsi tout le jour jusqu'au soir Lancelot se fit tenir pour couard. Mais à l'heure de basses-vêpres il fallut se séparer.

On débattit alors pour savoir quel chevalier s'était le mieux battu. Le fils du roi d'Irlande pensait être celui-là sans conteste mais il se trompe lourdement car nombreux se montrèrent les cheva-liers aussi vaillants que lui. Le chevalier à l'écu d'argent avait plu aussi bien aux dames qu'aux pucelles des mieux atourées aux plus belles. Ce chevalier avait toutes les faveurs. Elles avaient vu avec quelle vaillance il avait combattu au début, comme il était hardi alors puis comme il prit peur au point de n'atteindre plus aucun chevalier. Alors les moins bons des combattants auraient pu l'abattre et le faire prisonnier.

On convint de revenir le lendemain au tournoi afin que les demoiselles choisissent pour maris les chevaliers auxquels reviendra l'honneur de la journée. C'était là leur dire et leur plan. Ayant ainsi décidé ils revinrent à leur hôtel.

En tous lieux des gens commencèrent à dire :

« Où est le chevalier le pire ? Et le plus nul, le plus méprisable ? Où est-il allé ? Où s'est-il caché ? Où le chercher ? Où le trouver ? Peut-être ne le verrons-nous plus car la lâcheté l'a chassé. Il n'a pas tort car un lâche est cent mille fois plus à l'aise que l'est un preux, un combattant. » Ainsi toute la nuit médisent ceux qui s'étranglent à médire. « Mais souvent tel dit mal d'autrui qui est bien pire que celui-là qu'il blâme et méprise. Lâcheté est très riche ; c'est pour cela qu'il baise les pieds et a pris d'elle tout ce qu'il possède. Vraiment jamais Prouesse ne fut vile au point de se glisser en lui ou de s'asseoir auprès de lui. Mais Lâcheté a trouvé refuge dans son cœur. Elle a trouvé un hôte qui l'aime et si fidèlement la sert que, voulant pleinement l'honorer, il perd tout son honneur. »

Ainsi toute la nuit parlent ceux qui s'étranglent à force de médire. Mais souvent tel dit du mal d'autrui qui est bien pire que celui-là qu'il blâme. Que chacun dise donc ce qu'il lui plaît !

« Voyez-vous celui à la bande d'or sur écu rouge ? C'est Governal de Roberdic. Et voyez-vous celui après qui, sur son écu, côte à côte a peint un aigle et un dragon ? C'est le fils du roi d'Aragon. Et celui qui porte des faisans sur son écu, peints bec à bec, c'est Coguillant de Mautirec. Et ne voyez-vous

ces deux-là, non loin, sur leurs destriers pomme-
lés? Ils portent des lions gris sur l'or de leurs écus.
L'un s'appelle Sémiramis, l'autre est son compagnon fidèle. Aussi leurs écus sont-ils de même
figure et même couleur. Et voyez-vous cet autre
dont l'écu montre l'image d'une porte? Un cerf en
bondit semble-t-il. Celui-là c'est le roi Yder... »

Ainsi parle-t-on dans les loges et l'on dit encore :
« Cet écu a été fabriqué à Limoges. C'est Pilade
qui l'en a rapporté. Il a grande ardeur celui-là,
veut se battre et le dit bien haut! Cet autre écu
vient de Toulouse et tout le harnais aussi. Là-bas
l'acheta le comte d'Estral. Celui-ci vient des ateliers
de Lyon sur le Rhône. N'en est nul meilleur sous le
ciel! On en fit présent à Taulas de la Déserte en
récompense d'un très grand service. On doit dire
que ce chevalier sait bien le porter et s'en servir.
Cet autre écu ici est un ouvrage d'Angleterre. Il est
venu de Londres. On voit sur lui deux hirondelles
prêtes à s'envoler croirait-on. Mais elles demeurent
là sans bouger quand elles reçoivent maints coups
d'épée en acier poitevin. C'est Thoas le jeune qui le
porte... »

C'est ainsi que les gens décrivent les armes des
jouteurs qu'ils connaissent. Ils ne parlent plus du
chevalier qu'ils méprisaient tant. Ils pensent qu'il
s'est esquivé puisqu'ils ne l'aperçoivent plus.

La reine non plus ne le voit pas d'aucun côté.
Elle a envie de l'envoyer chercher parmi la foule
jusqu'à ce qu'on le trouve. Le mieux est d'envoyer
la pucelle qu'elle a déjà chargée la veille d'aller vers
lui. Vite, elle l'appelle :

« Allez, demoiselle. Montez sur votre palefroi! Je
vous envoie au chevalier d'hier, cherchez-le et
trouvez-le! Et lui redites bien encore qu'il refasse
au pis maintenant. Quand vous le lui aurez dit,
écoutez bien sa réponse. »

Sitôt ordonné la demoiselle s'en va. La veille, elle n'avait pas manqué de regarder de quel côté s'éloignait le chevalier car elle savait bien que la dame l'enverrait chercher de nouveau. Elle va parmi la foule. Elle voit le chevalier et lui recommande de se battre « au pire » s'il veut garder faveur et amour de la reine. Le chevalier lui répond :

« Grâces soient rendues à la dame puisqu'elle l'ordonne ! »

La demoiselle se sauve. Les valets, les sergents, les écuyers crient tous ensemble :

« Miracle ! voici l'homme aux armes vermeilles. A quoi sera-t-il bon ? Nul ne vit jamais un être aussi vil, aussi couard et méprisable. Lâcheté le tient et il ne peut rien contre elle. »

La demoiselle est revenue près de la reine qui la serre sur sa poitrine jusqu'à ce qu'elle entende la réponse. Cette réponse lui fait joie parce qu'ainsi elle sait qu'il est bien celui à qui elle est tout entière et qu'il est sien sans nulle faute. A la pucelle elle dit de retourner vite lui dire qu'elle lui commande et prie de combattre au mieux qu'il pourra.

La pucelle court donc sans arrêt ni trêve à la recherche du chevalier. Son valet l'attendait, gardant son palefroi. Elle monte, elle s'en va, trouve le chevalier et lui dit :

« Sire, ma dame vous commande que de toutes vos forces vous vous battiez au mieux maintenant. »

Il répond :

« Vous lui direz qu'aucune chose ne me coûte à faire dès qu'il lui plaît de me l'ordonner car tout ce qui lui plaît m'agrée. »

La demoiselle rapporte promptement ce message sachant bien que la reine en sera ravie. Elle va droit vers la loge. La reine, qui l'aperçoit, s'est levée, descend les marches jusqu'au palier et attend là la

demoiselle si heureuse d'apporter ce message. Elle
monte quelques marches. Lorsqu'elle est tout près
de la reine elle lui dit :

« Madame, jamais je ne vis nul chevalier aussi
débonnaire car il veut de point en point faire tout
ce que vous lui commandez. Si vous me demandez
vérité je vous dirai qu'il accueille de même façon
ordre de faire au mieux comme ordre de faire au
pire.

— Par ma foi, il est bien possible », dit la reine.

Elle revient à sa place pour regarder combattre
les chevaliers. Sans attendre, Lancelot prend son
écu par les énarmes. Il veut montrer au plus tôt
comme il est adroit et vaillant. Il met en place son
destrier et le lance entre deux rangs de chevaliers.
Ils se souviendront longtemps de leur surprise ceux
qui ont été surpris par la feinte. Ils ne vont pas
tarder à être ébahis ceux qui dans la nuit se sont
moqués de lui ! Beaucoup se sont amusés à parler à
ses dépens.

Tenant son écu par les énarmes, le fils du roi
d'Irlande fonce à sa rencontre du bout de l'autre
camp. Ils s'entrefrappent rudement. Le fils du roi
d'Irlande abandonne la joute, sa lance brisée d'un
seul coup, car Lancelot n'a point donné sur de la
mousse mais sur du bois sec et dur.

Par ce faire, Lancelot lui a montré l'un de ses
tours : plaquer l'écu sur le corps de l'adversaire,
tenir son bras collé au corps et précipiter au bas du
cheval.

Des deux camps les chevaliers s'élancent pour
délivrer l'un des combattants, pour gêner l'autre ;
certains pensent libérer leur seigneur et plus d'un
vide les étriers dans cette mêlée.

Gauvain qui était parmi les autres ne s'engagea
point dans la joute ce jour-là, ayant plaisir à voir les
exploits du chevalier aux armes peintes en rouge.

Les prouesses des autres lui paraissaient peu de chose auprès de celles-là.

Le héraut retrouve un ton joyeux pour crier très fort afin que tous l'entendent : « Il est venu celui qui aunera! Vous allez voir ce qu'il fera. Aujourd'hui vous en serez témoins! »

Lancelot remet en lice son cheval et fonce sur un chevalier des plus renommés. Avec tant de force il le frappe qu'il l'envoie à plus de cent pas de son destrier. Il joue si bien de la lance et de l'épée que tous le regardent en s'émerveillant. Ils se régalent de voir comment ce chevalier renverse tout ensemble hommes et chevaux. Bien peu de ceux qu'il attaque réussissent à demeurer en selle. Il donne à qui les veut les chevaux qu'il gagne ainsi. Tous ceux qui s'étaient moqués de lui avouent : « Nous avons eu grand tort de le mépriser et honnir. Il a vaincu et surpassé tous les chevaliers du monde! Personne ne peut se comparer à celui-là! »

Émerveillées, les demoiselles le regardent mais elles pensent qu'il n'est pas grande chance qu'il épouse l'une d'entre elles. Rien ne leur sera avantage : ni leur beauté ni leur richesse ni leur naissance car comment un homme d'une telle vaillance pourrait-il être retenu ainsi? Cependant plusieurs d'entre elles se lient par des vœux, chacune faisant serment de ne point se marier de l'année si elle ne se marie avec lui. Point de seigneur point de mari!

La reine se moque en secret de ce qu'elle entend dire autour d'elle. Elle sait que pour tout l'or d'Arabie, si on le mettait devant lui, il ne prendrait la meilleure de toutes les demoiselles, ni la plus belle ni la plus gente, ce chevalier qui leur plaît à toutes. Toutes sont d'accord sur une seule chose : chacune le voudrait avoir. L'une est jalouse de l'autre comme si elle était déjà son épouse. Il est si adroit, pensaient-elles, que nul ne combattra jamais mieux.

A la fin du tournoi, on convenait dans les deux camps que le chevalier à l'écu vermeil n'avait pas connu son pareil.

A ce moment-là le chevalier laissa choir son écu au milieu de la foule, et sa lance et son manteau sans que nul le vît, puis s'enfuit du plus vite qu'il put. Il fit cela de telle manière que, de toute l'assemblée, personne ne s'en aperçut.

Il galopa tout droit pour retrouver sa prison et tenir parole.

Tous le cherchaient et réclamaient le vainqueur. Comment le trouver puisqu'il s'en est enfui pour que nul ne le reconnaisse ? Inquiets et tristes sont les chevaliers car ils auraient eu grande joie à ce que le vainqueur demeure parmi eux. Si les chevaliers sont peinés, bien plus grande encore est la peine des demoiselles. Toutes font serment par saint Jean de ne se marier de l'année. Chacune ne pouvant tenir ce qu'elle désire en tient quittes toutes les autres. Ainsi prend fin le tournoi sans qu'aucune d'entre elles se soit choisi un époux.

Lancelot ne s'attarde point. Il court vers sa prison.

Deux ou trois jours plus tôt, le sénéchal avait demandé à sa femme où donc se trouvait Lancelot. La dame, qui avait prêté les armes vermeilles en parfait état et le harnais et le cheval, avoua toute la vérité, disant comment elle avait donné permission au chevalier d'aller combattre au tournoi de Noauz.

Le sénéchal répondit :

« Madame, vous ne pouviez faire pire chose. Il va m'en arriver malheur, car messire Méléagant sera plus cruel avec moi que si j'étais naufragé le serait le géant qui fait la terreur à l'entour du mont Saint-

Michel. Il n'aura pitié de moi. Dès qu'il apprendra
la nouvelle il me tuera.

— Ne craignez point, répond la dame, et ne
soyez en tourment. Rien ne peut retenir Lancelot
puisqu'il m'a juré sur les reliques qu'il reviendrait
ici sitôt qu'il le pourrait. »

Le sénéchal alla donc sur l'heure trouver son
seigneur et lui rapporter comment les choses
s'étaient passées. Il le rassura en lui disant que sa
femme avait reçu de Lancelot la promesse qu'il
regagnerait sa prison.

« Il le fera assurément, répond Méléagant, mais
je suis vivement fâché de ce qu'a fait votre femme.
Pour rien au monde je ne voulais que Lancelot
combattît dans ce tournoi. Repartez sans m'attendre et faites que dès qu'il sera de retour, tenez-le
en prison et qu'il ne puisse en sortir sous nul
prétexte et s'il le veut qu'on l'en empêche! Donnez-m'en des nouvelles au plus tôt.

— Sire, répond le sénéchal, il sera fait comme
vous l'ordonnez. » Il s'en va.

Lancelot était bien de retour dans sa prison où le
trouva le sénéchal qui envoya aussitôt un messager
vers Méléagant.

Sans attendre, celui-ci fit venir maçons et char-
pentiers pour travailler selon ses ordres bon gré mal
gré. Il leur fut commandé d'élever une tour.
Méléagant voulut qu'elle fût tôt construite en
pierre et dominant la mer. Il y avait en effet près
de Gorre un bras de mer très large. Au milieu on
voyait une île, bien connue de Méléagant. C'était
de là qu'on devait extraire la pierre. C'était là qu'on
devait apporter le bois pour charpenter la tour.
Celle-ci fut élevée en moins de cinquante-sept
jours, épaisse et forte, haute et seule. Quand elle fut
achevée Méléagant y fit amener Lancelot puis il
donna ordre de barrer toutes les portes et fit jurer

aux maçons de ne dire jamais mot de cette tour. Il voulait qu'elle fût secrète, ne présentant nulle ouverture sinon une fenêtre étroite.

Dans cette tour fut donc enfermé Lancelot. On lui passait sa nourriture, chichement comptée, par la seule étroite ouverture qu'avait voulue ce seigneur faux et perfide.

Geoffroy de Lagny le clerc a terminé « la charrette ». Mais que nul ne le blâme d'avoir œuvré après Chrétien! Car il l'a fait du plein gré de l'auteur qui composa ce roman. Il a tout fait depuis l'instant où Lancelot fut emmuré jusqu'à la fin de cette histoire.

Résumé de la continuation
d'après Geoffroy de Lagny

Méléagant ne tarde pas à venir réclamer Lancelot à la cour d'Arthur. Ne lui avait-il promis le combat? Il ne le trouve point. Il s'en plaint aussi à son père comme à sa sœur la Demoiselle à la Mule. Celle-ci avait promis à Lancelot de lui rendre service le jour venu. Elle le cherche donc et si bien qu'elle découvre, dans un bras de mer, la tour où se plaint Lancelot prisonnier.

La demoiselle l'appelle. Il croit que c'est un fantôme, mais elle sait se faire reconnaître et s'arrange pour lui faire passer une pioche. Il s'évade. Elle le prend en croupe, prend soin de lui en son propre château. Il vient à la cour d'Arthur où Méléagant l'attendait encore. C'est le duel sur la lande. Heureux mais encore inquiets, le roi et la reine assistent à ce tournoi assis sous un sycomore près de la fameuse fontaine mystérieuse. A la fin d'un combat terrible, Méléagant a la tête tranchée sans que nul n'ait pitié de lui.

Yvain,
le Chevalier au lion

Si Chrétien de Troyes aborde de nouveau dans Yvain *le problème de l'amour, du mariage et de la chevalerie aventureuse, c'est que ce problème se posait à tant de jeunes gens qui se demandaient : se doit-on d'abord et de toutes ses forces de servir un idéal chevaleresque? Le service de l'idéal chevaleresque prime-t-il absolument le service de la femme aimée? Le chevalier doit-il se défier de l'amour qui lui fait bientôt oublier prouesse et gloire? Ou bien faut-il accepter la loi courtoise, se faire un devoir absolu de servir la dame aimée et de n'accomplir prouesse de chevalerie que dans ce service d'amour?*

Mais seraient-ce là les deux seules voies, les deux seules réponses? Ne pourrait-on trouver une autre voie, concilier le service respectueux de la dame et les devoirs d'un chevalier envers la chevalerie? A l'alternative : soi ou la dame, la chevalerie ou l'amour soumis, ne pouvait-on échapper et affirmer plus librement et fièrement l'amour et la chevalerie, le service de la dame aimée et le respect de soi-même? Mais le moraliste est trop clairvoyant pour ne pas concéder que les faiblesses naturelles de l'homme inclinent souvent le héros à céder devant l'amant.

*Toute l'histoire d'*Yvain *développe ses épisodes dans*

le climat du merveilleux breton. C'est à la tradition poétique de la saga celtique qu'appartient le personnage d'Yvain. Dans des écrits antérieurs à 1150, on trouve nombre d'éléments essentiels de l'histoire romanesque d'« Owein » — qui deviendra « Yvain » chez Chrétien.

Ce héros a laissé dans les poèmes des bardes du VIIᵉ siècle, ses contemporains, un nom si fameux que le célébreront de siècle en siècle toutes les générations de poètes et de conteurs jusqu'à l'époque de Chrétien de Troyes. Owein avait pour père le roi Urien qui régnait sur l'actuel Cumberland, alors appelé « pays de Reghed ». Les Cambriens n'avaient alors qu'un ennemi : le Saxon, sur lequel, d'après le chroniqueur Nennius, Owein remporta plusieurs victoires dont chacune devait être célébrée par un poème de Taliésin, barde majeur de la cour. Celui-ci chante :

« ...Lorsqu'à la bataille de Murien les guerriers bretons s'enfuirent en désordre, le bouclier d'Owein ne se détourna point mais rétablit l'ordre dans la mêlée. »

Il revint aussi aux bardes de la cour de célébrer les mérites de « la grande âme d'Owein » lorsqu'il fut tué au combat.

« ...Tant qu'il porta la couronne le dur tribut ne fut point payé devant sa face.

« Il ne fut point payé devant Owein fils d'Urien, devant le prince de Reghed qu'un tertre vert recouvre... »

Un autre poète précise que ce tertre vert, tombeau d'Owein « prince du Nord », s'élève à Lanmorvaël dans le nord du Pays de Galles.

Dans sa Légende armoricaine des Rois, *Geoffroy de Monmouth le nomme parmi les plus beaux et nobles chevaliers de la cour d'Arthur.*

Au XIIᵉ siècle — celui de Chrétien — les auteurs gallois n'en donnent point une autre image. « Nobilissima Britonnum ortus, juvenis elegantissimus Owein »,

dit la Vie de saint Kentlegen *(1150) qui ajoute
« naturali amoris igne inflamatus ». Les récits popu-
laires insistent, bien entendu, sur les amours d'Owein.*

*Il en est du conte gallois d'*Yvain et la Dame de
Brécilien *comme de celui d'*Érec et Énide. *Composé
dans la première partie du* XIIe *siècle, il est d'esprit
populaire, sa trame est sans artifice, son allure rapide
et dégagée. Est-ce de ce conte que s'est directement
inspiré Chrétien de Troyes ? Ou bien, cette fois encore,
le conte gallois et le roman français représentent-ils
deux libres transcriptions, presque contemporaines, de
textes plus anciens ?*

Dans Yvain, *on retrouve le même genre de modifications matérielles que celles constatées dans la composition des autres romans :* Owein, Luned, Gwalmaï,
Kai, Kenon *de la légende chevaleresque de Galles
deviennent* Yvain, Lunette, Gauvain, Ké, Calogrenant. *La forêt cambrienne se confond avec la forêt
armoricaine de Brocéliande, appelée aussi dans les
vieux textes Bréchéliant, lieu élu de tous les enchantements et singulièrement de ceux de la magique fontaine
(celle-là même que le pèlerin littéraire peut toujours
découvrir au bout d'un chemin difficile, au cœur de
l'actuelle forêt de Paimpont. La margelle de Barenton
n'est que de simples dalles comme celle d'un lavoir
(d'un « doué », dit-on en breton). Le bassin en
était d'argent et la margelle de marbre chez les
Gallois. Ils deviennent, chez le Champenois, bassin de
l'or le plus fin, margelle d'émeraude et de rubis :*

Plus flamboyant et plus vermeil
Que n'est au matin le soleil.

Pour bien des raisons on peut voir en Yvain *le chef-
d'œuvre du roman courtois. Comment ne pas apprécier
la sûreté de son plan organisé selon quelques grands
épisodes : la description fine et poussée des caractères*

des trois acteurs principaux : Yvain le mari, Laudine l'épouse et Lunette la servante toujours si astucieusement et habilement à l'œuvre ; la libre illustration d'une thèse morale exposée de façon jamais convenue ni monotone ; l'enchantement qui émane de toute l'œuvre dans laquelle Chrétien compose, selon un mode souverain, les traditions merveilleuses de la Celtie et de l'Antiquité grecque et romaine.

N'oublions pas le Lion, sorti du bestiaire fabuleux, dont Chrétien a fait un vrai personnage. Ce n'est pas une bête sauvage mais le Lion des Vertus, maître en courage et en fidélité. L'amitié de l'âge d'or est restaurée.

Avec **Yvain** *se clôt le cycle courtois. Et va surgir Perceval, premier héros des romans mystiques de la quête du Graal.*

Arthur le bon roi de Bretagne dont la vaillance nous enseigne à être preux et courtois, tenait une très riche cour en la fête de la Pentecôte. C'était à Carduel, en Galles. Après manger, dedans les salles les chevaliers s'assemblèrent là où les avaient appelés les dames et les demoiselles. Les uns contaient des nouvelles, les autres parlaient de l'amour, de ses angoisses et ses douleurs et des grands biens que reçurent souvent les disciples de son ordre qui était alors riche et doux. Mais presque tous l'ont délaissé et Amour en fut abaissé car ceux qui aimaient voulaient être appelés courtois et preux, hommes généreux, hommes d'honneur. Aujourd'hui Amour est tourné en fable : ceux qui l'ignorent disent qu'ils aiment mais ils mentent. Ils se vantent d'être amoureux mais ce droit-là ils ne l'ont point car ce n'est que fable et mensonge.

Parlons des hommes d'autrefois, cela vaut mieux. Oui, m'est avis qu'homme courtois mort vaut mieux que vilain en vie ! C'est pour cela qu'il me plaît de raconter une histoire digne d'être écoutée touchant un roi qui fut si grand qu'en tous lieux on célébra sa gloire. Je m'accorde là-dessus avec les Bretons : toujours durera son renom et grâce à lui sera gardé le souvenir des chevaliers qui firent prouesse pour l'honneur.

Ce jour-là beaucoup de gens s'étonnèrent de ce que le roi se leva et quitta l'assemblée. Plusieurs en furent fâchés et en firent murmure car jamais en un si grand jour ils n'avaient vu le roi se retirer dans sa chambre pour dormir ou pour reposer. Mais ce jour-là il advint que la reine le retint et qu'il demeura si longtemps près d'elle qu'il oublia la cour et s'endormit.

A l'huis de la chambre, dehors, il y avait Dodinel et Sagremor, Ké le sénéchal, et messire Gauvain. Il y avait aussi messire Yvain et avec eux Calogrenant, un chevalier très avenant qui commença de leur faire un conte. L'affaire lui était arrivée non pour son honneur mais sa honte.

La reine écoutait ce que contait le chevalier. Elle s'était levée d'auprès du roi et s'en était venue si doucement que nul ne la vit s'asseoir au milieu de tant de gens. Et Ké, homme très ramponeux et malveillant et venimeux dit alors :

« Par Dieu, Calogrenant, vous êtes preux, vous êtes leste et il m'est agréable que vous soyez d'entre nous tous le plus courtois. Et je sais que vous le croyez, tant vous êtes vide de bon sens. Il est juste que madame pense que vous avez bien plus que nous de courtoisie et de prouesse. Sans doute ne nous sommes point levés par paresse ou parce que nous ne daignâmes le faire. Mais, par Dieu, sire, si nous ne nous sommes levés, c'est que nous n'avons vu madame !

— Certes, Ké, fait la reine, je voudrais que vous fussiez crevé si vous ne pouvez vous vider du venin dont vous êtes plein ! Vous êtes odieux et lâche de tancer ainsi vos compagnons !

— Madame, reprit Ké, si nous ne gagnons à

votre compagnie, gardez que nous n'y perdions pas! Je ne crois avoir chose dite qui puisse m'être reprochée. S'il vous plaît restons-en là. Et faites-nous conter ce que le chevalier avait commencé. »

Calogrenant répond :

« Dame, je ne me soucie de la dispute. Pourquoi la priserais-je? Si Ké m'a fait offense je n'en aurai nul dommage. A de mieux vaillants, de plus sages, messire Ké, vous avez souvent dit paroles blessantes, car vous en êtes coutumier. Toujours doit puer le fumier, les taons piquer, le bourdon bruire, les félons ennuyer et nuire. Mais je ne conterai rien aujourd'hui, si ma dame veut bien me laisser en paix. Et je la prie qu'elle ne dise mot et veuille ne point me commander une chose qui me déplaise.

— Calogrenant, dit la reine, que ne vous chaillent les méchantes paroles de messire Ké le sénéchal! Il a coutume de dire du mal et ne peut s'en corriger. N'en ayez nul ressentiment et contez-nous chose si plaisante à entendre. Je vous le demande. Je vous en prie. Si vous voulez garder mon amitié, commencez le conte derechef!

— Il m'advint il y a plus de sept ans que, seul comme paysan, j'allais quérant aventure, armé de toutes armures comme doit être un chevalier. Je tournai mon chemin à droite parmi une forêt épaisse. Il y avait maintes voies félonesses, pleines de ronces et d'épines. Je pris cette voie puis un sentier. Bien près de tout le jour entier m'en allai chevauchant ainsi et je sortis de la forêt dont le nom est Brocéliande. Bientôt j'entrai dans une lande et vis une bretesche pas plus loin qu'à une demi-lieue galloise. Je vis l'enceinte et le fossé tout environ profond et large. Sur le pont de la forteresse je vis le seigneur de ce lieu tenant sur son poing un autour.

Je ne l'avais encore salué quand il vint me
prendre à l'étrier. Je descendis car j'avais besoin
d'un logis. Il me dit plus de sept fois tout d'affilée
que béni était ce chemin qui m'avait mené jusque-
là. Nous entrâmes dans la cour, passâmes le pont et
la porte. Au milieu de la cour de ce vavasseur —
auquel Dieu donne joie et honneur pour l'hospitalité qu'il m'accorda ce soir-là! — pendait un grand
disque de cuivre. Le vavasseur y frappa trois coups
avec un marteau suspendu à un poteau. Ceux qui
se tenaient enfermés dans le château ouïrent la voix
et le bruit, sortirent hors de la maison et descendirent dans la cour.

L'un des sergents prit mon cheval et je vis s'en
venir vers moi une pucelle belle et avenante. Je
m'attardai à l'esgarder tant elle était longue et belle
et droite. A me désarmer elle fut adroite et
m'affubla d'un court manteau d'écarlate couleur de
paon fourré de vair. Ceux qui étaient autour de moi
quittèrent la place. Nul ne resta, ce qui me plut. Et
elle me mena seoir dans le plus joli préau du
monde, clos de murs bas tout à la ronde. Je la
trouvai si bien élevée et bien parlante, si plaisante
et de si beau visage que j'étais heureux d'être là et
aurais souhaité ne jamais la quitter! Mais à la nuit
le vavasseur, nous dérangeant, vint nous chercher
quand ce fut l'heure du souper. Je lui obéis. Mais
que vous dirais-je du souper puisque la jeune fille
se trouvait assise en face de moi? Après souper, le
vavasseur me dit qu'il ne savait depuis combien de
temps il hébergeait parfois des chevaliers errants
qui allaient quérant l'aventure. Il en avait tant
hébergé! Puis il me pria de repasser en son logis à
mon retour, et je lui dis « Volontiers, sire! » car
c'eût été malhonnête de l'éconduire. Pouvais-je
faire moins pour mon hôte?

Je fus très bien hostelé cette nuit-là et mon

cheval bien établi comme je l'avais demandé.
Lorsque l'on put voir le jour et que j'eus fait ma
prière je recommandai mon bon hôte et sa chère
fille au Saint-Esprit et je partis.

N'étais guère loin de ce logis quand je trouvai, en
un essart, des taureaux sauvages qui s'entre-
combattaient et menaient grand bruit si farouche-
ment et cruellement que, pour dire la vérité, j'en
reculai de frayeur.

Je vis alors, assis sur une souche, ayant une
massue en main, un vilain qui ressemblait fort à un
Maure, laid et hideux à démesure.

Je m'approchai de ce vilain et vis qu'il avait plus
grosse tête que roncin ou autre bête, cheveux mêlés
en broussailles, front pelé de plus de deux empans
de large. Oreilles moussues et grandes comme
celles d'un éléphant, sourcils touffus, visage plat,
yeux de chouette et nez de chat, bouche fendue
comme loup, dents de sanglier, aiguës et brunes,
barbe noire, grenons tortis, menton soudé à la
poitrine, longue échine, torte et bossue. Il était
appuyé sur sa massue, vêtu de très étrange façon.
Ce n'était vêtement de toile ni de laine mais de
deux cuirs nouvellement écorchés, cuir de taureaux
ou cuir de bœufs.

Le vilain se dressa sur ses pieds dès qu'il me vit
approcher. Je ne savais s'il me voulait toucher mais
je me fis prêt à me défendre et vis alors qu'il
demeurait tout coi et sans bouger.

Il était juché sur un tronc qui avait bien sept
pieds de long. Il me regardait, ne disant mot pas
plus que ferait une bête. Et je croyais qu'il ne savait
parler ou qu'il n'avait point de raison.

Toutefois tant m'enhardis que je lui dis :

« Va, dis-moi si tu es bonne créature ou non? »

Il me dit :

« Je suis un homme.

— Quel homme es-tu?

— Tel comme tu vois. Autre je n'ai jamais été.

— Que fais-tu ici?

— Je vis ici et garde les bêtes de ces bois.

— Tu les gardes? Par Saint-Pierre de Rome, elles ne connaissent pas l'homme! Je ne crois pas qu'en plaine ou au bocage on puisse garder bête sauvage — ni en autre lieu non plus — si elle n'est liée ou enclose!

— Je garde pourtant celles-ci et si bien je les gouverne qu'elles ne sortiront de ce pourpris.

— Comment fais-tu? Dis-moi la vérité!

— Il n'en est point qui ose bouger dès qu'elle me voit venir, car quand j'en puis une tenir des poings que j'ai durs et forts je l'empoigne par ses deux cornes. Les autres sitôt de peur tremblent. Autour de moi elles s'assemblent et toutes ensemble crient merci. Nul autre que moi ne pourrait être parmi ces bêtes sans en être occis aussitôt. Je suis seigneur des bêtes. Mais, toi, dis-moi quel homme tu es et ce que tu cherches.

— Je suis un chevalier en quête de ce qu'il ne peut trouver. Car je cherche et rien je ne trouve.

— Et que voudrais-tu trouver?

— Aventure pour éprouver ma prouesse et ma hardiesse! Je te prie et te demande : dis-moi si tu connais quelque aventure merveilleuse.

— D'aventure je n'en connais. Jamais n'en entendis parler. Mais si tu veux aller jusqu'à une fontaine et entreprendre de lui rendre son droit, tu n'en reviendras pas sans peine! Tu trouveras ici auprès un sentier qui t'y conduira. Si tu veux employer tes pas bien comme il faut tu iras tout droit ton chemin. Prends bien garde à tout ce qui pourrait te dévoyer.

« Tu verras la fontaine qui bout, quoique plus froide que le marbre. Ombre lui fait le plus bel arbre que jamais sut faire nature. En tous temps la feuille lui dure. Il ne la perd soir ni matin. Il y pend un bassin d'or fin retenu par une si longue chaîne qu'elle va jusqu'à la fontaine.

« Près de celle-ci tu trouveras une grosse pierre (je ne saurais te dire quelle espèce de pierre car je n'en vis jamais de pareille). Tu apercevras de l'autre côté une chapelle petite mais fort belle. Si tu veux prendre de l'eau dans le bassin et la répandre sur la pierre tu verras une telle tempête qu'en ces bois ne restera bête, chevreuil, daim, cerf ni sanglier. Les oiseaux même en sortiront car tu verras foudre tomber, pleuvoir, tonner et éclairer. Et si tu peux en échapper sans grand tourment et sans pesance tu auras eu meilleure chance que chevalier qui jamais y fut ! »

Je me partis donc du vilain qui m'avait montré le chemin. L'heure de tierce était passée. Il pouvait être près de midi quand je vis l'arbre et la fontaine.

L'arbre était le plus beau des pins qui jamais crût sur la terre. Je ne pense qu'il puisse jamais pleuvoir assez dru pour qu'une seule goutte d'eau transperce en la ramure (mais elle doit couler par-dessus). Je vis à l'arbre pendre le bassin non de fer mais de l'or le plus fin qui fût jamais encore à vendre en nulle foire.

La fontaine — vous pouvez le croire — bouillonnait comme une eau très chaude. La grosse pierre était une énorme émeraude, percée aussi par un canal avec quatre rubis dessous plus flamboyants et plus vermeils que l'est le matin le soleil quand il apert à l'orient. Sur ma conscience je ne vous fais là nul mensonge. Je fus content de voir la merveille de la tempête et de l'orage. Ce fut folie ! Volontiers m'en serais repenti, si l'avais pu, quand j'eus arrosé la pierre avec l'eau du bassin. Trop en versai, je le crois ! Je vis le ciel si démonté que de plus de

quatorze parts les éclairs me frappaient les yeux et
les nues jetaient pêle-mêle pluie, neige et grêle. Le
temps était si affreux que je crus cent fois être occis
par les foudres tombant autour de moi et par les
arbres mis en pièces. Sachez que je fus en grande
angoisse jusqu'à ce que la tempête fût calmée. Dieu
voulut bien me rassurer : la tempête ne dura guère.
Les vents bientôt se reposèrent et ils n'osèrent plus
venter.

Quand je vis l'air clair et pur, de joie je fus tout
assuré. Et je vis amassés sur le pin des milliers
d'oiseaux. Le croie qui veut : il n'y avait branche ni
feuille qui n'en fût couverte. C'était bien l'arbre le
plus beau! Doucement les oiseaux chantaient
chacun en son langage. Très bien leurs chants
s'entraccordaient.

De leur joie je me réjouis. J'écoutai jusqu'au
bout leur office. Jamais je n'ouïs si belle musique.
Nul homme ne peut en ouïr tel chant si plaisant et
doux que je crus en rêver folie!

J'écoutai si bien que je n'entendis point venir un
chevalier. Pourtant faisait tant de fracas qu'on
aurait cru qu'ils fussent dix. Mais il n'y en avait
qu'un seul.

Quand je le vis tout seul venant, vite je sanglai
mon cheval. A monter je ne fus pas lent. Le
chevalier accourut comme un alérion, fier de mine
tel un lion. Du plus haut qu'il put crier, il
commença à me défier :

« Vassal, vous m'avez outragé sans que je vous
aie provoqué! Si vous aviez quelque raison vous
auriez dû me réclamer votre droit avant de partir
en guerre contre moi. Mais si je puis, sire vassal,
sur vous je retournerai le dommage qui est patent!
Autour de moi en est garant tout mon bois qui est
abattu. Qui est lésé doit se plaindre! Et je me plains
avec raison : m'avez chassé de ma maison par la

foudre et par la pluie. En mon bois et en mon château vous m'avez fait telle envahie que ni grande tour ni haut mur ne seraient du moindre secours. Par telle tempête il n'est nul homme en sûreté ; pas même en forteresse de dure pierre ou de bon bois. Mais sachez bien que désormais n'aurez de moi trêve ni paix ! »

Après ces mots nous commençâmes de combattre. Nous embrassâmes nos écus et chacun se couvrit du sien. Le chevalier avait bon cheval et lance roide et il était sans doute plus grand que moi de toute la tête. Son cheval était meilleur que le mien et bien plus fort, sa lance était plus longue. (Je vous dis la vérité pour couvrir ma honte.) Le plus grand coup que je pouvais je lui donnai. Je l'atteignis juste à la boucle de l'écu. Je mis si bien toute ma puissance qu'en pièces vola ma lance et la sienne resta entière, qui n'était point légère et pesait plus lourd que la lance d'aucun chevalier. Jamais je n'en vis de si grosse ! Et le chevalier me frappa si durement qu'il me mit à terre tout plat. Il me laissa honteux et mat. Sans me jeter un seul regard, prit mon cheval et me laissa.

Près de la fontaine je m'assis et restai là. Je n'osai suivre le chevalier car c'eût été faire folie. Si je l'avais osé suivre, ne sais ce qui serait advenu.

A la fin, je décidai de tenir la promesse faite à mon hôte de l'autre nuit. Je jetai toutes mes armes pour marcher plus légèrement et m'en revins honteusement.

J'arrivai la nuit à mon logis et trouvai mon hôte aussi joyeux, aussi courtois que je l'avais laissé la veille. Il ne me parut que ni sa fille ni lui-même me fissent alors moins bonne mine. Au contraire me firent honneur en la maison et me dirent que nul homme n'en était encore revenu vivant quand ils surent où j'avais été.

Ainsi allai, ainsi revins mais non sans me tenir pour fol. Je vous l'ai conté comme un sot ce que je n'avais jamais conté encore.

« Par mon chef, fait messire Yvain, qui écoutait Calogrenant parmi les autres chevaliers, vous êtes mon cousin germain et nous devons nous entr'aimer! Mais je puis vous appeler fol pour m'avoir caché l'aventure. Si je vous ai ainsi appelé, je vous prie de ne vous fâcher car si je peux j'irai venger votre honte!

— On voit bien qu'il vient de manger! fait Ké, le sénéchal, qui ne savait se taire. Il y a plus de paroles dans un plein pot de vin que dans un muid de cervoise. Après dîner, sans remuer, chacun va tuer le sultan Nouredînn! Vos panneaux sont-ils rembourrés? Vos chausses de fer bien frottées et vos bannières déployées? Allons, par Dieu, messire Yvain, irez-vous ce soir ou demain? Faites-nous-le savoir, beau sire, quand vous irez à ce martyre! Nous voudrions vous accompagner. N'y aura prévôt ni voyer qui ne soit de votre suite. N'y allez pas sans nous saluer! Mais si cette nuit vous apporte mauvais songe, restez ici!

— Comment! Êtes-vous forcené, messire Ké, fait la reine. Votre langue ne cessera-t-elle jamais? Qu'elle soit honnie, amère qu'elle est comme scammonée! Assurément votre langue vous fait haïr en tous lieux, elle qui dit les pires méchancetés. Si j'étais à votre place je la citerais pour trahison. L'homme qu'on ne peut corriger il le faut bien lier à l'église comme l'on fait des possédés.

— Madame, dit messire Yvain, il ne me chaut de ses insolences. Messire Ké peut tant de choses, en connaît tant et vaut si cher qu'en toutes cours il ne sera jamais muet ni sourd! Il sait bien à une vilenie répondre avec sens et courtoisie. Jamais il ne fit autrement. Mais je ne veux ressembler au chien de garde qui se hérisse et grigne quand les autres chiens rechignent en le voyant. »

Comme ils parlaient ainsi, le roi sortit de la chambre où il avait fait longue demeure ayant dormi jusqu'à cette heure. Les barons, sitôt qu'ils le virent, se levèrent en pied devant lui. Le roi les fit tous rasseoir. Auprès de lui s'assit la reine. Le conte de Calogrenant, elle le lui raconta mot à mot car elle savait très bien conter. Le roi l'écouta volontiers et trois fois jura sur l'âme d'Uterpendragon, son père, qu'il irait voir cette fameuse fontaine avant que passe une quinzaine. Il s'y rendrait la veille de la fête de Monseigneur saint Jean Baptiste et passerait la nuit en ce lieu avec tous ses compagnons.

Dès que le roi eut parlé ainsi toute la cour l'en applaudit car beaucoup voulaient y aller, les barons et les jeunes gens.

Mais parmi tant de gens joyeux messire Yvain fut tout dolent, lui qui croyait aller tout seul. Il savait bien que messire Ké, sans faille, avant lui aurait la bataille s'il la demandait au chevalier de la fontaine. Et mêmement messire Gauvain à qui le roi ne la refuserait. Mais il décide soudain qu'il ne les attendra pas, n'ayant souci de leur compagnie. En ce lieu il ira tout seul ou pour sa joie ou pour son deuil. En Brocéliande il sera avant trois jours et cherchera jusqu'à ce qu'il trouve l'étroit sentier buissonneux et la lande et la maison forte et le plaisant accueil de la courtoise demoiselle et du prudhomme qui se ruine à héberger avec honneur tant il est franc et de bon naturel. Il verra la tour et l'essart et le grand vilain qui le garde. Vraiment il lui tarde de trouver ce vilain tout contrefait et tout hideux et noir comme un forgeron.

Il espère voir la grande pierre et la fontaine et le

bassin et les oiseaux dessous le pin. Il fera pleuvoir et venter. Mais il ne s'en va pas vanter. Nul ne saura rien de son aventure jusqu'à ce qu'il en ait grand'honte ou grand honneur.

Messire Yvain quitte la cour. Il évite toute rencontre. Seul vers son logis il s'en va, trouve là toute sa mesnie. Il commande de mettre sa selle. Un sien valet il appelle auquel il ne cachait rien.

« Dis, fait-il, viens avec moi dehors et apporte-moi mes armes. Je m'en irai par cette porte sur mon palefroi sans tarder. Mon cheval, fais-le bien ferrer et me l'amène auprès de moi. Puis ramène mon palefroi. Mais garde bien ce que je te commande : si nul te demande des nouvelles de moi, tu ne lui en donneras point. Si tu fais comme je t'ai dit, je jure que tu n'y perdras rien.

— Sire, dit l'écuyer, soyez en paix. De moi nul ne saura rien. Allez, je vous suivrai bientôt. »

Messire Yvain maintenant monte. Il vengera, s'il peut, la honte de son cousin Calogrenant. L'écuyer maintenant court au bon cheval, monte dessus, qu'il ne demeure davantage. Quoiqu'il doive lui en coûter, messire Yvain finira bien par voir le pin qui ombroie la fontaine et la grande pierre et la tourmente qui grêle et pleut et tourne et vente. La nuit il trouve l'hôte espéré, rencontre en lui plus de bonté et plus d'honneur que je vous ai conté et dit. Et en la pucelle il découvre cent fois plus de sens et beauté que l'avait dit Calogrenant. Sire Yvain eut en cette nuit très bon logis pour son plaisir.

Vint à l'essart le lendemain. Il vit les taureaux et le vilain qui lui montra le chemin. Plus de cent fois il se signa par l'étonnement qu'il eut de voir comment Nature put faire en cet homme œuvre si laide et si affreuse.

Il erra jusqu'à la fontaine, et vit tout ce qu'il voulait voir. Sans s'arrêter et sans s'asseoir il versa d'un jet sur la pierre la pleineté d'eau du bassin. Aussitôt il venta et plut et fit le temps qu'il devait faire. Quand Dieu redonna le beau temps, sur le pin vinrent les oiseaux qui firent une joie merveilleuse sur la fontaine périlleuse.

Dès que la joie fut revenue, de courroux plus ardent que braise vint un chevalier menant si grand bruit comme s'il eût chassé cerf en rut. Dès qu'ils se virent ils s'entrevinrent comme s'entre-haïssant de mort. Chacun avait lance roide et forte.

Les lances se fendent et s'éclissent et les tronçons volent au loin. S'assaillent alors à l'épée. Ils frappent à tour de bras, coupent les guiches des écus, frappent par-dessus, par-dessous et déchiquettent les écus si bien qu'en pleuvent les morceaux. Ils ne peuvent s'en couvrir ni s'en défendre. Ils les ont tant taillés en pièces qu'à délivre sur les côtés, sur la poitrine et sur les hanches frappent à grands coups les épées blanches. Terriblement ils s'entr'éprouvent, mais jamais d'un étal ne bougent non plus que le feraient deux grès. Jamais on ne vit deux chevaliers plus acharnés à leur mort! N'ont cure de gâter leurs coups et les emploient le mieux qu'ils peuvent. Les heaumes ploient et se fendent et des hauberts les mailles volent, teintées de sang. Les hauberts sont tant mis à mal qu'ils ne valent guère plus qu'un froc. Au visage se frappent d'estoc! C'est merveille comme tant dure une bataille si fière et dure. Mais tous deux sont de tel courage que l'un ne céderait à l'autre pour rien au monde un pied de terre — si ce n'est pour la mort de l'autre! Ils firent ainsi en vrais preux car ne blessèrent ni estropièrent leur cheval ni ne voulurent qu'ils ne vautrent, mais toujours à cheval se tinrent. Pas une fois ils ne furent à pied. A la fin messire Yvain écartela le heaume du chevalier tout étourdi et effrayé de ce coup, car jamais n'en avait reçu aussi mauvais qui lui eût, dessous la coiffe, fendu le chef jusqu'à la cervelle. De la cervelle et de ce sang fut teint le haubert d'argent. Le chevalier sentit si grande douleur qu'il s'en fallut de peu que le cœur lui manquât. Il se sentit navré à mort. Il n'y avait à se défendre. Tout étourdi il s'enfuit au grand galop vers sa ville. Le pont lui fut abaissé. La porte lui fut grande ouverte. Et messire Yvain derrière lui le poursuivant de toutes ses forces comme un gerfaut randonne une grive, prend son vol de loin et si près l'approche qu'il la croit tenir mais n'y touche. Ainsi Yvain chasse le fuyard et si près le tient qu'il le tient presque et pourtant ne le peut atteindre. Il est si près qu'il l'entend se plaindre de la détresse qu'il ressent. Mais toujours celui-ci s'enfuit et toujours l'autre s'évertue car il croit sa peine perdue si mort ou vif il ne le prend. Des insolences il se souvient que messire Ké lui a dites. De la promesse il n'est pas quitte qu'il fit à Calogrenant son cousin. Mais croira-t-on ce qu'il dira s'il n'apporte la preuve de son exploit?

A l'éperon jusqu'à la porte de la ville messire Yvain l'a poursuivi. Tous deux ensemble y sont entrés. Homme ni femme n'ont trouvé par les rues où ils ont passé. Tous deux ensemble sont arrivés devant la porte du palais.

Cette porte était très large et haute mais avait si étroite entrée que deux hommes ni deux chevaux sans encombre et sans grand mal ne pouvaient y passer de front ni au milieu s'y rencontrer, car la porte était ainsi faite comme le piège qui guette le rat quand il s'en vient au larcin. Le couteau y est suspendu — qui part et sitôt frappe et prend — qui se déclenche et tombe au mouvement de la clé, si doucement que l'on y touche.

Sur le seuil il y avait deux trébuchets, qui soutenaient une porte qui coulissait, de fer tranchant bien émoulu. Si sur ces engins l'on montait, la porte sitôt descendait et celui qu'elle atteignait était pris et tranché en deux. Juste au milieu des trébuchets le passage était aussi étroit que serait un sentier battu.

Le chevalier s'y était engagé très prudemment. Messire Yvain à grande allure s'y jette derrière lui. Et de si près il l'approche qu'il touche l'arçon arrière. De cela grand bien lui advint car s'il ne se fût penché, il eût été pourfendu! Son cheval marche sur le bois qui tenait la porte de fer. Alors comme diable d'Enfer, descend la porte contreval et tranche le cheval en deux, mais monseigneur Yvain ne touche, grâce à Dieu! Juste au ras du dos elle passe, si près que les deux éperons elle tranche au ras des talons d'Yvain. Il tombe à la renverse, saisi de grande frayeur. Ainsi lui échappa le chevalier blessé à mort qu'il poursuivait.

Il y avait une autre porte toute semblable. Le chevalier qui s'enfuyait passa cette porte qui derrière lui retomba. Ainsi fut pris Messire Yvain. Très angoisseux il se trouva enclos dedans une salle qui tout entière était cielée de clous dorés et de belles peintures aux riches couleurs. Ce qui le plus le tourmentait c'était de ne point savoir où le chevalier s'en était allé. Il ouït ouvrir l'huis étroit d'une chambrette qui se trouvait juste à côté. En sortit une pucelle, gente de corps et de beau visage, qui ferma la porte derrière elle.

« Chevalier, dit-elle, je crains que vous soyez mal venu! Si on vous aperçoit céans, vous y serez mis en pièces, car mon seigneur est blessé à mort et je sais que c'est vous qui l'avez tué. Ma dame en mène un deuil si grand et ses gens autour d'elle crient si fort que peu s'en faut qu'ils se tuent de douleur. Entre eux si grande est la colère qu'ils ne peuvent s'entendre et savoir s'ils vont vous occire ou vous pendre. » Messire Yvain lui répond :

« S'il plaît à Dieu, ils ne m'occiront. Jamais par eux ne serai pris.

— Non, fait-elle, je vous aiderai de tout mon pouvoir. N'est pas prudhomme celui qui a peur ! Je crois que vous êtes prudhomme car vous n'êtes point effrayé. Si je le puis, service et honneur vous rendrai comme ceux que vous me rendîtes. Une fois, à la cour du roi, ma dame m'envoya en messagère. Peut-être bien que je ne fus assez sage ni assez courtoise. Peut-être bien que je ne sus me tenir comme doit le faire une pucelle car il n'y eut nul chevalier qui me daignât parler un mot sinon un seul : vous que voici. Vous m'avez honorée, servie. De l'honneur que vous me fîtes je vous rendrai la récompense. Je sais bien quel nom vous portez et je vous ai bien reconnu. Vous êtes fils du roi Urien et avez nom messire Yvain. Soyez sûr et certain que jamais, si vous voulez me croire, ne serez pris ni mis à mal.

« Mon petit anneau vous prendrez et, s'il vous plaît, me le rendrez quand je vous aurai délivré. »

Elle lui a donné l'annelet qui possède la vertu quand la pierre est tournée au-dedans, de couvrir l'homme à tous regards. Il ne craint rien celui qui porte l'anneau à son doigt. Le voir, nul homme ne le pourra, même avec les yeux grands ouverts, pas plus qu'on peut voir le fût qui est recouvert de l'écorce.

Quand elle lui eut dit cela, le mena s'asseoir sur un lit recouvert d'une couette si riche que n'en eut telle duc d'Autriche. La pucelle lui dit ensuite que, s'il le désirait, à manger lui apporterait. Yvain accepta volontiers. La damoiselle alla promptement en la chambre et revint aussitôt, apportant un chapon, rôti, plein pot de vin de bonne grappe et le

couvert de blanche nappe. Et Yvain qui avait bien
faim mangea et but volontiers.

Quand il eut bien mangé et bu il arriva que çà et
là en ce lieu même se répandirent les chevaliers qui
le cherchaient, et voulaient venger leur seigneur qui
était déjà mis en bière. La damoiselle dit à Yvain :
« Ami, écoutez : ils vous cherchent tous. Dans la
maison il y a grand bruit mais quoi qu'il arrive ne
bougez pas et jamais on ne vous trouvera si sur ce
lit vous demeurez. Vous allez voir cette salle pleine
de gens furieux qui croiront vous trouver ici. Et je
crois qu'ils apporteront par ici le corps de leur
seigneur pour le mettre en terre. Ils commenceront
à chercher, dessous le banc, dessous le lit. Ce serait
certes grand plaisir, pour qui n'aurait à craindre, de
voir des gens si aveuglés. Ils vont être si déconfits
et si moqués qu'ils enrageront de colère. Je ne puis
vous en dire plus et ne puis non plus demeurer.
Mais puissé-je remercier Dieu qui m'a donné belle
occasion de faire chose qui vous plaise ! »

Lors elle s'en retourna et sitôt entra toute la
compagnie assemblée des deux côtés, brandissant
bâtons et épées. Grande foule y eut et grande
presse de gens méchants et furieux. Ils virent la
moitié du cheval tranché devant la porte. Ils étaient
bien certains que lorsque l'huis serait ouvert ils
trouveraient dedans la chambre celui qu'ils cherchaient pour l'occire. Puis ils firent enlever les
portes qui avaient tranché bien des gens. Il n'y eut
cette fois ni trébuchet ni piège tendu et ils entrèrent
tous de front. Ils trouvèrent l'autre moitié du
cheval mort devant le seuil. Mais jamais aucun
d'eux n'eut l'œil à voir monseigneur Yvain qu'ils
eussent volontiers occis. Mais lui il les vit enrager,
forcener et se courroucer. Les gens disaient :
« Qu'est-ce donc, puisqu'il n'y a céans ni huis ni
fenêtre par où l'on puisse se sauver à moins que

d'être un oiseau qui vole, un écureuil, une belette, ou bête aussi petite ou plus car les fenêtres sont ferrées et les portes furent fermées dès que monseigneur eut passé? L'homme est ici, ou mort ou vif, car il n'est pas resté dehors. Nous trouvons ici dedans plus de la moitié de la selle et de lui nous ne trouvons rien, sinon les éperons tranchés qui lui tombèrent de ses pieds. Cherchons bien dans tous les coins. Il est céans nous en sommes sûrs ou nous sommes tous enchantés ou le Maufé nous l'a ravi! »

Ainsi, échauffés de colère, tous le cherchaient parmi la salle et frappaient dessus les parois et sur les lits et sur les bancs, sauf sur le lit où Yvain était étendu. Ainsi ne fut-il frappé ni touché; mais ils frappèrent assez autour et fourgonnèrent à grands coups de leurs bâtons comme aveugles cherchant à tâtons.

Tandis qu'ils allaient bâtonnant dessous les lits et escabeaux parut une des plus belles dames que jamais vit terrienne créature. De la bouche de si belle chrétienne on n'entendait nulle parole. De douleur elle était si folle que pour un peu elle se fût tuée. Elle poussait de si grands cris qu'elle n'en pouvait plus et tombait pâmée. Quand elle se relevait elle commençait à déchirer ses vêtements et à tirer ses cheveux. Rien ne la pouvait conforter car elle voyait porter devant elle son seigneur mort en la bière. L'eau bénite et la croix et le cierge allaient devant elle avec les dames d'un couvent et le livre et les encensoirs et le prêtre accordant à chétive âme suprême absoute.

Messire Yvain vit la douleur et ouït les cris qu'on ne saurait jamais décrire. Et la procession passa et rassembla autour de la bière une grande foule, car le sang chaud clair et vermeil coulait encore de la plaie du mort. Ce qui était prouvance vraie qu'encore était là, sans nul doute celui qui avait

livré combat et avait tué le chevalier. Lors ils ont
partout recherché. Chacun disait : « Parmi nous est
celui qui l'a occis et nous ne l'avons pas trouvé !
C'est bien merveille et diablerie ! » La dame criait à
toute force : « Ah Dieu ! ne trouvera-t-on point
l'homicide, le traître qui m'a occis mon bon
seigneur ? Bon, non pas ! Le meilleur des bons ! Vrai
Dieu, tu le voudrais donc si tu le laisses nous
échapper ! Je n'en blâmerai autre que toi qui le
dérobes à ma vue ! Jamais on ne vit tel abus ni tel
tort comme tu me fais en ne me laissant point voir
celui qui est auprès de moi. Je puis dire non sans
raison que parmi nous s'est mis céans ou un
fantôme ou l'Ennemi. J'en suis toute enfantômée !
S'il est couard, il a peur de moi !

« Ah ! fantôme, couarde chose, pourquoi as-tu si
peur de moi, toi qui fus si hardi avec mon
seigneur ? Chose vaine, chose faillie, que ne t'ai-je
en mon pouvoir, que ne te puis-je à présent tenir !
Mais comment put-il advenir que tu as tué mon
seigneur si par trahison tu ne le fis ? Vraiment
jamais mon seigneur n'eût été vaincu par toi, s'il
t'avait vu : au monde il n'avait son pareil. Dieu ni
homme n'en connaissait. Si tu étais homme mortel,
tu n'aurais osé combattre avec mon seigneur car
nul ne pouvait se mesurer avec lui. »

Ainsi la dame se révolte et avec elle ses gens ne
cessent d'en avoir la peine la plus grande. Ils
emportent le corps pour l'enterrer. Ils ont tant
fouillé partout qu'ils en sont soûls et laissent celui
qu'ils cherchaient mais n'ont pu voir.

Quand les prêtres et les nonnains eurent célébré
le service, ils s'en revinrent de l'église et allèrent à
la sépulture. Mais de tout ceci n'avait cure la
damoiselle de la chambre. Se souvenant de monseigneur Yvain, elle vient sitôt à lui et dit :

« Beau sire, avez-vous vu céans cette foule de

gens armés? Dieu sait s'ils ont tempêté et ont fouillé toutes cachettes plus menuement que braque traçant perdrix ou caille. Sans doute avez-vous eu peur.

— Par ma foi, fait-il, vous dites vrai! Plus grande peur que je croyais. Mais si cela se pouvait, par un trou ou une fenêtre je voudrais bien apercevoir la procession et le corps. »

Yvain ne porta attention au corps ni à la procession. Il eût voulu que tous fussent grillés, cent marcs lui en eût-il coûté! Cent marcs? Voire! Plus de cent mille! Il demanda à voir la dame du château et la damoiselle le mit à une petite fenêtre, heureuse de s'acquitter de ce qu'elle lui devait. Par cette fenêtre messire Yvain aguette la belle dame qui dit au corps de son seigneur :

« Beau sire, Dieu ait merci de votre âme aussi vrai qu'à mon escient jamais ne tint en selle chevalier qui vous valut! Jamais ne vécut homme de votre valeur même parmi les vôtres. Largesse était votre amie, courage votre compagnon. En la compagnie des saints, beau doux sire, que soit votre âme! »

Alors elle frappe et déchire tout ce qui lui vient sous la main. A grande peine se retient messire Yvain de courir les mains lui tenir. La damoiselle le supplie et le gronde et lui commande d'être obéissant à ses ordres. Qu'il se garde de faire folie! Elle lui dit : « Vous êtes ici très bien. Gardez-vous de bouger avant que sa douleur soit calmée. Et laissez ces gens départir — ce qu'ils vont faire peu à peu. Si vous vous contenez comme je dis, grand bien vous pourra advenir. Soyez sage et ne laissez la tête en gage car ils n'en prendraient point rançon. Soyez très attentif. De mon conseil qu'il vous souvienne! Soyez en paix jusqu'à ce que je revienne. Je ne peux ici demeurer, car, de ne point me voir en compagnie des autres, on viendrait à me soupçonner, et l'on me gronderait rudement. »

Elle s'éloigne et il demeure plein de souci tandis qu'il voit qu'on enterre le chevalier. Il se tourmente de ne pouvoir rien emporter qui témoigne qu'il l'a occis. Faute de quoi il sera honni, tant Ké est méchant et pervers, plein de médisance et jamais ne lui fera trêve, le bafouant de plaisanteries comme il fit encor l'autre jour.

Mais de son sucre et miel en brèches, Amour nouveau l'a radouci qui par sa terre a pris son cours et a tout son butin cueilli. L'ennemie d'Yvain emmène son cœur. Il aime qui le hait le plus. La dame a bien vengé la mort de son seigneur (mais elle ne sait!). Vengeance en a prise, plus grande qu'elle-même n'en eût su prendre si Amour ne l'avait vengée. Lui qui l'attaque si doucement que par les yeux le meurtrier le frappe au cœur. Et ce coup blesse plus vivement que coup de lance ou coup d'épée. Car coup d'épée guérit bien vite dès que le mire y met ses soins. Plaie d'Amour d'autant plus empire que plus proche est le médecin. Messire Yvain porte cette plaie dont jamais il ne guérira. Amour s'est livré à lui. Amour retourne vers les lieux où il était répandu. Puis Amour s'en va. Ne veut avoir logement ni hôte autre que monseigneur Yvain. Amour est comme preux qui ne veut rien laisser de lui en mauvais lieu. C'est grand'honte qu'amour soit tel et donne de soi mauvaise pensée, qu'il héberge dans le plus mauvais lieu qu'il trouve comme dans le meilleur du monde. Cette fois il est bien venu! Il sera bien considéré et il lui fait bon séjourner. Ainsi Amour, qui est très noble, se devrait-il toujours conduire. N'est-il point étonnant qu'il ose honteusement en mauvais lieu descendre? Amour ressemble à celui-là qui, dans la cendre et la poussière, répand son

baume, hait l'honneur, aime le blâme, délaie la
suie, mêle le sucre avec le miel. Mais ici n'a pas
mal agi. Amour qui s'est logé en un franc lieu dont
nul ne lui fera grief.

Quand on eut enfoui le mort, tous s'éloignèrent.
Ne demeurèrent ni clercs, chevaliers ou valets, ni
dame aucune sinon la dame qui ne cache point sa
douleur, s'égratigne le visage, bat ses paumes et lit
un psautier. Messire Yvain est encore à la fenêtre et
la regarde. Plus il s'en garde plus il l'aime, plus elle
lui plaît. Il souhaiterait qu'elle ne pleure ni ne lise
en son psautier et qu'elle veuille bien lui parler. En
ce désir Amour l'a mis qui à la fenêtre l'a pris. De
son désir se désespère car messire Yvain ne peut
croire que ce qu'il veut puisse advenir. Et il se dit :
« Par la foi, je dois bien me tenir quand je veux ce
que je n'aurai ! Je blessai à mort son seigneur et je
crois faire paix avec elle ? Par ma foi, je ne peux
douter qu'elle me hait plus maintenant que rien au
monde et à bon droit.

« En ce moment, ai-je dit prudemment car
femme a plus de mille cœurs. Le sentiment qui est
le sien en ce moment où je parle, peut-être en
changera-t-elle encore ? Elle en changera assurément ! Je serais fou de ne le croire ! Dieu lui donne
de bientôt changer ! Il me faut être en son pouvoir
pour toujours puisque c'est Amour qui le veut.

« Qui ne fait accueil à amour dès que celui-ci va
vers lui, fait trahison et vilenie ! Oui, je dis à bon
entendeur qu'il n'en doit avoir ni bien ni joie. Et
moi, doit-elle m'appeler ami ? Oui, sans doute,
parce que je l'aime. Et suis-je donc son ennemi ?
Nenni certes mais son ami car jamais être au
monde n'ai voulu tant aimer. J'ai pitié de ses beaux
cheveux qui passent l'or fin, tant ils luisent. Quelle
fine merveille elle serait-ce à regarder si la dame
était joyeuse, quand en sa fureur déjà si grande est

sa beauté! Oui, vraiment, je le peux jurer, jamais Nature ne put faire plus large mesure! Comment donc cela se peut être? D'où est si grand-beauté venue? Dieu la fit de sa main nue pour étonner la nature. Elle pourrait user tout son temps à imiter tel ouvrage et n'en pourrait refaire pareil. Même Dieu, s'il en voulait prendre la peine ne le pourrait pas davantage. »

Ainsi messire Yvain décrit celle qui se brise de douleur. Je ne crois qu'il advint jamais que nul homme dans sa prison (comme se trouve messire Yvain), et craignant de perdre la tête, aimât de si folle manière.

Il demeura donc à la fenêtre jusqu'à ce qu'il vît la dame partir et s'abaisser les portes coulantes. Un autre en eût été dolent qui eût mieux aimé délivrance que demeurance. Mais il lui est indifférent qu'on ouvre ou qu'on ferme les portes. Yvain ne s'en serait allé si les portes se fussent ouvertes, si la dame lui eût donné congé ou pardonné bonnement la mort de son seigneur et accordé la liberté de s'en aller en sûreté. Amour et Honte le retiennent. Amour et Honte en même temps. S'il s'en va ce sera pour sa honte car nul ne croira à son exploit. Un si grand désir le tient de voir au moins la belle dame que peu lui chaut d'être captif.

La damoiselle s'en revient, voulant lui faire compagnie, le consoler et divertir, aller chercher et apporter ce que voudra son bon plaisir. Par l'effet d'Amour qui le tient, elle le trouve distrait et pensif.

« Messire Yvain, comment avez-vous passé le temps aujourd'hui?

— De façon telle, dit-il, qu'elle m'a bien plu!

— Plu? Par Dieu dites-vous vrai? Comment? Peut-il avoir bon temps celui qui voit qu'on le cherche pour l'occire, s'il ne veut et désire sa propre mort!

— Certes, fait-il, ma chère amie, mourir je ne voudrais mie. Mais toutefois m'a fort plu ce que j'ai vu, et par Dieu me plaira toujours.

— Laissons cela en paix, dit la pucelle qui sait entendre où cette parole veut tendre. Ne suis si naïve ni folle. Venez-vous-en derrière moi et je m'arrangerai bientôt pour vous gîter hors de prison. A l'abri du danger je vous mettrai, cette nuit ou demain si vous le voulez bien. Venez-vous-en! Je vous emmène. »

Yvain répond :

« Je vous assure que je ne partirai comme larron en dérobée. Quand sera assemblée la foule parmi ces rues, là-dehors avec plus d'honneur je m'en irai que nuitamment le pourrais faire. »

Là-dessus ils entrèrent dans une chambrette où il trouva tout ce qu'il pouvait désirer.

Quand il fut seul il se souvint de ce qu'il lui avait dit avoir éprouvé grand plaisir quand par la salle le cherchaient ces gens qui tous le haïssaient à mort.

La damoiselle était si bien avec sa dame qu'il n'était rien qu'elle redoutât de lui dire — quel qu'en fût le propos — car elle était sa suivante et sa garde. Pourquoi eût-elle été couarde de réconforter sa dame et admonester son honneur? La première fois, privément, elle lui dit :

« Dame, je suis bien surprise de vous voir agir si follement. Croyez-vous donc recouvrer votre mari en vous lamentant ainsi?

— Non, fait-elle, mais je voudrais être morte de douleur.

— Pourquoi?

— Pour aller près de lui.

— Près de lui? Dieu vous en défende et vous

rende quelque aussi bon seigneur comme il en possède pouvoir.

— Jamais tel mensonge tu n'as dit qu'il pourrait me rendre un seigneur aussi bon!

— Un meilleur, si vous le voulez prendre il vous rendra, je vous le prouverai.

— Fuis! Paix! Jamais je ne le trouverai.

— Si fait, dame, s'il vous convient. Or dites-moi, sans vous fâcher, qui votre terre défendra quand le roi Arthur s'en viendra, comme il l'a dit, l'autre semaine, au perron et à la fontaine? N'en avez-vous reçu message par la Demoiselle Sauvage qui vous envoya une lettre? Elle a bien employé son temps! Vous devriez prendre conseil pour défendre votre fontaine et vous ne finez de pleurer! Vous n'avez à perdre de temps s'il vous plaît, ma chère dame. Les chevaliers que vous avez ne valent pas plus qu'une chambrière. Vous avez trop de gens sans honneur auprès de vous et n'y en aura un si brave qu'il ose monter à cheval. Le roi vient avec tant de chevaliers qu'il saisira tout sans défense. »

La dame le sait bien et pense que c'est là un conseil de bonne foi.

Mais une folie elle a en soi que les autres femmes ont aussi. Presque toutes font en sorte qu'elles se reprochent leurs folies mais elles repoussent ce qu'elles désirent.

« Fuis, fait-elle, laisse-moi en paix! Si t'en entends parler jamais, mal t'en prendra si tu ne t'enfuis! Tu dis tant de paroles que tu me fâches!

— A la bonne heure! fait-elle. — Dame, on voit bien que vous êtes femme qui se courrouce quand elle entend qui lui apporte bon conseil. »

La damoiselle la laissa et la dame repensa que très grand tort elle avait eu. Elle aurait bien voulu savoir comment on pourrait lui prouver qu'on trouverait un chevalier meilleur que le fut son seigneur. Elle l'entendrait volontiers dire, mais elle l'avait défendu! Pensant ainsi elle attendit que s'en revînt la damoiselle qui, point soumise à la défense, recommença de lui dire :

« Ah, dame, est-il convenable que vous en mouriez de douleur? Par Dieu, retenez-vous-en! Abandonnez cette tristesse! A si haute dame ne sied point une si longue douleur! De votre rang souvenez-vous! Croyez-vous que toute prouesse soit morte avec votre seigneur? Cent aussi bons et cent meilleurs sont restés vivants par le monde.

— Si tu ne mens, Dieu me confonde! Neporquant nomme-m'en un seul qui ait eu renom de vaillance toute sa vie comme mon seigneur!

— Vous m'en sauriez mauvais gré et vous vous en courrouceriez!

— Je n'en ferai rien, je t'assure.

— Quand deux chevaliers sont venus aux armes en bataille, lequel croyez-vous qui mieux vaille lorsque l'un a vaincu l'autre? Pour moi je donnerais le prix au vainqueur. Et vous, que feriez-vous?

— Il m'est avis que tu me tends un piège et veux me prendre à ta parole.

— Par ma foi, vous pouvez entendre que je suis dans la vérité. Je vous prouve par nécessité que vaut le plus le chevalier qui vainquit votre seigneur. Il le vainquit, le prit en chasse et très hardiment jusqu'ici, où votre seigneur s'enferma en sa maison.

— Voici que j'entends déraison la plus grande qui jamais fut dite! Arrière, fille pleine d'esprit malin, garce folle et insupportable! Jamais plus ne dis telle sottise et ne t'en viens plus devant moi si tu dois me parler de lui!

— Certes, dame, je savais bien que vous ne m'en auriez nul gré et j'ai perdu belle occasion de me taire! »

Devers sa chambre elle retourne où monseigneur Yvain séjourne, qu'elle est heureuse de servir. Mais il n'est rien qui lui plaise puisque la dame il ne peut voir. Et la dame toute la nuit eut le même grand souci. Elle commençait à se repentir d'avoir blâmé et mésaimé celle qui, sans flatterie ni intérêt non plus amour de sire Yvain, avait si bien plaidé pour lui. La damoiselle l'aime plus que lui et elle est trop loyale amie pour donner un mauvais conseil. Elle excuse le chevalier par raison et bon argument, disant qu'il n'a méfait en rien. Elle l'excuse tout ainsi comme s'il était devant elle et qu'elle plaidait son procès !

« Va, dit la dame, peux-tu nier que par toi fut tué mon mari ?

— Cela, fait-il, je ne le puis, et je l'octroie.

— Dis-moi donc pourquoi le fis-tu ? Fut-ce par haine ou par mépris ?

— Que je meure sur-le-champ si je le fis par mauvais gré !

— Donc tu n'as point forfait à mon égard et envers lui n'as eu nul tort car s'il l'eût pu, il t'eût tué ? Ainsi, à mon escient, croirai-je que j'ai bien jugé selon le droit... »

La damoiselle revint au matin et recommença son latin au point où elle l'avait laissé. La dame était là, tête baissée, très confuse d'avoir médit. Elle voulait demander le nom du chevalier, son être et son lignage. Elle s'humilie donc humblement et dit :

« Je vous crie pardon du grand outrage, des mots d'orgueil que je vous ai dits comme folle. Je ne ferai plus ainsi. Dites-moi, si vous le savez : ce chevalier dont vous m'avez plaidé l'affaire si longuement, quel homme est-il et de quelle race ? S'il est tel qu'il soit digne de moi et s'il ne se dérobe pas je le ferai, je vous l'octroie, maître de ma terre et de moi. Mais il conviendra de faire en sorte qu'on n'en puisse jaser ni dire : « Voici la dame qui prit celui qui son seigneur occit. »

— Par Dieu, ma dame, ainsi sera-t-il? Vous aurez le seigneur le plus gentil et le plus noble et le plus beau qui fût de la race d'Abel.

— Quel est son nom?

— Messire Yvain.

— Par ma foi, ce n'est pas un vilain! Il est très noble, je le sais bien. Il est fils du roi Urien.

— Ma foi, ma dame, vous dites vrai.

— Et quand le pourrons-nous avoir?

— Dans cinq jours.

— C'est trop tarder! Qu'il vienne cette nuit ou demain!

— Dame, je crois que nul oiseau ne pourrait en un jour tant voler. Mais vers lui je ferai aller un garçon qui court très vite et sera à la cour du roi Arthur demain au soir, je l'espère. Mais il ne pourra faire mieux.

— C'est trop de délai! Les jours sont longs. Dites-lui que demain au soir il soit ici. Qu'il fasse plus vite que de coutume! Il fera effort, s'il le veut! De deux journées en fera une. Cette nuit luira la lune. Qu'il fasse de la nuit le jour et lui donnerai au retour tout ce qu'il voudra que je donne.

— Laissez sur moi cette besogne! Oui, vous l'aurez, à tout le moins d'ici trois jours en vos mains. Demain vous assemblerez vos gens et demanderez avis au sujet du roi Arthur qui doit venir. Pour maintenir la coutume de défendre votre fontaine, vous devez prendre bon conseil. Il n'y aura homme de haut rang qui ose aller la défendre. Lors vous pourrez dire à bon droit qu'il conviendrait de vous marier. Un très illustre chevalier vous requiert mais vous ne l'osez prendre s'ils n'en sont d'accord et ne l'acceptent. Je les sais tous si peu

braves que pour charger un autre d'un fardeau trop
pesant pour eux, ils tomberont tous à vos pieds
et ils vous remercieront d'être quittes de leur
grand'peur. Celui qui a peur de son ombre évite de
combattre à la lance ou au javelot. C'est un
mauvais jeu pour le couard ! »

La dame répond :

« Par ma foi, j'avais déjà pensé ce que tu viens de
me conseiller. Ainsi ferons-nous donc. Mais pourquoi demeures-tu ? Va, et ne tarde plus ici ! Fais en
sorte de l'amener ! Je resterai avec mes gens. »

Ici finit le parlement.

La damoiselle a fait semblant d'envoyer quérir
monseigneur Yvain en sa terre. Chaque jour elle le
fait baigner, laver le chef et bien peigner. Avec cela
elle lui apprête robe d'écarlate vermeille fourrée de
vair, poudrée de craie. Il n'est rien qu'elle ne lui
prête pour le parer en son mieux : fermail d'or
enrichi de pierres et ceinture avec aumônière
brochée d'or.

Puis sa dame elle avertit. C'en est fait : le
messager est revenu bien acquitté de son message !

« Comment ? dit la dame. Quand viendra messire Yvain ?

— Il est déjà ici !

— Il est céans ? Qu'il vienne sitôt en cachette et
en sûreté pendant que nul n'est avec moi ! Gardez
que nul ici ne vienne. Je haïrais un quatrième ! »

La damoiselle s'en retourne et revient vers son
hôte. Elle ne montre point par sa mine le contentement qu'elle a au cœur. Elle dit à messire Yvain :

« Ma dame sait que je vous ai donné asile. Elle
me blâme, elle me hait et m'en garde grande
rancune. Mais sûreté elle m'a donné que devant elle
je vous puis conduire sans que vous risquiez aucun
mal. Sans mentir et sans trahison elle ne veut que

vous avoir en sa prison. Et si elle veut avoir le corps, elle veut tenir le cœur aussi.

— Certes, dit-il je le veux bien. Je n'en souffrirai de douleur. En sa prison je veux bien être.

— Vous y serez, par la main droite dont je vous tiens ! »

Sur une couette vermeille ils trouvèrent la dame assise. Très violente peur a messire Yvain en pénétrant dedans la chambre. Ils voient la dame, qui ne dit mot. Yvain s'en effraye et croit bien être trahi. Il se tient au loin de la dame durant que la pucelle parle, disant :

« Que le diable emporte l'âme de celle qui mène en chambre d'une belle dame un chevalier qui n'ose point s'approcher d'elle et n'a ni langue ni bouche ni parole dont il sache la saluer ! »

Disant ces mots, par le bras la pucelle le tire et lui dit :

« Venez par ici, chevalier, et n'ayez pas peur de ma dame ! Demandez qu'elle vous accorde votre paix. Et je la prierai avec vous qu'elle vous pardonne la mort d'Esclados le Roux son seigneur. »

Messire Yvain maintenant joint ses mains, se met à genoux et dit en véritable ami :

« Dame je ne crierai point merci et pourtant vous remercierai de tout ce que vous voudrez faire de moi. Car rien ne me pourrait déplaire.

— Non, sire ? Et si je vous occis ?

— Dame, à votre grand merci. Vous ne m'entendrez dire autre chose.

— Jamais, fait-elle, je n'entendis telle parole : vous vous mettez à discrétion du tout au tout en mon pouvoir et sans que je vous y contraigne.

— Dame, il n'est au monde nulle force comme celle-là, sans mentir, qui me commande à consentir votre vouloir de tout en tout. Je ne redoute de rien faire qu'il vous plaise de me commander et si je pouvais amender la mort dont je vous ai méfait, aussitôt je l'amenderais.

— Comment? fait-elle. Dites-moi — et je vous tiens d'amende quitte — comment vous ne m'avez méfait quand vous avez tué mon seigneur?

— Quand votre seigneur m'assaillit, quel tort eus-je de me défendre? Qui veut autrui occire ou prendre, si tue celui qui se défend, dites-moi s'il fait mal! »

— Nenni, si l'on observe bien le droit. Je serais coupable, je crois, si je vous avais fait occire. Mais je voudrais bien savoir d'où cette force peut venir qui vous commande de consentir à mon vouloir sans contredit? Je vous tiens quitte de tout tort et de tout méfait. Asseyez-vous et me contez comment vous êtes si soumis.

— Dame, fait-il, la force vient de mon cœur qui à vous se tient. En ce vouloir mon cœur m'a mis.

— Et qui le cœur, beau doux ami?

— Dame, mes yeux.

— Et qui les yeux?

— La grand-beauté qu'en vous je vis.

— La beauté, est-elle coupable?

— Dame, c'est elle qui me fait tant aimer.

— Aimer? Qui donc?

— Vous, dame chère.

— Moi?

— En vérité.

— De quelle manière?

— Telle qu'elle ne peut être plus grande, telle que de vous ne s'écarte mon cœur, telle que tout à vous je m'octroie, telle que je vous aime plus que moi, telle, s'il vous plaît, qu'à votre guise pour vous je veux mourir et vivre.

— Et oserez-vous entreprendre de défendre pour moi ma fontaine?

— Oui, dame, contre tout homme qui viendra.

— Sachez donc que la paix est faite entre nous. »

Ainsi se sont-ils accordés. La dame avait déjà tenu son parlement devant tous ses barons. Elle put dire à Yvain :

« Nous irons dans cette salle où sont les gens qui m'ont louée et conseillée et accordé de prendre un mari pour le besoin qu'ils connaissent. Ici même à vous je me donne car je ne dois faire refus à bon seigneur et fils de roi. »

La dame avec elle l'emmène en une salle qui était pleine de chevaliers et de valets. Messire Yvain eut si bel air que tous les barons l'admirèrent et tous ensemble se levèrent, le saluèrent en s'inclinant et en disant :

« Voici celui qui prendra la dame. Malheur à qui le lui défendra! Il semble prudhomme à merveille. Certes l'impératrice de Rome trouverait en lui un bon mari! Puissent-ils s'être affiés, main dans main nue, et s'épouser aujourd'hui ou bien demain! »

Lors commença le sénéchal :

« Seigneurs, dit-il, la guerre nous est déclarée. Chaque jour le roi se prépare à venir faire dommage à nos terres. Avant que la quinzaine passe elles seront dévastées s'il n'y a ici un bon mainteneur. Quand ma dame se maria — n'y a encore six ans forclos — elle le fit selon votre conseil. Mort par malheur est notre sire. Il n'a plus à lui qu'une toise de terre, lui qui tenait tout ce pays et qui si bien le gouvernait. C'est grande peine qu'il ait peu vécu! Femme ne sait porter écu, ni ne sait frapper de la lance. Mais elle peut se renchérir en prenant bon seigneur. Jamais n'en eut plus grand besoin. Conseillez-lui donc tous de prendre un nouveau seigneur afin que soit maintenue la coutume qui est suivie en ce château depuis plus de soixante ans. »

A ces mots tous ensemble disent que bien à faire ce leur semble. Et tous se pressent à ses pieds. Mais la dame se fait prier et chacun la contredit. Alors la dame parle :

« Seigneur, puisqu'il vous sied, ce chevalier qui auprès de moi est assis m'a fort priée et requise. Il veut se mettre à mon service et moi je l'en remercie. Vous l'en remercierez aussi. Avant ce jour je ne l'avais vu mais j'avais ouï parler de lui. Il est noble, sachez-le bien : c'est le fils du roi Urien. Outre qu'il est de haut parage et de très grand vasselage, ce chevalier est si courtois que l'on ne peut me déconseiller de l'épouser. De monseigneur Yvain, je crois que vous avez tous ouï parler. C'est lui, Yvain, qui me demande. Jamais n'aurai plus haut seigneur qui se puisse affier à moi au jour que l'on voudra.

Tous disent :

« Si vous voulez faire sagement, ce jour présent ne passera que vous n'ayez fait le mariage. C'est folie que de retarder d'une heure le profit que l'on peut attendre. »

Tant ils la prient qu'elle consent à ce qu'elle aurait fait sans eux parce qu'Amour lui commandait. Par la main monseigneur Yvain a pris la dame de Landuc, fille du duc de Landunet. Le jour même, sans délai, Yvain l'épousa et ils firent leurs noces. On y vit beaucoup de crosses et de mitres car la dame avait mandé ses évêques et ses abbés.

Messire Yvain ores est seigneur. Le mort est bien vite oublié. Celui qui l'a occis a maintenant sa femme et tous deux couchent ensemble. Les gens aiment et prisent plus le vif qu'ils n'aimaient et prisaient le mort. De leur mieux ils l'ont servi à ses noces qui durèrent jusqu'à la veille du jour où le roi

Arthur s'en vint à la merveille de la fontaine et du perron. Tous les compagnons de la ménie du Roi furent de cette chevauchée.

Parlait ainsi messire Ké :

« Pour Dieu, qu'est devenu messire Yvain, qui se vanta après manger qu'il irait venger son cousin? Ceci se passait après boire. Il s'est enfui, je le devine! Il n'osait venir devant nous. Il se vante par grand orgueil. Il est hardi celui qui ose se vanter d'exploit dont il n'a témoignage! Entre le mauvais et le preux il y a grande différence : le mauvais homme, devant le danger, parle de lui avec grandes paroles. Il prend tous les gens pour des sots. Mais le preux serait bien fâché d'entendre célébrer par autrui les prouesses qui furent siennes. Pourtant j'accorde au méchant que de se vanter il n'a tort. S'il ne se loue, qui le louera? »

Alors messire Gauvain parla :

« Grâce, dit-il, messire Ké, si messire Yvain n'est ici, vous ne savez s'il n'en a empêchement. Jamais il ne s'est abaissé à dire autant de vilenies qu'il vous a fait de courtoisies.

— Sire, dit Ké, je me tais donc, vous ne m'en entendrez parler puisque ce vous déplaît. »

Le roi Arthur, pour voir la pluie, verse de l'eau un plein bassin sur le perron, dessous le pin. Et il plut d'une pluie très lourde.

Il ne tarda guère que messire Yvain entrât armé dans la forêt et ne s'en vînt au grand galop sur un cheval fort et hardi. Et messire Ké résolut de demander la bataille car, quelle qu'en fût l'issue, toujours il voulait être le premier aux joutes et aux combats, sinon il en avait colère. Il vient donc devant le roi lui demander qu'il lui permette cette bataille.

« Ké, dit le roi, puisqu'il vous plaît et devant

tous l'avez demandé, la chose ne doit vous être refusée. »

Ké l'en remercie puis il monte.

« Si je puis lui faire quelque honte volontiers je lui en ferai », pense pour lors messire Yvain qui l'a reconnu à ses armes.

Il a pris son écu par les énarmes et Ké le sien. Ils poignent les chevaux, baissent les lances. On les éloigne comme il faut. L'un contre l'autre ils s'élancent, s'acharnent à frapper tels coups que les deux lances se froissent et vont jusqu'au point fendant. Mais sire Yvain coup si puissant assène sur Ké, que par-dessus la selle, Ké en a fait la tourneboule et il tombe, le heaume en terre. Plus de mal ne cherche à lui faire messire Yvain qui descend à terre et prend le cheval.

Ce fut bien fait pour messire Ké et il y en eut plus d'un qui se moqua de lui.

« Ahi ! Ahi ! Comme vous gisez, vous qui méprisez les autres ! Et neporquant il est bien juste qu'on vous pardonne pour cette fois car jamais ce ne vous advint ! »

Entre-temps vint messire Yvain devant le roi. Par le frein, il menait le cheval en sa main parce qu'il le voulait rendre au roi. Il lui dit :

« Sire, faites prendre ce cheval. Ce serait mal à moi si je détenais rien de vous.

— Qui êtes-vous ? dit le roi. Point je ne vous reconnaîtrai au parler si je ne vous entends vous nommer. »

Lors messire Yvain dit son nom et Ké est de honte assommé. Et tout penaud et tout confus et déconfit d'avoir dit que messire Yvain s'était enfui. Mais les autres en sont joyeux. Ils font grande joie de l'exploit. Le roi partage cette joie mais cent fois plus grande encore est celle de messire Gauvain qui aimait compagnie d'Yvain bien plus que d'aucun chevalier.

Le roi requiert Yvain et le prie qu'il leur conte s'il le veut bien la suite de ses exploits car il avait grand désir de savoir toute l'aventure. De dire vrai il le conjure. Yvain leur conte tout et le service et la bonté que la damoiselle lui fit et nulle chose n'oublia. Après cela il prie le roi de venir héberger chez lui avec tous les chevaliers de sa suite. Honneur et joie ils lui feront. Le roi lui répond que volontiers, huit jours entiers, joyeusement il lui fera compagnie.

Messire Yvain l'en remercie. Ils ne demeurent point longtemps car ils s'en vont vers le château par droit chemin. Yvain envoie devant la route un écuyer portant faucon gruyer afin que l'arrivée de la compagnie ne surprenne la dame et que les serviteurs fassent la maison belle pour le roi.

Et la dame est très heureuse d'ouïr la nouvelle du roi qui vient. N'est personne qui la connaisse qui n'en soit content et joyeux. La dame leur ordonne d'aller à l'encontre du roi.

A l'encontre du roi de Bretagne ils vont tous, sur chevaux d'Espagne. Tous ils saluent très hautement le roi Arthur premièrement et puis toute sa compagnie. Ils disent : « Bien venue est cette route qui de tant de prudhommes est pleine! Béni soit celui qui les mène et nous donne de si bons hôtes! » Devant le roi le bourg sonne de toute la joie qu'on y fait.

Draps de soie sont tirés dehors, étendus comme parements. De tapis on fait pavement et par les rues on les étend. Contre la chaleur du soleil on couvre les rues de courtines. Les cloches, les cors, les buccines font si bien résonner tout le bourg que l'on n'aurait ouï Dieu tonner. Devant le roi dansent les pucelles. Sonnent flûtes et frétèles, cymbales,

tambourins, tambours. Des jeunes gens font des
sauts et des tours d'adresse. C'est à qui sera le plus
gai pour accueillir le roi Arthur.

La dame de Landuc est sortie, vêtue d'une robe
impériale d'hermine frangée et portant sur la tête
un diadème avec ornement d'un rubis. Autour
d'elle se presse la foule et tous disent l'un après
l'autre :

« Bienvenu soit le roi, seigneur des rois et des
seigneurs du monde ! »

Il ne peut répondre à tous, le roi qui vers lui voit
venir la dame pour le tenir à l'étrier. Mais ce geste
il ne veut attendre et il se hâte de descendre. Elle le
salue et lui dit :

« Bienvenu soit par cent mille fois le roi seigneur ! Béni soit messire Gauvain, son neveu !

— En votre corps et votre esprit, ô belle
créature, qu'il y ait joie et très bonne aventure ! »

Puis il l'embrasse en la serrant et elle aussi tout à
pleins bras.

Des autres je ne dirai rien ni comment la dame
les accueille, mais jamais parler je n'ai ouï que gens
furent aussi fêtés et honorés et bien servis. De la
joie ne vous dirai rien par crainte de perdre mon
temps. Mais je vous conterai l'accointance que je
veux rappeler ici, qui fut faite en conseil privé entre
la lune et le soleil. Savez-vous ce que je veux dire ?
Celui qui fut maître des chevaliers et qui sur tous
eut renommée doit bien être appelé soleil. Je le dis
pour monseigneur Gauvain par qui la chevalerie est
tout enluminée comme soleil la matinée. Il darde
ses rais et rend clarté dans tous les lieux où il
s'épand. De ce soleil reluit la lune l'astre unique
qui a grand sens et courtoisie. Je ne le dis
seulement pour son grand renom mais parce que la
jeune fille s'appelait Lunette.

Elle était avenante brunette, très accueillante et

avisée. Avec sire Gauvain s'accointe, qui l'affectionne et qui l'aime et qui l'appelle son amie, car elle a garanti de mort un compagnon très cher. Il lui offre son service. Et elle lui conte et devise comment à si grand-peine elle conquit si bien sa dame que celle-ci en vint à prendre monseigneur Yvain pour mari et comment elle le déroba aux mains de ceux qui le cherchaient. Messire Gauvain se rit beaucoup de ce qu'elle lui conte et il dit :

« Ma damoiselle, je vous donne pour quand il vous plaira un chevalier comme je suis. Ne me changez pour un meilleur! Je suis vôtre et soyez dorénavant ma damoiselle. »

Elle le remercie. Ainsi tous deux s'entraccointèrent. Les uns les autres se donoyaient car il y avait bien là nonante demoiselles belles et gentes, sages et gentilles dames aussi et de haut parage. Avec elles ils se pouvaient divertir et s'accoler et se baiser et se parler et auprès d'elles s'asseoir.

Ayant terminé son séjour, le roi fit apprêter son départ. Les chevaliers avaient toute la semaine prié et pris grande peine pour persuader Yvain de partir avec eux.

« Comment, disait messire Gauvain, seriez-vous de ceux qui valent moins à cause de leur femme? Honnis soient-ils par sainte Marie! Il doit s'amender celui qui a une belle dame pour femme ou pour amie. Il n'est pas juste que, parce qu'elle l'aime, il perde son renom et son prix.

« Certes ce ne sera pas votre seule privation, si vous devenez pire encore. Car la femme a vite repris son cœur et n'a point tort de mépriser celui qui perd sa valeur et l'oublie dans l'amour. D'abord doit croître votre prix. Rompez le frein et le chevêtre! Nous irons tournoyer, moi et vous, qu'on ne nous appelle jaloux! Vous ne devez être songeux mais hanter joutes et tournois, quoi qu'il

puisse vous en coûter. Qui ne se meut devient
songeux! Il vous faut venir avec nous. Je n'irai
point sous autre enseigne. Faites en sorte, bon
compain, qu'il ne manque quelqu'un en notre
compagnie! Ce ne sera moi, je le jure. C'est
merveille comme il n'en a cure celui qui toujours a
pour partage le bonheur. Bonheur est plus doux à
goûter quand longtemps il s'est fait attendre. Joie
d'amour qui vient sur le tard semble verte bûche
qui brûle et donne plus grande chaleur et d'autant
plus la bûche vaut qu'elle fut lente à s'allumer. Il
est certaines habitudes dont on a mal à se défaire.
Quand on le veut on ne le peut. Cela je ne le dirais
pas si j'avais aussi belle amie que vous avez, beau
compagnon. Foi que je dois à Dieu, je la laisserais à
grand-peine! A dire vrai j'en serais fou! Mais tel
conseille bien autrui qui ne saurait se conseiller
comme ces prêcheurs déloyaux qui enseignent et
prêchent le bien dont ils ne veulent faire rien! »

Messire Gauvain tant lui dit et tant le requit
qu'il obtint d'Yvain la promesse qu'à sa femme il
demanderait congé. Puis s'en irait s'il l'obtenait et
— faisant folie ou sagesse — il retournerait en
Bretagne.

Yvain prend donc à part la dame qui de ce congé
ne se doute et il lui dit :

« Ma très chère dame, vous qui êtes mon cœur,
mon âme, mon bien, ma joie et ma santé, une
chose me promettez pour votre honneur et pour le
mien... »

La dame sitôt lui octroie, sans savoir ce dont il
s'agit :

« Beau sire, dit-elle, commandez ce que vous
voulez! »

Lors messire Yvain lui demande permission
d'accompagner le roi et d'aller tournoyer aussi, afin
qu'on ne l'appelle recréant.

Elle lui dit :

« Je vous accorde ce congé mais seulement à terme. Le grand amour que j'ai pour vous deviendra haine, soyez-en sûr, si vous dépassez le terme que je vous fixerai. Si mon amour voulez avoir et le moins du monde m'aimez, pensez à revenir à tout le moins d'ici un an, huit jours après la Saint-Jean dont c'est aujourd'hui les octaves. Mon amour vous ne l'aurez plus si vous n'êtes point revenu auprès de moi à ce jour. »

Messire Yvain pleure et soupire si fort qu'à peine il peut dire :

« Dame, ce terme est bien lointain, si je pouvais être colombe chaque fois que je le voudrais, souvent avec vous je serais ! Et je prie Dieu qu'il ne lui plaise, de me laisser aussi longtemps si loin de vous. Mais tel compte tôt revenir qui point ne connaît l'avenir. Je ne sais ce qui m'adviendra, ou maladie ou bien prison. Vous devriez considérer les empêchements que je pourrais souffrir.

— Ainsi je fais, dit-elle, et aussi bien je vous promets que si Dieu vous défend de mort, d'empêchement vous n'aurez jamais pour autant qu'à moi vous penserez. Or mettez donc à votre doigt ce mien anneau que je vous donne. De la pierre dont elle est faite, je vais vous dire le pouvoir : nul amant vrai et loyal ne peut souffrir aucun mal. Celui qui porte cet anneau, celui qui chèrement y tient et de son amie se souvient, plus dur que fer il devient. Il vous vaudra écu, haubert. Mais je veux qu'à nul chevalier vous ne le prêtiez ni donniez. Je vous le donne par amour. »

Messire Yvain a son congé. Le roi ne veut plus attendre pour aucune raison du monde. Car il lui tarde qu'on amène les palefrois, garnis de selles et de freins.

Je ne sais plus comment conter le départ de

messire Yvain et les baisers de ce départ, qui furent
de larmes semés, de si grand-douceur embaumés.
Et du roi vous raconterai-je, comment la dame le
conduisit, et ses servantes avec elle et tous ses
chevaliers aussi? J'y ferais trop longue demeure.

Le roi pria la dame de retourner en son château.
Elle s'en revint à grand-peine suivie de tous les
gens de sa maison. Contre son gré messire Yvain de
son amie s'est séparé. Le roi le corps peut
emmener mais le cœur il n'emporte point, qui
demeure tenu et joint au cœur de celle qui
demeure. Dès que le cœur est sans le corps à aucun
prix il ne peut vivre. Et que le cœur puisse vivre
sans le corps, telle merveille nul encore ne la vit.
Voici pourtant que cette merveille est advenue! Le
corps a retenu la vie, mais sans le cœur qui
l'animait et qui ne voulait plus le suivre. Le cœur a
un heureux séjour et le corps est en espérance de
retourner se joindre au cœur. Mais sans ce cœur
messire Yvain se conforte d'étrange manière par
l'espérance qui souvent trahit et n'est hélas que
fausseté. Je crois qu'il ne le saura pas quand
l'espérance le trahira. Car si d'un seul jour il
trépasse le terme fixé par sa dame, plus jamais il ne
trouvera ni paix ni trêve.

C'est sans doute, à ce que je crois, ce qui l'attend
car sire Gauvain jamais ne laissera Yvain se séparer
de lui.

Tous deux allèrent en compagnons dans tous les
lieux où l'on tournoie. Ainsi fit toute l'année
messire Yvain et toujours messire Gauvain prit
soin de servir la gloire de son ami. Mais il le fit tant
s'attarder que toute l'année passa et que la mi-août
s'en revint. En ce temps-là le roi tint de nouveau sa
cour.

Les deux compagnons s'en revinrent juste la
veille d'un tournoi. On raconte, à ce qu'il me

semble, que les deux chevaliers ensemble en ville
ne voulurent descendre mais leur pavillon ils firent
tendre hors de la ville. N'allèrent point visiter le roi
mais le roi les vint visiter avec ses meilleurs
compagnons.

Entre eux s'assit le roi Arthur. Yvain se prit à
songer à sa dame et jamais ne fut tant accablé par
une pareille pensée car il savait bien qu'il avait violé
sa promesse et que le terme était passé. A grand-
peine il tenait ses larmes. La honte lui faisait tenir.
Ses compagnons étant assis autour de lui, ils virent
venir une demoiselle au grand trot sur son noir
palefroi à balzanes. Elle descendit devant leur
pavillon sans que nul vînt à l'étrier et allât prendre
son cheval.

Dès qu'elle aperçut le roi elle laissa tomber son
manteau. Elle entra et vint devant lui. Elle lui dit :

« Ma dame salue le roi et salue monseigneur
Gauvain et tous les autres, sauf Yvain le mensonger, le traître, le déloyal, le tricheur qui l'a trompée
et tant déçue! Il se faisait passer pour un ami
parfait. Il était faux et séducteur. Cet Yvain n'a
séduit ma dame que parce qu'elle était sans malice
et ne croyait nullement qu'un tel homme dût voler
son cœur. Non, ils ne volent point les cœurs, ceux
qui aiment! Ceux-là seuls les disent larrons qui
sont des trompeurs en amour et n'y entendent que
néant. L'ami prend le cœur de s'amie mais il le
garde et le défend contre les larrons qui font
semblant d'être prudhommes. Ceux-là sont larrons
hypocrites et traîtres qui mettent leur point d'honneur à ravir les cœurs sans remords. Mais l'ami
véritable ami, où qu'il aille, il garde précieusement
le cœur et le rapporte.

« Messire Yvain a tué ma dame! Elle croyait
qu'il garderait son cœur et lui rapporterait avant
que l'année fût passée.

« Yvain, tu es trop oublieux puisque tu n'as pu te souvenir que tu devais revenir vers ma dame d'ici un an. Jusqu'à la fête de Saint-Jean elle t'avait donné répit. Tu l'as tellement dédaignée que tu n'as gardé nul souvenir. Ma dame a marqué tous les jours dans sa chambre, car qui aime est en grand souci et il ne peut avoir bon somme : toute la nuit il fait le compte des jours passés et à venir. Ainsi font les loyaux amants contre le temps et la saison.

« Non, ce n'est pas à déraison qu'elle porte ici sa complainte, et ce n'est pas avant le temps. Je ne dis rien par colère mais je dis : « Tu nous as trahies, toi qui as manqué à ma dame. Ma dame n'a plus souci de toi et te demande par ma bouche que tu ne reviennes vers elle et tu ne gardes son anneau. Rends-le-moi car il faut le rendre! »

Messire Yvain ne peut répondre. La parole lui fait défaut. Mais la damoiselle aussitôt lui ôte l'anneau de son doigt. Puis elle salue le roi et tous les chevaliers autour qu'elle laisse en grand embarras.

Messire Yvain est accablé. Tout ce qu'il voit est un tourment. Tout ce qu'il entend l'incommode. Il voudrait être au loin, s'enfuir en une terre si sauvage qu'on ne sache plus le quérir; où n'y ait ni homme ni femme qui ne connaisse rien de lui non plus que s'il était au profond d'un abîme. Il ne hait rien tant que lui-même. Auprès de qui se conforter? N'est-il pas auteur de sa perte?

Messire Yvain s'éloigna sans prononcer une parole tant il avait peur de foleyer devant les barons assemblés. Ceux-ci le laissèrent aller seul sans prendre à lui nulle attention. Ce n'était point assurément ni leurs propos ni leurs affaires qui pouvaient retenir Yvain.

Il fut bientôt loin des pavillons. Alors s'empara de lui le délire. Il lacéra ses vêtements puis s'enfuit par champs et arées. Des compagnons qui le cherchaient dessous les tentes nul ne le trouva, non plus par les haies et les vergers.

Yvain courant comme insensé, trouva près d'un parc un garçon tenant un arc et des flèches barbelées. Ayant encore un peu de sens Yvain lui arracha ses armes. Puis il perdit tout souvenir de son aventure. Se mit à la guette des bêtes au bois, les tua, mangea venaison toute crue. Tant il rôda de tous côtés comme rôde un forcené qu'il trouva par là une maison petite et basse. C'était la demeure d'un ermite fort besogneux, pour le moment, à essarter. A voir venir un homme nu, bien s'aperçut qu'il n'était pas homme sensé et courut au plus tôt se cacher dedans sa maison. Mais comme il était charitable il posa du pain et de l'eau sur le rebord de la fenêtre.

Yvain l'insensé s'approcha, prit le pain et y mordit car il se sentait grand'faim. Jamais il n'en avait mangé de si mauvais goût et si dur. La moûture en était sûrement de bas prix car ce pain avait été pétri d'orge avec de la paille, moisi et sec comme une écorce. Yvain était tenaillé de faim si grande que le pain lui sembla tendre comme bouillie car la faim est la meilleure sauce, bien préparée et bien confite pour tous mangers. Yvain dévora le pain entier et but toute l'eau fraîche du pot.

Ayant ainsi mangé et bu, Yvain s'enfonça de nouveau dans le bois, cherchant les cerfs et les biches. En le voyant qui s'éloignait, l'ermite fit prière à Dieu de protéger ce pauvre homme, mais il lui demanda aussi qu'il ne revienne plus errer de ce côté de la forêt.

Qui donc empêcherait un insensé de revenir volontiers en tel lieu où il a trouvé âme charitable? Tout le temps qu'il fut en sa folie, Yvain s'en revint donc par là chaque jour, apportant devant l'huis de l'ermite le don de quelque bête sauvage. Tout son temps passait à chasser. L'ermite dépouillait et faisait cuire. Chaque jour le chasseur insensé trouvait le pain et l'eau dans la boîte disposée près de la fenêtre. Avait donc le boire et le manger, eau fraîche puisée en fontaine et venaison sans sel ni poivre. L'ermite vendait les peaux, achetait le pain d'orge ou d'avoine dont le feu avait à pleineté.

Ainsi en fut-il jusqu'à ce jour où passèrent par là une dame et deux demoiselles de sa ménie qui trouvèrent Yvain l'insensé endormi dans la forêt. L'une d'elles courut vers l'homme étendu, qui tout nu, dormait sous les arbres. Longuement elle le regarda et aperçut une cicatrice que messire Yvain portait depuis longtemps au visage. Comment en douter encore? Cet homme nu qui dormait était bien Yvain lui-même! C'était un grand étonnement de le trouver là en si triste état! Plusieurs fois la femme se signa mais elle se garda bien d'éveiller le dormeur. Elle remonta sur son cheval et retrouva ses compagnes.

« Dame, dit en pleurant la demoiselle, j'ai rencontré Yvain, le chevalier sans égal. Je ne sais quel péché l'a frappé de telle déchéance. Sans doute est-ce par l'effet d'un grand chagrin qu'il en est venu à vivre cette vie étrange car nous savons bien que la douleur peut frapper de folie. Yvain n'est pas dans son bon sens. Jamais il ne serait si misérable s'il n'avait ainsi perdu l'esprit. Puisse Dieu lui accorder de retrouver la raison! Puisse

Yvain vous aider alors contre le comte Alier qui
vous fait guerre sans relâche !

— Soyez sans crainte, répond la dame. Si
messire Yvain ne s'enfuit je crois qu'avec l'aide de
Dieu nous lui sortirons de la tête cette démence.
Mais il ne faut point tarder. La fée Morgue qui est
très savante m'a donné autrefois un onguent
renommé souverain contre toute rage de tête. »

Les trois femmes s'en allèrent bien vite vers le
château qui se dressait non loin de là. Il n'était qu'à
une demi-lieue à la mesure de ce pays-là. Deux de
ses lieues en font une des nôtres et quatre en font
deux.

Cependant messire Yvain demeurait là, seul et
toujours endormi. Arrivée dans son château, la
dame ouvrit un écrin, y prit une boîte qu'elle remit
à la demoiselle, lui recommandant d'user de
l'onguent avec mesure, de frotter légèrement les
tempes et le front et de garder précieusement le
reste. Elle lui confia encore robe de vair et manteau
de soie pour revêtir le chevalier. La demoiselle
ajouta chemise et braies de toile fine, chausses
neuves et bien taillées. Elle prit en dextre un
palefroi et chevaucha bien vite retrouver Yvain
toujours dormant en même place.

Elle lia ses chevaux dans un plessis, puis s'approcha sans crainte du dormeur, portant l'onguent
et la robe. La voici qui touche le pauvre insensé et
l'oint si fort qu'il ne reste plus rien dans la boîte.
(Si grand était son désir de guérir le chevalier
qu'elle se moquait bien des recommandations de sa
dame !) Elle le frotta si bien que rage et mélancolie
lui sortirent du cerveau. Il n'y avait besoin d'oindre
tout le corps mais je crois bien qu'elle l'eût fait si
elle avait eu cinq septiers d'onguent !

Dès qu'elle eut donné tous ses soins, la demoiselle s'enfuit, laissant auprès d'Yvain la robe, car

elle voulait qu'il la trouvât, s'il guérissait, tout aussitôt auprès de lui. Elle se tint cachée derrière un grand chêne, près des deux chevaux, et attendit.

Elle vit qu'Yvain se réveillait enfin. Il avait retrouvé son bon sens en sa mémoire. Il eut grande honte de lui en se voyant nu comme ivoire. Il l'aurait eue plus grande encore s'il avait connu toute l'aventure. Il s'émerveilla en voyant la robe et se dit avec angoisse que si quelqu'un l'avait trouvé dans sa folie et reconnu, il eût été déshonoré. Yvain se vêtit de la robe et regarda par la forêt s'il n'y avait homme à venir.

Ce fut la demoiselle qui revint. Yvain avait grand besoin d'aide car il était très affaibli et ne se tenait qu'avec peine. La demoiselle chevaucha donc du côté où il se trouvait comme si elle ignorait sa présence.

Messire Yvain, qui cherchait aide et abri l'appela le plus fort qu'il put. La demoiselle fit l'ébahie et s'adressa vers lui, prenant non le plus court chemin mais par détours de-ci de-là. Yvain se remit à crier : « Demoiselle! Par ici! » La demoiselle mena donc vers ce lieu-là son palefroi, très doucement, comme si elle ne savait nulle chose de ce chevalier et ne l'avait vu de sa vie. Ce fut là grande adresse et courtoisie de sa part.

Quand elle fut devant Yvain, elle lui dit :

« Sire chevalier qui m'avez appelée que voulez-vous?

— Sage demoiselle, je ne sais par quelle malechance je me suis trouvé dans ce bois-ci. Veuillez me prêter ou donner le palefroi que vous menez.

— Volontiers, sire chevalier, mais vous viendrez avec moi.

— De quel côté?

— Hors de ce bois, jusqu'à un château près d'ici.

— Demoiselle, dites-moi, avez-vous · besoin de moi?

— Oui, dit-elle, mais je ne vous crois pas en santé. Il vous faudra vous reposer une quinzaine tout au moins. Prenez le cheval qu'en dextre je mène. Nous irons jusqu'à ce château. »

Yvain ne demandait rien d'autre. Il prit le cheval et monta en selle. Ils chevauchèrent, passant dessus un pont qui franchissait une rivière rapide et faisait grand bruit. La demoiselle jeta la boîte dans cette rivière. Elle dirait à sa dame qu'elle avait perdu l'onguent quand, le cheval choppant dessus le pont, la boîte lui avait échappé. De peu, ajouterait-elle, il s'en était fallu qu'elle ne fût elle-même tombée dans la rivière! Voilà le mensonge qu'elle conterait quand elle serait devant sa dame.

La dame du château fut très heureuse de les revoir et de retenir monseigneur Yvain auprès d'elle. Sitôt qu'elle fut seule avec sa demoiselle elle lui demanda son onguent et celle-ci conta le mensonge. « C'est une grande perte, se plaignit la dame qui était très mécontente. Il est bien certain qu'on ne pourra jamais retrouver cette boîte. Il faut y renoncer. On désire son bien et l'on cherche son mal. C'est là ce qui m'arrive avec ce vassal dont j'espérais tant de joie, mais voici qu'il me fait perdre mon bien le meilleur et le plus précieux. Ne parlons pas davantage de la boîte. Je vous recommande à toutes deux d'avoir les plus grands soins pour ce chevalier. »

Les deux demoiselles ont dévêtu messire Yvain bien à son aise. Elles lui lavent la tête, le rognent et rasent car sa barbe était si longue qu'on eût pu la prendre à poignée. On lui donne tout ce qu'il veut. On lui donne donc des armes et l'on prépare pour lui un cheval magnifique, de belle taille, fort et hardi.

Yvain fit un long séjour dans le pays. Un jour, le comte Alier descendit dans la ville avec sergents et chevaliers. Ils l'incendièrent et ravirent un grand butin. Sitôt, tous les gens du château montèrent en selle et s'armèrent. Ils poursuivirent les pillards. Ils les rejoignirent à un passage où ces pillards les attendaient.

Messire Yvain frappe où il peut dans la mêlée. Maintenant qu'il a pris un long repos il a retrouvé toute sa force. Il se jette si vivement sur le premier qu'il trouve sous son épée qu'il fait un seul monceau du cheval et du chevalier! Le glouton ne pourra se relever, l'échine brisée, le cœur lui crevant dans le ventre.

Messire Yvain se recule un peu puis recommence. Il se couvre de son écu. Le temps de compter jusqu'à quatre et voici qu'il a désarçonné quatre chevaliers, coup sur coup! Ceux qui sont de ses compagnons prennent courage et chacun veut entrer dans la mêlée.

Du haut de la tour de son château la dame a vu l'assaut et la défense et la prise du passage. Elle a vu beaucoup de blessés, beaucoup de tués de son parti comme de l'autre mais plus nombreux de celui-là. Messire Yvain le vaillant faisait demander grâce aux ennemis comme le faucon fait aux sarcelles. Tous ceux et toutes celles qui regardaient le combat disaient :

« Voyez quel brave champion! Voyez comme les ennemis plient devant lui! Voyez comme il les attaque! On croirait un lion parmi les daims quand la faim le prend et le jette en chasse!... Voyez comme il travaille de l'épée! Jamais Roland ne fit avec Durandal si grand massacre de Turcs à Roncevaux ou en Espagne! Si ce chevalier avait autour de lui quelques bons compagnons de sa valeur, le traître félon de qui nous nous plaignons serait déconfit dès ce jour et devrait s'éloigner d'ici en renonçant à grande honte ! »

Ils disaient encore :

« Elle serait née à la bonne heure, celle qui aurait l'amour d'un tel chevalier, si fort aux armes et unique entre tous comme se dresse un cierge parmi les chandelles, comme brille la lune parmi les étoiles, comme luit le soleil en face de la lune. Il est l'objet d'admiration si grande que l'on voudrait qu'il épouse la dame de ce château et en gouverne la terre. »

Le combat voyait sa fin. Les ennemis s'enfuyaient hors de force. Yvain les poursuivait de près, ses compagnons galopant autour de lui, se sentant sûrs et protégés comme derrière de fortes murailles. Ce fut longue poursuite de cavaliers exténués tombant percés de coups, taillés en pièces dessus leurs chevaux éventrés. Les vivants culbutaient sur les morts. Le comte Alier prit la fuite.

Mais Yvain ne lui fit grâce de rien. Il le rejoignit sous une escarpe près d'un sien châtelet. Le comte n'eut plus qu'à se rendre, n'ayant nul secours à espérer. Il ne discuta point trop longtemps. Messire Yvain prit sa parole. Le comte vaincu jura de se rendre auprès de la dame de Noroison pour se mettre en sa prison et faire paix selon sa volonté.

Ayant reçu son serment, messire Yvain le fit désarmer de son heaume, de son écu, et lui rendit son épée nue. Les ennemis du comte firent grande joie en s'emparant de sa personne. Le château connaissait déjà la nouvelle si bien que la dame et tous ses gens vinrent à la rencontre d'Yvain qui présenta son prisonnier.

Le comte dut promettre à la dame par foi, serment et pleige, d'observer en tous points toutes ses volontés. Il dut jurer de faire paix à jamais, de

faire réparation de tous dégâts commis de par sa
faute, de relever toutes les maisons abattues.

Alors messire Yvain demanda son congé à la
dame. Elle ne lui eût point donné s'il avait voulu la
prendre pour femme et amie et l'épouser. Tous les
chevaliers supplièrent Yvain qu'il demeurât. Ce
furent là bien vaines prières! Yvain n'accepta
même pas qu'on lui fît escorte sur sa route.

Il partit donc sans tarder, quittant la dame en
son chagrin, elle qui avait eu tant de joie peu de
jours avant. Elle désirait si fort lui faire honneur, le
choisir — s'il le voulait bien — pour seigneur de
toute sa fortune. Ou bien elle eût voulu lui faire
don pour son service de la solde la plus forte à sa
volonté.

Mais rien ne pouvait retenir Yvain!

Messire Yvain cheminait pensif par une profonde forêt et soudain ouït un cri très fort et
douloureux. Il se dirigea vers l'endroit d'où lui
semblait parti le cri. Quand il parvint en ce lieu-là,
il vit un lion dans un essart et un serpent qui
l'enserrait dedans sa queue et lui brûlait l'é-
chine de cent flammes qu'il vomissait. Messire
Yvain ne regarda longtemps cette merveille. En lui-
même il se demanda lequel des deux il aiderait. Il
se décida pour le lion, pensant qu'on ne doit faire
du mal qu'à bête venimeuse et félonne. Or le
serpent est venimeux. Il lui sort du feu par la
bouche et il est plein de félonie. Pour cela messire
Yvain pensa qu'il l'occirait premièrement. Il tire
donc l'épée. Devant la face de la bête il met l'écu
pour que ne l'atteigne la flamme qui se gîtait
dedans la gueule qu'il avait plus large qu'une oule.
A l'épée il attaque la bête. Il tranche le serpent

félon jusqu'en terre et le retronçonne, frappe et tant le refrappe qu'il le démince et le dépièce. Mais il lui faut enfin trancher un morceau de la queue du lion car la mâchoire du serpent par la queue encore le tenait. Il en trancha le moins qu'il put.

Quand il eut délivré le lion il crut qu'il l'allait maintenant falloir combattre car le lion allait l'attaquer, pensait-il. Mais le lion ne fit pas ainsi. Écoutez ce que fit la bête, preux animal et débonnaire : elle commença à faire comme si elle se rendait à lui : elle étendait ses deux pattes jointes ; vers la terre inclinait sa tête, se dressait sur ses pieds de derrière, puis elle se ragenouillait et toute sa face mouillait de larmes par humilité. Messire Yvain en vérité comprit que le lion le remerciait et s'humiliait devant lui qui l'avait sauvé de la mort en tronçonnant le serpent. Cette aventure lui plut fort. Il essuya son épée pleine de venin et de bave et la remit dans son fourreau. Puis il continua son chemin. Le lion marcha auprès de lui, montrant bien que jamais il ne le quitterait et qu'avec lui toujours irait car il voulait assurément servir ce maître et le protéger.

Comme il allait devant Yvain, le lion sentit dessous le vent bêtes sauvages à la pâture. L'instinct et la nature le poussaient à aller en proie et à pourchasser sa vitaille. Il se mit un petit dans leurs traces pour bien montrer à son seigneur qu'il avait senti et rencontré vent et flair de bête sauvage. Il le regarde et il s'arrête car il veut le servir selon son gré et non contre sa volonté. Messire Yvain voit bien que la bête lui montre qu'elle l'attend, qu'elle restera s'il reste et qu'il pourra prendre la venaison que le lion a flairée. Alors messire Yvain l'excite comme il ferait pour un brachet.

Le lion remit le nez au vent et il ne s'était pas trompé car à moins d'une archée de là il vit pâturer

un chevreuil, tout seul dans un vallon. Il le prit au
premier assaut et il en but le sang tout chaud.
Quand il l'eut occis, il le gîta sur son dos, l'emporta
devant son seigneur qui l'en chérit davantage pour
affection qu'il lui montrait. Il était alors presque
nuit. Messire Yvain résolut d'héberger en ce lieu-là
et d'écorcher le chevreuil pour manger un peu de
sa chair. Lui fendit le cuir sous les côtes. Un lardé
de longe il ôta. Il tira du feu d'un caillou et alluma
bûche bien sèche. Mit à rôtir à une broche et le
lardé fut bientôt cuit. Mais Yvain n'eut pas grand
plaisir de ce rôti, car il n'avait pain, vin ni sel, ni
nappe ni couteau non plus. Pendant qu'il mangeait,
le lion demeurait couché à ses pieds et regardait son
maître dévorant tant de lardé qu'il n'en voulût plus
davantage. Alors le lion mangea du restant jusqu'aux os. Messire Yvain dormit là toute la nuit, sa
tête posée sur l'écu. Le lion fut de si bon sens qu'il
veilla et garda le cheval paissant l'herbe pauvre qui
n'engraisse guère.

Au matin s'en allèrent ensemble et cette même
vie qu'ils avaient menée la nuit, la remenèrent à la
vêprée et ainsi toute une quinzaine. Et l'aventure à
la fontaine dessous le pin les amena. Las, de peu il
s'en fallut qu'Yvain devînt fou de douleur quand,
approchant de la fontaine, il vit le perron, la
chapelle! Il tombe pâmé de douleur. L'épée qu'il
avait au côté choit du fourreau. Sa pointe perce les
mailles du haubert. Les mailles se défont. L'épée
lui tranche la peau du cou sous la maille blanche et
elle en fait couler le sang. Le lion croit voir mort
son compagnon et son seigneur. Il se détord, il
gratte, il crie et s'occit presque par l'épée! Avec ses
dents il ôte l'épée, accote son maître sur un fût,
l'appuie contre le tronc d'un arbre. Ainsi avait-il
fait déjà quand de pâmoison le maître revient à lui.
Le lion l'avait sauvé, lui qui s'encourait à la mort

comme un sanglier forcené qui ne prend point garde où il court.

Revenant à lui, messire Yvain grandement se blâma d'avoir dépassé le terme de l'année, ce pourquoi sa dame le détestait.

« Hélas! disait-il, pourquoi ne se tue-t-il pas celui qui lui-même s'est ôté la joie? Que fais-je, moi qui ne m'occis? Comment puis-je demeurer ici et voir les choses qui me rappellent ma dame? Que fait mon âme en un corps si dolent? Si elle avait fui pour toujours, ce ne serait un tel martyre! Qui perd sa joie et son bonheur, par son méfait et par son tort, se doit haïr jusqu'à la mort! »

Comme il se lamentait ainsi, une captive, lors enfermée en la chapelle, le vit et l'entendit gémir par une crevasse du mur.

« Dieu, fait-elle, qu'entends-je là? Qui donc se lamente ainsi? »

Il lui répond :

« Et vous, qui êtes-vous?

— Je suis, fait-elle, une prisonnière, la plus malheureuse qui vive! »

Il lui répond :

« Tais-toi, folle! Ta douleur est joie, ton mal est un bien auprès de ceux dont je languis! Plus l'homme a appris à vivre en joie, plus il est vengé et accablé qu'un autre quand le malheur vient!

— Certes, dit-elle, je sais bien que cette parole est vraie mais cela ne me fait pas croire que vous souffrez des maux plus grands que moi! Il m'est avis que vous pouvez aller partout où vous voulez. Moi je suis ici prisonnière et tel ici est mon destin que demain céans serai prise et livrée à peine mortelle.

— Dieu, dit-il, pour quel forfait?

— Sire chevalier, que jamais Dieu n'ait merci ni de mon corps ni de mon âme si j'ai mérité cette peine! Je vous dirai la vérité, sans mentir d'un seul mot : je suis en prison pour ce que je suis accusée de trahison. Si je ne trouve qui me défende, demain je serai brûlée ou pendue.

— Alors je puis bien dire, répond Yvain, que mon chagrin et ma colère surpassent votre douleur car vous pourriez être délivrée de ce péril!

— Oui, mais par qui? Je ne le sais! Ils ne sont au monde que deux qui osassent pour moi entreprendre bataille contre trois hommes et m'en défendre.

— Comment, par Dieu, sont-ils donc trois?

— Oui, sire, par ma foi, ils sont trois ceux-là qui me disent traîtresse.

— Et qui sont-ils, ceux qui vous aiment tant et seraient si hardis que contre trois oseraient combattre pour vous sauver et garantir?

— Je vous le dirai sans mentir : l'un est messire Gauvain et l'autre est messire Yvain pour lequel je serai demain livrée au martyre de mort.

— Pour qui avez-vous dit?

— Pour le fils du roi Urien.

— Je vous ai bien entendue. Eh bien, vous ne mourrez sans lui! Je suis Yvain en personne pour qui vous êtes en grand effroi. Et vous êtes celle, je crois, qui en la salle m'avez protégé. M'avez sauvé mon corps, ma vie, entre les deux portes coulantes où je fus pris, où je connus une si effroyable angoisse. J'eusse été mort, si je n'avais reçu votre aide. Or me dites, ma douce amie, quels sont ceux qui vous accusent de trahison et en prison vous ont mise en cette chapelle?

— Sire, je ne vous le cacherai puisqu'il vous plaît que je le dise. Il est vrai que je n'ai épargné ma peine pour vous aider en bonne foi. Par la recommandation que je fis ma dame vous prit pour époux. Elle suivit bien mon conseil mais par la

Sainte Patenôtre, maintenant je puis vous le dire, je
fis ainsi plus pour son avantage que pour le vôtre.
Quand il advint que vous eûtes dépassé le terme de
l'année où vous dûtes vers ma dame revenir, elle
s'emporta contre moi et se montra bien déçue de ce
qu'elle m'avait crue. Quand le sénéchal sut cela —
un félon, un traître mortel, qui grande jalousie me
portait parce que ma dame me croyait plus que lui
dans mainte affaire — il vit bien ce qu'il pourrait
faire contre moi de ce grand courroux. En pleine
cour et devant tous il m'accusa l'avoir trahie. Je
n'avais conseil ni aide sinon de moi seule et disais
que jamais je n'avais trahi ma dame. Tout effrayée
et sans prendre avis de personne, je dis que je me
ferais défendre par un chevalier contre trois. Le
félon n'eut la courtoisie de refuser cette épreuve. Je
ne pouvais me dérober ou ruser, retirer mon offre.
C'est ainsi que je fus prise à ma parole et il me
fallut m'engager à trouver un chevalier dans un
répit de trente jours. Je suis allée en mainte cour.
En celle-là du roi Arthur je ne trouvai aide en
personne. Personne non plus qui me dît de vous
choses agréables car on n'avait nulles nouvelles.

— Et, messire Gauvain, s'il vous plaît, le franc,
le bon, où était-il donc ? Jamais son aide ne manqua
à demoiselle abandonnée !

— Si à la cour je l'eusse trouvé, rien ne m'aurait
empêchée de le requérir pour moi. Mais un
chevalier a emmené la reine Guenièvre, m'a-t-on
dit, et le roi fut assez fou pour envoyer après elle.
Je crois bien que ce fut Ké, le sénéchal, qui la
conduisit au chevalier qui l'a enlevée. Lors est entré
en grande peine messire Gauvain qui la recherche
et jamais n'aura de repos jusqu'à ce qu'il l'ait
retrouvée. Je vous ai dit toute la vérité sur mon
aventure. Demain je mourrai de mort honteuse ou
serai brûlée sans recours, par votre faute. »

Yvain répond :

« A Dieu ne plaise que l'on vous fasse du mal par ma faute! Vous avez tant fait pour moi que je ne dois vous manquer en nul besoin que vous ayez. Je sais bien que ce combat vous épouvante mais s'il plaît à Dieu en qui je crois, ils seront honnis tous les trois! Je n'ai plus qu'à m'en aller. Je m'en vais loger dans ce bois car je ne sais de maison dans le voisinage.

— Sire, fit-elle, Dieu vous donne bon hôtel et bonne nuit et vous garde de tout mal comme je désire! »

Messire Yvain s'en va, son lion toujours derrière lui. Tant ils allèrent qu'arrivèrent près du châtelet d'un baron qui était lieu clos tout autour de murs épais et forts et hauts. Ce château-là était si fort qu'il ne craignait assaut de mangonneau ou de perrière. Hors des murs la place était rase à ce point que ne s'élevait alentour ni borde ni maison. (Vous saurez pourquoi une autre fois, quand le moment sera que je vous dise.) Messire Yvain se dirigea du droit chemin vers le château. Des valets sortirent — jusqu'à sept — qui lui descendirent le pont-levis et allèrent à sa rencontre. Mais du lion, quand ils le virent s'en venir avec son seigneur, vivement ils s'effrayèrent. Ils demandèrent à Yvain de vouloir bien laisser son lion à la porte, qu'il ne les blesse ou ne les tue. Mais Yvain leur répondit :

« N'en parlez pas. Je n'entrerai ici sans lui. Ou nous logerons ici tous deux ou bien je resterai dehors car je l'aime comme mon corps. Mais je le garderai si bien que pourrez être rassurés. »

Ils répondirent :

« A la bonne heure! »

Ils entrèrent alors dans le château et rencontrèrent sur leur chemin chevaliers, dames et valets

et demoiselles avenantes qui, les accueillant, les
saluèrent s'affairant bientôt à les désarmer.

« Bienvenu soyez-vous parmi nous, beau sire!
Dieu vous donne de séjourner et de vous en revenir
joyeux et comblé d'honneur! »

Du plus haut jusqu'au plus petit ils s'empressent
et lui font joie. Ils l'emmènent donc au logis mais il
arrive tout soudain qu'une douleur qui les étreint
leur fait oublier leur joie. Ils recommencent à crier,
à pleurer, à s'égratigner le visage. Ils font semblant
d'être joyeux pour honorer leur hôte mais ils n'en
ont guère envie car ils s'effrayent de l'aventure
qu'ils attendent pour le lendemain. Ils sont tous
bien sûrs et certains qu'ils l'auront avant qu'il soit
midi sonné.

Messire Yvain s'ébahissait de voir que si souvent
ces gens changeaient, criant leur joie puis leur
chagrin. Il en parla au seigneur du château et du
logis.

« Pour Dieu, fit-il, beau doux cher sire, vous
plairait-il de me dire pourquoi vous m'avez tant
honoré? Et pourquoi vous vous réjouissez et sitôt
pleurez tour à tour...

— Je vous le dirai : un géant m'a causé grand
dommage. Il voulait que je lui donne ma fille qui
surpasse en beauté toutes les plus belles filles du
monde. Ce géant félon — que Dieu le confonde! —
a nom Harpin de la Montagne. Il ne se passe pas
un jour qu'il ne prenne tout ce qu'il peut de mon
avoir. Nul plus que moi n'a raison de se plaindre ni
avoir aussi grand chagrin! Je devrais en être fou
forcené car j'avais six fils chevaliers, les plus beaux
et les plus vaillants. Le géant me les a tous pris.
Devant moi deux en a occis et demain occira les
quatre si je ne trouve qui le combatte pour
délivrer mes fils ou m'épargner de livrer ma fille.
Je sais que, dès qu'il l'aura, aux plus vils garçons

qu'il saura en sa maison et aux plus dégoûtants valets il l'abandonnera pour qu'ils en prennent leur plaisir. Après cela jamais plus ne la daignera prendre. Oui pour demain je puis attendre ce malheur si Dieu ne s'en vient à mon aide. Je vous ai dit notre détresse. Dans le château et dans la forteresse le géant ne nous a laissé que ce que nous voyons céans. Si vous y avez pris garde vous avez bien vu comme moi qu'il n'a laissé un œuf vaillant. Hors ces murs qui sont tout neufs, il a fait raser tout le bourg. Et quand il a eu emporté tout ce qu'il voulait, il a mis le feu à ce qui restait. »

Messire Yvain écouta ce que son hôte lui contait puis il lui dit :

« Sire, je suis très affligé de votre peine. Mais d'une chose je m'étonne c'est que vous n'ayez crié aide à la cour du bon roi Arthur. Nul homme n'est si redoutable qu'il ne puisse trouver en cette cour des chevaliers qui voudraient éprouver leur courage contre le sien. »

Alors ce seigneur lui répond qu'il eût trouvé bonne aide s'il avait su où découvrir monseigneur Gauvain.

« Je ne l'aurais prié en vain, car ma femme est sa sœur germaine. Et c'était chose bien sûre qu'il fût venu, Gauvain le preux, pour sa nièce et pour ses neveux. Oui, fût venu à grande allure s'il eût connu cette aventure. Il n'en sait rien. J'en ai si grand chagrin que pour peu me crèverait le cœur. Mais il est allé après celui qui a enlevé la reine. »

Messire Yvain n'en finit point de soupirer. Une grande pitié le prend.

« Beau doux cher sire, dit-il, je me mettrais volontiers dans l'aventure et le péril si le géant et vos fils venaient demain à telle heure que je n'eusse pas trop à attendre car je dois être ailleurs qu'ici demain à l'heure de midi.

— Beau sire, de votre intention je vous remercie mille fois. »

Et tous les gens du logis dirent de même. A ce moment sortit d'une chambre la pucelle gente de corps et de maintien bel et plaisant. Elle s'avança simple, pâle et silencieuse, la tête inclinée vers la terre. Sa mère marchait auprès d'elle, car le seigneur qui les avait mandées voulait les présenter à son hôte. Elles vinrent, enveloppées de leurs manteaux pour mieux cacher leurs larmes. Mais leur seigneur leur commanda d'ouvrir leurs manteaux et de lever la tête :

« Ce que je vous commande de faire ne doit point vous affliger, car c'est un homme franc et très débonnaire que Dieu et la bonne aventure nous ont céans donné. Cet homme m'assure qu'il se combattra au géant. Jetez-vous sitôt à ses pieds!

— Que Dieu ne laisse voir cela! répond messire Yvain. Il ne serait pas avenant que la nièce de messire Gauvain vienne se jeter à mes pieds. Vraiment je n'oublierais jamais la honte que j'en aurais! Mais bon gré je lui saurais si elle prenait courage jusqu'à demain où elle verra si Dieu veut lui venir en aide. Il ne convient plus de prier. Que le géant vienne assez tôt pour que je ne manque ma parole! Car pour rien au monde je manquerais à me trouver au lieu dit demain à l'heure de midi pour la plus grande affaire que je puisse jamais avoir. »

Il ne voulait pas sans faute assurer son hôte, car il redoutait que le géant vînt à telle heure qu'il ne pût se trouver à temps près de la jeune fille enfermée dans la chapelle. Mais il leur fait telle promesse qu'il les met en bonne espérance. Tous et toutes l'en remercient et pensent que c'est un prudhomme à voir la familiarité du lion qui s'est couché à ses pieds aussi doucement qu'un agneau.

Quand l'heure fut arrivée, on mena Yvain dans une chambre claire où la damoiselle et sa mère furent toutes deux à son coucher, car elles l'avaient déjà en affection. Cent mille fois plus l'auraient aimé si elles avaient déjà connu sa courtoisie et sa grande prouesse. Yvain et le lion se reposèrent tous deux ensemble. Personne n'osa se coucher près d'eux et l'on ferma si bien l'huis que les deux amis n'en purent sortir avant l'aube du lendemain.

Quand la chambre fut défermée, messire Yvain se leva et ouït la messe et attendit pour la promesse qu'il avait faite. Jusqu'à prime il attendit. A cette heure il appela le seigneur du château.

« Sire, je n'ai plus de répit et je m'en irai, si le permettez, car de demeurer je n'ai plus loisir. Sachez bien certainement que volontiers et bonnement, si je n'avais eu affaire importante qui m'appelle très loin d'ici, je serais demeuré un peu pour la nièce et pour le neveu de monseigneur Gauvain que j'aime. »

Tout le sang du cœur et du ventre de la pucelle lui bout en entendant ces mots. Le sire s'offre à donner de son bien, soit en terre soit en autre avoir, mais qu'il attende encore un peu ! Yvain répond :

« Dieu me défende d'accepter paiement d'un service ! »

La pucelle qui s'épouvante commence à pleurer très fort. Elle prie Yvain de demeurer. Au nom de Dieu et de la reine glorieuse du ciel, au nom des anges elle le prie qu'il attende encore un petit. Il pense à la grande gentillesse de monseigneur Gauvain son ami et son cœur se fend de ne pouvoir demeurer là. Pendant qu'il s'attarde ainsi voici que vient battant le géant qui amène les quatre chevaliers ! Sur l'épaule il portait un gros pieu carré et pointu dont il les poussait par-devant. Leur accoutrement ne valait un fétu. Ils avaient des chemises sales. Leurs pieds et leurs mains liés de cordes. Ils chevauchaient sur quatre roncins qui clochaient, maigres et faibles et blessés.

Ainsi chevauchant ils vinrent près d'un bois. Un nain enflé comme une outre avait noué les chevaux queue à queue. Et il allait les côtoyant, les battant si ignoblement d'une écourgée à nœuds que tous quatre en étaient en sang.

Devant la porte de l'enceinte, au milieu de la plaine, s'arrête le géant. Il crie au prudhomme qu'il le défie en menaçant ses fils de mort s'il ne lui accorde sa fille. Il dit qu'il la donnera à prendre à sa garçonnaille, car lui-même ne l'aime assez pour s'avilir en la prenant. De ces garçons elle en aura bien un millier avec elle, souvent et menu, qui seront pouilleux et nus comme ribauds et torche-pots et tous lui mettront leur écot! De peu il s'en faut que n'enrage le pauvre prudhomme, entendant le géant promettre ainsi de mettre sa fille au putage ou d'occire ses quatre fils. Il est saisi de telle détresse qu'il aimerait mieux être mort que vif.

Messire Yvain le réconforte :

« Sire, dit-il, Dieu ne veuille souffrir qu'il s'empare de votre fille, ce géant gonflé de mauvaises paroles. Il la méprise et il veut l'avilir. Ce serait trop triste mésaventure si aussi belle créature et de si haut parage née était aux gars abandonnée. Çà, mes armes et mon cheval et faites descendre le pont et me laissez outre passer! De nous deux — ou lui ou moi — il faudra que l'un reste à terre! Je voudrais pouvoir humilier ce félon, ce cruel qui vous persécute. Je vous dirai ensuite adieu et m'en irai à mon affaire. »

Le géant vient vers lui, menaçant et crie :

« Celui qui t'envoya ici, par mes yeux, il ne t'aime guère car il ne pourrait mieux pour se venger de toi!

« — Finis ton bavardage, répond Yvain ne dou-
tant de rien. Fais de ton mieux et moi du mien.
Paroles oiseuses me lassent ! »

Messire Yvain sitôt s'élance frapper le géant à la
poitrine qui était couverte d'une peau d'ours. Yvain
donne un tel coup qu'il crève la peau de son
ennemi. Le fer de la lance se mouille du sang du
corps comme une sauce. Le géant frappe à son
tour, si fort qu'il en fait plier son pieu. Messire
Yvain tire l'épée dont il sait frapper coups terribles.
Du tranchant il frappe — non du plat — et abat
une charbonnée de la joue. Le géant répond si
rudement qu'il le fait broncher sur le col de son
destrier.

A voir ce coup le lion se crête. A aider son
seigneur s'apprête, saute par ire et par grand-force,
saisit et fend comme une écorce sur le géant la peau
velue. Dessous la peau il lui enlève un grand
morceau de la hanche. Les muscles et les cuisses lui
tranche. Mais lui échappe le géant, braillant criant
comme taureau ! Le lion l'a gravement blessé. Le
géant lève à deux mains sa massue. Il croit abattre
le lion mais il le manque car le lion saute de côté et
le géant tombe en vain auprès de monseigneur
Yvain qui l'entrelarde de deux coups. Avant que le
géant s'en aperçoive, du bon tranchant de l'épée
Yvain détache l'épaule du tronc. D'un autre coup
sous la mamelle, lui enfonce toute l'alumelle de son
épée dedans le foie. Le géant tombe. La mort le
presse. Si un chêne si haut avait chu, je crois qu'il
n'eût fait si grand bruit que fit le géant en sa chute !

Ce coup, ils voulurent tous le voir, ceux qui se
tenaient aux créneaux. Tous ils coururent à la curée
comme chiens chassant la bête. Enfin l'ont prise !
Ainsi courent-ils en enhâtine là où le géant gisait, la
goule béante. Le seigneur même y accourt et tous
les gens de sa cour. Y court la fille, y court la mère !

En ont grande joie les quatre frères qui tant de maux avaient soufferts! Mais ils savent bien qu'ils ne pourront retenir messire Yvain pour rien qui soit au monde. Ils le prient de revenir prendre du plaisir et séjourner dès qu'il aura fait son affaire là où il va.

Il répond qu'il ne les ose assurer de pareille chose. Il ne peut deviner si l'affaire à venir finira bien ou mal. En partant il dit au seigneur :

« Que vos quatre fils et votre fille, prenant le nain, aillent vers monseigneur Gauvain, quand ils le sauront revenu. Je veux que l'aventure soit contée, car il est vain de faire bien si l'on fait en sorte que nul ne le sache. »

Les fils répondent :

« Ce bienfait ne sera pas tu. Nous ferons ce que vous voudrez, mais nous voulons vous demander qui nous devrons louer quand nous serons devant sire Gauvain, car nous ne savons comment vous nommer. »

Il leur répond :

« Vous lui pourrez dire que j'ai nom le Chevalier au Lion. En outre je vous prie d'ajouter qu'il me connaît bien comme je le connais, quoiqu'il ne sache qui je suis. Et s'il ne sait me deviner vous ne lui direz rien de plus. Il me faut m'en aller d'ici car avant que passe midi j'aurai ailleurs à faire assez. »

Il refuse toute compagnie. Il part et chevauche aussi vite que son cheval peut le porter, s'en retournant vers la chapelle en Brocéliande qui était belle et bien plantée. Mais avant qu'il ait pu venir la damoiselle avait été sortie de la chapelle et le bûcher avait été apprêté où elle devait être mise, toute nue en sa chemise. Ils la menaient au feu, ceux qui à tort lui reprochaient ce qu'elle n'avait jamais pensé.

Il est vrai que messire Yvain a grande angoisse

mais bonne confiance aussi que Dieu et le droit seront en sa partie. En ses compagnons il se fie mais sans dédaigner son lion.

Vers la presse il s'élance au galop en criant :

« Laissez, laissez la damoiselle, mauvaises gens ! Il n'est pas juste qu'en bûcher ou en fournaise elle soit jetée car elle n'a point commis de faute ! »

Les gens s'écartent et lui laissent la voie. Il lui tarde de voir de ses yeux celle que son cœur voit en quelque lieu qu'elle soit. Des yeux tant il la cherche qu'il la trouve et met son cœur à telle épreuve qu'il le retient et le refrène ainsi qu'on retient à grand'peine le cheval tirant sur le frein.

Une grande pitié le prend des pauvres dames qui font étrange deuil, pleurant ainsi : « Ah ! Dieu, comme tu nous as oubliées ! Nous demeurons, tout égarées de perdre si bonne amie et telle aide et tel soutien que nous avions à la cour ! Grâce à elle la dame nous revêtait de ses robes fourrées. Maintenant cela va changer nos affaires. N'y aura plus personne qui parlera pour nous. Maudits qu'ils soient de Dieu, ceux par qui nous la perdrons car trop grand dommage en aurons ! »

Ainsi se lamentaient-elles et messire Yvain entendait leur complainte qui n'était ni fausse ni feinte. Il vit Lunette agenouillée, dépouillée en sa chemise. Elle s'était déjà confessée, ayant battu sa coulpe et requis à Dieu pardon de ses péchés.

Alors messire Yvain, qui l'avait en affection, vient vers elle, la fait lever et lui dit :

« Ma demoiselle où sont-ils donc ceux qui vous blâment et vous accusent ? Maintenant, s'ils ne le refusent, je leur livrerai la bataille. »

Elle, qui ne l'avait encore regardé :

« Sire, vous venez de la part de Dieu pour m'aider dans mon grand besoin. Ceux qui portèrent contre moi de faux témoignages, je les vois qui sont tous ici, prêts à se venger de moi. Si vous aviez tardé un peu je n'aurais plus été que charbons et cendres. Mais vous êtes venu me défendre. Dieu vous en donne la force car je ne mérite pas d'être punie pour le crime dont on m'a faussement accusée ! »

Le sénéchal et ses deux frères avaient entendu ces paroles.

« Ah, dit-il, femme, créature si avare pour dire le vrai et si large pour mentir ! Il est peu sage celui qui se fie à toi et, sur ta parole s'encharge de si lourd fardeau ! Le chevalier est un sot, qui est venu mourir pour toi. Il est seul et nous sommes trois. Je lui conseille de s'en retourner avant qu'il lui arrive du mal.

— Que celui qui a peur s'enfuie, répond Yvain. Je ne crains pas tant vos trois écus que je me croie déjà vaincu sans batailler ! Il faudrait que je sois novice, sain et dispos comme je suis, pour m'enfuir devant telles menaces ! Je te conseille plutôt de déclarer quitte la damoiselle que tu as calomniée à grand tort, comme elle le dit et je la crois. Elle m'en a juré sa foi et dit, au péril de son âme, qu'elle n'a jamais trahi sa dame. Jamais elle ne le fit, jamais ne le pensa. Je la défendrai si je puis. Que son bon droit me vienne en aide ! Dieu se met du parti du droit. Dieu et le droit ne font qu'un seul. Puisqu'ils se rangent auprès de moi, j'ai donc meilleure compagnie que toi et meilleure aide ! »

Le sénéchal répond bien follement qu'Yvain peut mettre sur son compte tout ce qu'il veut et qu'il lui plaît, mais qu'il prenne surtout bien garde que son lion ne les gêne point !

Messire Yvain répond qu'il n'a pas amené son lion comme champion et qu'il n'engage autre que lui-même. Mais si son lion vient à les attaquer, qu'ils s'en défendent bien car il ne répond de rien !

Lors Yvain commande à son lion de rester un peu en arrière, de se coucher et tenir coi et le lion fait comme il ordonne.

Ils s'éloignent les uns des autres puis les trois ensemble piquent sur le chevalier qui s'avance au pas, car il ne veut lâcher la bride dès le début ni s'animer. Il les laisse froisser leur lance et garde la sienne saine. De son écu il fait quintaine, puis se recule d'un arpent mais tôt revient à la besogne dont il ne veut pas qu'elle dure. Sitôt revenu il atteint le sénéchal devant ses frères, lui casse sa lance sur le corps. C'est là un si beau coup que le sénéchal en trébuche. Un long moment gît étendu sans songer à la riposte. Les deux autres champions viennent sur messire Yvain. De leurs épées nues lui donnent tous deux de grands coups, mais ils en reçoivent bien plus! Un coup d'Yvain vaut deux des leurs. Et Yvain se défend si bien que ses ennemis n'emportent rien de son bon droit. Mais le sénéchal se relève. A toutes forces il frappe Yvain et il le blesse. Les autres frappent avec lui et le mettent très mal en point.

Le lion, qui regardait cela, décide de ne plus tarder à aider son maître, car il en est temps, à ce qu'il lui semble. Venant à l'aide, si rageusement il assaille le sénéchal que l'on voit voler les mailles du haubert comme volent fétus de paille! Sitôt de l'épaule il arrache les tendons et tout le côté! Les entrailles sortent du corps. Les deux autres veulent rendre ce coup. Les champions sont maintenant en nombre égal. Le sénéchal n'échappera point à la mort. Il se débat et se roule dans le sang qui jaillit à flot de son corps. Ils se défendent et blessent le lion à leur tour et le reblessent et le mahaignent.

Quand messire Yvain voit son lion blessé, il en a le cœur courroucé et n'a pas tort. A le venger il prend grand peine et les malmène si furieusement que les deux frères ne se défendent plus et à sa merci ils se rendent.

Messire Yvain portait maintes plaies mais ne s'inquiétait pas tant que des blessures de son lion. Il venait, comme il le voulait, de délivrer sa demoiselle. La dame lui avait pardonné de bon gré. Ils furent brûlés sur le bûcher ceux-là qui avaient calomnié Lunette, car il est juste que celui qui a jugé à tort doive mourir de cette mort-là qu'il voulait infliger à l'autre. Lunette fut heureuse d'être raccordée avec sa dame.

Au château ils ont démené telle joie que tous offrirent leur service à messire Yvain bien qu'ils ne le reconnussent point (même la dame qui avait son cœur sans qu'elle le sût). Elle le pria de séjourner tant qu'il lui plût jusqu'à ce qu'ils soient reposés, lui et son lion.

« Dame, je ne pourrai demeurer que lorsque ma dame m'aura pardonné et ne sera plus en courroux. Lors finira toute ma peine.

— Certes, fait-elle, j'en ai tristesse. Je ne tiens pas pour très courtoise cette dame qui vous porte mauvais cœur. Elle ne devrait défendre sa porte à un chevalier de votre prix, à moins qu'il ne lui ait manqué très gravement.

— Dame, quel que soit mon chagrin, tout me plaît qui lui agrée. Mais ne m'en demandez pas plus, car de ce forfait commis je ne parlerai pour rien au monde, si ce n'est à ceux qui les connaissent déjà.

— Quelqu'un le connaît donc en dehors de vous deux ?

— Oui, madame.

— Et votre nom au moins, cher seigneur, me le direz-vous ? Ensuite je vous en tiendrai quitte.

— Tout à fait quitte ? Hélas non ! Je dois plus que je pourrai rendre. Pourtant je ne vous dois celer comment je me fais appeler : désormais vous entendrez parler du Chevalier au Lion. De ce nom je veux qu'on m'appelle.

— Dieu, cher seigneur, comment expliquer que jamais nous ne nous vîmes ni n'entendîmes votre nom ?

— Dame, par là vous pouvez bien voir que je ne suis guère renommé. »

Alors la dame dit encore :

« Toutefois, s'il ne vous ennuyait, de demeurer je vous prierais.

— Je n'oserais si ne savais certainement que j'eusse permission de ma dame.

— Adieu donc, beau sire ! Votre peine et votre douleur, s'il lui plaît, qu'elle les change en joie !

— Dame, fait-il, Dieu vous entende ! » Puis, entre les dents, à voix basse : « Dame, vous détenez la clef et la serrure et le coffret où est ma joie, mais cela vous ne le savez ! »

Messire Yvain s'en va en grande tristesse, car nul ne l'a reconnu hormis Lunette seulement qui le reconduit longuement. Il la prie instamment de ne confier jamais le nom du champion qui la délivra.

« Sire, dit-elle, je vous en réponds : jamais par ma bouche ce nom ne sera découvert. »

Puis il la prie qu'elle se ressouvienne de lui et s'entremette auprès de sa dame quand elle trouvera le bon moment. Elle promet qu'elle ne sera point oublieuse ni indifférente non plus. Il l'en remercie mille fois.

Il s'en va, pensif et inquiet pour son lion qu'il lui faut porter car la bête ne peut plus le suivre. En son écu lui fait litière avec la mousse et la fougère. Quand il lui a dressé sa couche, au plus profond qu'il peut il le couche et le porte tout étendu dedans l'envers de son écu. Ainsi vient-il devant la

porte d'une maison très belle et forte. Il trouve la
porte fermée. Il appelle et le portier sitôt lui ouvre
et, prenant les rênes, il dit :

« Venez, beau sire! Je vous offre l'hospitalité de
mon seigneur, s'il vous plaît ici de descendre.

— Volontiers, répond Yvain. J'en ai grand
besoin, car il est l'heure d'héberger. »

Dès qu'il a passé la porte, il voit toute la ménie
qui accourt à lui et, le saluant, l'aide à descendre.
Ils déposent le lion couché dedans l'écu. D'autres
prennent le cheval d'Yvain pour le mettre à
l'étable. Les écuyers, comme ils le doivent,
prennent et reçoivent ses armes. Sitôt qu'il apprend
la nouvelle le seigneur descend dans la cour, salue
le chevalier comme font bientôt après lui la dame
et ses fils et ses filles. Ils le mettent dans une
chambre tranquille car ils le trouvent bien malade
et, quoiqu'ils s'en réprouvent, ils mettent son lion
avec lui. Deux filles du seigneur du lieu qui étaient
savantes en médecine s'entremettent de le guérir.
Combien de temps ils séjournèrent, je ne le sais,
jusqu'à ce que tous deux fussent guéris et puissent
reprendre leur chemin.

Sur ces entrefaites il advint que le seigneur de
Noire-Épine eut grand débat avec la mort. Il en
souffrit une telle attaque qu'il lui fallut mourir.

Après sa mort, l'aînée des deux filles prétendit
qu'il avait promis qu'elle aurait toute la terre pour
son usage tous les jours qu'elle aurait à vivre et
qu'elle n'en ferait point partage avec sa sœur.
L'autre répondit qu'elle irait, s'il le fallait jusqu'à la
cour du roi Arthur pour quérir aide à défendre sa
terre. Quand la méchante vit que sa cadette ne lui
céderait le bien sans procès, elle fut en grande

inquiétude et se dit qu'il fallait faire en sorte de
venir à la cour du roi avant sa sœur.

Sitôt elle s'apprête et s'atourne, ne demeure ni
ne séjourne, part pour la cour. L'autre prend son
chemin derrière et tant qu'elle peut elle se hâte
mais lorsqu'elle arriva à la cour, l'aînée avait déjà
parlé à monseigneur Gauvain qui lui avait octroyé
ce pourquoi elle l'avait prié. Mais ils avaient
convenu que si quelqu'un l'apprenait par elle, pour
elle il ne s'armerait point.

Alors arriva l'autre sœur, vêtue d'un manteau
court d'écarlate fourré d'hermine. Il y avait trois
jours que la reine Guenièvre était revenue de la
prison où Méléagant l'avait retenue avec les autres
prisonniers. Seul Lancelot, par trahison, était
demeuré dans la tour. En ce même jour qu'à la
cour vint la jeune fille, on avait porté ici la nouvelle
que le Chevalier au Lion avait bataillé et tué un
géant cruel et félon. Ses neveux avaient salué de sa
part monseigneur Gauvain. Sa nièce lui avait
rapporté le grand service que le chevalier lui avait
rendu pour l'amour de lui. Elle avait ajouté que
messire Gauvain connaissait ce chevalier, bien qu'il
ne sût « qui il était ».

La jeune fille déshéritée vint donc devant le roi :

« Roi, dit-elle, je viens à toi pour chercher de
l'aide en ta cour. Je ne la trouve point et je
m'étonne. Je ne m'en irai sans ton congé. Que ma
sœur sache que je lui donnerais de mon bien par
amour si elle voulait bien, mais jamais n'en aura
par force si je trouve aide et soutien! Jamais je ne
laisserai mon héritage!

— Vous dites sagement, répond le roi et,
puisque votre sœur est ici, je lui conseille de vous
laisser ce qui est à vous par droiture. »

Mais celle qui était sûre du meilleur chevalier du
monde dit :

« Sire, Dieu me confonde, jamais je ne partagerai avec elle château ni ville, ni essart ni bois ni plaine ni autre chose! Mais si un chevalier ose s'armer pour elle et combattre pour son droit, qu'il se présente donc sur-le-champ!

— Vous ne lui faites offre avenante, dit le roi. Il faut plus de temps pour rechercher un chevalier. Donnons-lui jusqu'à quatorze jours pour défendre son droit devant toute la cour.

— Beau sire roi, dit l'aînée, vous pouvez établir vos lois comme il vous plaît. Il en sera comme vous dites. Ce n'est point à moi de m'y opposer. Et j'accepte le délai, si ma sœur le requiert. »

Et la sœur dit qu'elle le requiert et le désire.

Alors elle dit adieu au roi, décidée à chercher par toute la terre ce Chevalier au Lion qui met sa vaillance à aider tous ceux qui sont dans le besoin. Or la voici entrée en quête. Elle parcourt maintes contrées mais nulle nouvelle n'en apprend, ce dont elle a tel deuil qu'elle en tombe malade. Mais dans cette aventure un grand bien lui advint : elle fit rencontre de bons amis qui avaient vive amitié pour elle. Ceux-là s'aperçurent bien à son visage qu'elle n'était en bonne santé. Ils la retinrent jusqu'à ce qu'elle leur dît son affaire.

Tandis qu'elle se reposait, une autre jeune fille s'était pour elle mise en quête. Elle erra tout le jour, chevauchant à grande allure, jusqu'à ce que vînt la nuit obscure. Elle en fut fâchée d'autant qu'il se mit à pleuvoir à verse alors qu'elle se trouvait au profond du bois. La nuit et le bois lui faisaient grand ennui, et bien plus l'ennui que la nuit et le bois, la pluie. Si mauvais était le chemin que souvent son cheval enfonçait dans la boue jusqu'aux sangles. Elle peut être en grand émoi, pucelle qui se trouve au bois, sans escorte par mauvais temps et si noire qu'elle ne peut même

voir le cheval qu'elle chevauche! Aussi réclamait-
elle souvent Dieu et Sa Mère et tous les saints,
toutes les saintes. Dans cette nuit elle priait Dieu
qu'il la mène vers une maison et l'éloigne de ce
bois. Elle pria si fort qu'elle ouït un cor dont elle se
réjouit, car elle pensait trouver par là un logis. Elle
est entrée sur une chaussée et la chaussée tout droit
l'emmène vers le cor dont elle ouït l'haleine car,
par trois fois, très longuement sonna le cor très
hautement. Elle est venue jusqu'à une croix sur la
droite de la chaussée. Elle a éperonné si fort que
bientôt elle approche d'un pont et voit d'un
châtelet tout rond les murs blancs et la barbacane.
Le guetteur qui aperçoit la jeune fille descend et la
salue, prend la clef de la porte puis ouvre et dit :
« Qui que vous soyez, jeune fille, ici soyez la
bienvenue. Vous aurez bon logement cette nuit !

— Je ne demande pas autre chose », dit-elle. Et
il l'emmène.

Après le travail et la peine qu'elle avait eus en
cette journée, elle goûte le logement et le plaisir
d'être bien aisée. Après souper son hôte s'adresse à
elle, s'enquérant où elle va et qui elle cherche.

Elle lui répond :

« Je cherche celui que jamais je ne vis, que je
sache, ni ne connus. Mais un lion est avec lui, je le
sais. Si je trouve ce chevalier, je pourrai à lui me
fier.

— Je puis vous assurer, dit l'hôte, que Dieu me
l'envoya avant-hier et alors que j'étais dans un bien
grand besoin. Béni soit le chemin par où il vint à
ma maison car d'un mien ennemi mortel il me
vengea. Oui, sous mes yeux il l'a occis, là-dehors
devant cette porte. Demain vous pourrez voir le
corps d'un géant qu'il tua si promptement qu'il ne
sua guère !

— Par Dieu, dit la pucelle, dites-moi vraiment si

vous savez en quel lieu il s'en retourna et s'il séjourna quelque part!

— Je n'en sais rien, mais demain je vous mettrai sur le chemin par où il s'en alla.

— Si je le trouve, j'en aurai vraie joie. »

Ainsi longuement ils parlèrent jusqu'au moment du coucher.

Quand l'aube apparut, la damoiselle déjà levée était en grand excitement de trouver celui qu'elle cherchait. Le seigneur de la maison et tous ses compagnons se lèvent et la mettent dans le bon chemin menant vers la fontaine sous le pin. Aux premiers qu'elle rencontra la damoiselle demanda s'ils pouvaient lui enseigner où se trouvait le chevalier accompagné de son lion. Ceux-là répondirent qu'ils l'avaient vu vaincre trois chevaliers justement en ce lieu-là.

« Pour Dieu, dit-elle aussitôt, vous qui m'avez déjà tant dit, ne me celez pas le reste si vous en savez davantage!

— Nenni, dirent-ils. N'en savons plus que ce que nous vous avons dit. Nous ne savons ce qu'il devint. Mais celle pour qui il vint ici pourrait vous en donner nouvelles. Si vous voulez lui parler, il faut que vous alliez plus loin. Elle est allée en ce moûtier pour ouïr la messe et pour prier. Elle y est déjà si longtemps demeurée qu'elle a sans doute assez prié. »

Comme ils parlaient ainsi, Lunette sortit du moûtier. Ils disent : « La voici! » La jeune fille va à la rencontre de Lunette. Elles s'entresaluent et la jeune fille demande les nouvelles qu'elle voudrait apprendre. Lunette lui répond qu'elle fera seller un palefroi pour l'accompagner vers un plessis, car c'était là qu'elle avait laissé le chevalier.

Lunette, en chevauchant, lui conte comment elle fut accusée et condamnée pour trahison, comment le bûcher était prêt où elle devait être brûlée et comment le chevalier vint à son secours. En parlant elle l'accompagne jusqu'au droit chemin où l'avait quittée messire Yvain. Elle dit à la jeune fille :

« Ce chemin vous mènera en un lieu où l'on vous donnera — s'il plaît à Dieu et au Saint-Esprit — des nouvelles plus fraîches que celles que je peux vous dire. »

Maintenant l'une l'autre laisse. L'une s'en retourne, l'autre s'en va. Elle trouve bientôt la maison où messire Yvain avait séjourné jusqu'à ce qu'il fût guéri. Devant la porte elle voit le seigneur de la maison, dames, chevaliers et valets. Elle les salue puis leur fait sa demande.

« Par ma foi, demoiselle, dit le seigneur, il vient de partir, mais vous pouvez encore le rejoindre si vous savez suivre la trace de ses fers. Gardez-vous de tarder !

— Sire, Dieu m'en garde ! Mais dites-moi de quel côté je dois aller.

— Par ici, tout droit. »

Ils la prient de le saluer de leur part. Mais elle n'en a grand souci, car elle s'éloigne au grand galop. Elle chevauche par les marais puis par voie unie et pleine jusqu'à ce qu'elle aperçoive celui qu'elle cherchait et son lion.

Elle s'en réjouit et se dit :

« Que Dieu le garde ! Voici celui que j'ai tant cherché ! Je l'ai bien rejoint à la trace ! Mais que me vaudra-t-il de l'avoir chassé puis rejoint si maintenant je ne le prends ? Oui, s'il ne s'en vient avec moi j'aurai perdu toute ma peine ! »

La damoiselle éperonne si fort que son palefroi en ruisselle. Elle s'arrête devant Yvain et le salue. Yvain lui répond aussitôt.

« Dieu vous garde, belle, et qu'il vous ôte de souci comme de peine !

— Et vous aussi, messire, en qui j'ai espérance, car de souci comme de peine vous me pourriez bien ôter! Sire, votre grand renom m'a fait chevaucher après vous et traverser mainte contrée. Je vous ai si longtemps cherché que me voici auprès de vous. Que j'en ai eu peine et fatigue je ne m'en plaindrai pas ni ne m'en souviendrai! Elles se sont enfuies maintenant que nous sommes ensemble. Meilleure que moi vers vous m'envoie. Si vous lui faites défaut, votre renom l'aura trahie car elle n'attend secours de nul autre que de vous. Ma damoiselle vous cherchait pour défendre son héritage. Elle y serait venue elle-même, mais la maladie la retient et par la force la garde au lit. Ores me répondez, s'il vous plaît. Dites-moi si vous oserez venir ou vous reposerez ici.

— Nul homme ne peut mettre sa gloire à se reposer. Je ne me reposerai pas et je vous suivrai, douce amie, volontiers où il vous plaira. Si celle qui vous envoie attend de moi un grand exploit, ne désespérez pas que je fasse tout mon pouvoir. Que Dieu m'en donne force et grâce afin que par bonne aventure je puisse défendre sa droiture. »

Tous deux chevauchèrent et bientôt approchèrent du château de Pire-Aventure. Ils n'eurent garde d'aller plus loin, car le jour allait déclinant. Les gens qui les voyaient venir leur criaient :

« Malvenu soyez-vous, sire, oh oui, malvenu! Ce logis vous fut enseigné pour votre honte et votre malheur! Un abbé pourrait le jurer!

— Ah! fait le chevalier, gent folle! gent vilaine! gent pleine de mauvaiseté et faillie en toutes vertus! Pourquoi m'accueillez-vous ainsi?

— Pourquoi? Vous le saurez assez si vous avancez encore un peu! Mais vous n'en saurez rien tant que vous ne serez monté en cette haute forteresse. »

Messire Yvain se dirige vers la tour et les gens
s'écrient :

« Ah! malheureux, où vas-tu donc? Si jamais en
ta vie tu reçus honte et affront, jamais tu n'en
trouvas autant que tu en trouveras ici!

— Gent sans honneur et sans courage et misérable et insolente, pourquoi me traitez-vous ainsi?
Que me demandez-vous? Et que me vaut qu'après
moi vous groussiez ainsi?

— Ami, tu te courrouces sans raison, dit une
dame d'âge, fort courtoise et sage. Ils ne te disent
rien dans l'intention de te déplaire. Ils t'avertissent
(si tu sais les entendre) de ne pas héberger là-haut.
Ils n'osent te dire pourquoi. Mais ils te préviennent
et te grondent parce qu'ils veulent t'effrayer. Ils ont
coutume de faire ainsi pour tous les survenants afin
qu'ils n'aillent pas plus loin. Sache que nous
n'osons héberger nul étranger en nos maisons. Le
reste te regarde. Nul ne te défend le chemin. Tu
monteras là-haut si tu veux. Mais, je t'en prie,
reviens plutôt, et tourne bride.

— Dame, répond-il, si je suivais votre conseil, je
crois que j'y aurais honneur et avantage. Mais je ne
sais en quel lieu je trouverais à héberger.

— Par ma foi, dit-elle, je me tais. Cela ne me
regarde plus. Allez où bon vous semblera. Pourtant
je serai heureuse si de ce lieu je vous vois revenir
sans trop de honte. Mais cela ne peut advenir.

— Dame, dit-il, Dieu vous sache gré de vos
conseils! mais mon cœur m'entraîne vers là-haut.
Je ferai ce que veut mon cœur. »

Alors il s'avance vers la porte du château avec
son lion et sa pucelle. Le portier l'appelle, disant :

« Allons, venez vite! Venez, vous voilà en tel
lieu où vous serez bien retenu! Et soyez-y le malvenu! »

Ainsi le portier le semonce. Mais sire Yvain, sans répondre, passe devant lui et trouve une salle haute et au fond un préau clos de gros pieux aigus. En regardant entre les pieux Yvain voit jusqu'à trois cents pucelles occupées à divers ouvrages avec des fils d'or et de soie. Chacune travaillait du mieux qu'elle pouvait. Elles n'avaient pas de ceinture et montraient grande pauvreté.

Leurs cottes étaient décousues aux mamelles et sur les côtes. Leurs chemises étaient sales au col. Grêle était leur cou et pâle leur visage de par la faim et la mésaise.

Il les voit et elles le voient. Toutes baissent la tête et pleurent. Longtemps elles pleurent ainsi n'ayant plus le cœur à rien faire et ne pouvant lever les yeux tant elles sont abattues!

Les ayant vues en cet état, messire Yvain droit vers la porte s'en retourne. Le portier s'élance et lui crie :

« Inutile! Vous ne vous en irez plus, beau maître! Vous voudriez être là-dehors mais par ma foi, vous ne sortirez pas! Vous aurez tant de honte que vous n'en pourriez avoir plus. Vous n'avez guère été sage quand vous êtes venu céans. Car on n'en peut point ressortir.

— Mais je ne le veux pas, frère! Dis-moi, par l'âme de ton père, d'où sont venues en ce château ces demoiselles que j'ai vues qui tissent drap de soie et orfrois et font ouvrage très plaisant? Mais ce qui me plaît beaucoup moins c'est de les voir maigres de corps et de visage et toutes pâles et dolentes. Belles et gentes elles seraient si elles eussent toutes choses suivant leur besoin.

— Je ne vous le dirai point! Cherchez autrui qui vous le dise.

— Ainsi ferai-je, puisque je ne puis autrement. »

Il cherche l'huis du préau et tant le cherche qu'il

le trouve. Il vient devant les demoiselles et les salue toutes ensemble. Il voit les gouttes des larmes qui tombent de leurs yeux. Car elles pleurent et Yvain leur dit :

« Dieu, s'il lui plaît, vous ôte du cœur ce chagrin où je vous vois et veuille le tourner en joie ! »

L'une répond :

« Qu'il vous entende, Dieu que vous avez appelé ! Il ne vous sera point caché qui nous sommes et de quelle terre, si vous désirez le savoir.

— Je suis ici pour cela, répond Yvain.

— Sire, il advint qu'autrefois le roi de l'Ile-aux-Pucelles voyageait pour apprendre nouvelles, par les cours et par les pays. Il alla tant comme fou naïf qu'il se jeta en ce péril. Il vint ici pour notre malheur car c'est nous — nous qui n'avons rien mérité — qui sommes ici et supportons hontes et maux. (Et sachez que vous-même pouvez en attendre grand-honte si on ne veut votre rançon prendre.) Mais toujours arriva-t-il que ce roi, notre seigneur, vint ici où habitent deux fils du diable — et ne prenez pas pour une fable ce que je dis.

« Ces deux diables durent combattre contre le roi qui éprouva peine terrible, car il n'avait pas dix-huit ans. Les diables le pouvaient pourfendre comme un tendre agnelet. Et le roi, qui avait grand'peur, se délivra de ce péril comme il le put. Il jura qu'il enverrait chaque année trente de ses pucelles et fut quitte pour cette rente. Il fut convenu par serment que ce tribut devait durer jusqu'à la mort des deux maufés et que ce jour-là seulement où ils seraient conquis et vaincus en bataille, le roi serait quitte de cette taille et nous serions délivrées, nous qui à honte sommes livrées et à douleur et à mésaise.

« Mais je viens de dire grande folie en parlant de la délivrance. D'ici jamais ne sortirons. Toujours

drap de soie tisserons et n'en serons pas mieux
vêtues. Toujours serons pauvres et nues et toujours
faim et soif aurons. Jamais ne pourrons tant gagner
que mieux en ayons à manger. Du pain en avons
chichement, peu au matin et moins au soir. Car de
l'ouvrage de nos mains n'aura chacune pour son
vivre que quatre deniers de la livre. Avec cela nous
ne pouvons avoir assez de manger et de drap. Car
qui gagne en sa semaine vingt sous n'est pas tiré de
peine. Eh bien, sachez en tous les cas qu'il n'est
aucune d'entre nous qui ne gagne vingt sous ou
plus. De quoi rendre riche un duc! Nous sommes
en grand-pauvreté bien que riches de nos gains.
Celui pour qui nous travaillons et des nuits
grand'partie veillons et tout le long du jour aussi,
nous menace de nous rouer nos membres, si nous
nous reposons. Pour cela n'osons reposer. Mais que
vous dirai-je de plus? De mal et de peine avons
tant que ne pourrai le quart en dire. Et nous
enrageons de colère quand nous voyons de jeunes
chevaliers et prudhommes venir pour combattre les
deux maufés. L'hospitalité qu'on leur donne, ils la
paient cher! Ainsi vous ferez demain car, que vous
le vouliez ou non, il vous faudra combattre et vous
y perdrez votre nom.

— Que Dieu le Père qui est au ciel m'en
défende! fait messire Yvain, et vous rende honneur
et joie, s'il le veut bien! Désormais je veux aller
voir les gens qui sont ici dedans et voir quelle chère
ils me feront. »

Alors messire Yvain vint en la salle, n'y trouvant
ni bonnes ni mauvaises gens qui lui adressent la
parole. Il les suivit, traversant la maison et parvint
dedans le verger. Nul ne leur parla d'établer les
chevaux des voyageurs. Toutefois des valets les
établèrent, croyant que bientôt ils hériteraient de

ces chevaux qui eurent ainsi avoine et foin et litière jusqu'au ventre.

Messire Yvain entra donc dans le verger et toute la compagnie aussi.

Il vit, appuyé sur le coude, un prudhomme couché sur un drap de soie : une pucelle devant lui lisait un roman je ne sais de qui. Et pour écouter le roman y était venue s'accouder une dame qui était sa mère et le seigneur était son père. Ils se pouvaient bien réjouir de la voir et de l'entendre car ils n'avaient pas d'autre enfant. Elle n'avait pas plus de seize ans et elle était si belle et gente que le dieu d'Amour, s'il l'eût vue, eût mis ses soins à la servir et à ne point la faire aimer par un autre que lui-même. Pour entrer dans ses bonnes grâces il se serait changé de dieu en homme, il se serait frappé lui-même de la flèche dont la blessure ne guérit point — celui qui en guérit n'aime point d'amour véritable...

Écoutez de quelle manière messire Yvain fut accueilli. Tous ceux qui étaient dans le verger, dès qu'ils le virent se levèrent et lui dirent :

« Or çà, beau sire, soyez béni vous et tout ce qui est vôtre ! »

Je ne sais si ce fut tromperie mais à grande joie le reçurent et parurent avoir grand plaisir de l'héberger à son aise. Toute la soirée ils lui firent honneur puis le menèrent en une chambre et doucement se retirèrent. Lors messire Yvain s'endormit, son lion couché à ses pieds.

Au matin, quand Dieu — qui fait tout à sa volonté — eut allumé son luminaire, messire Yvain se leva promptement. Aussi se leva la jeune fille. Puis ouïrent tous deux une messe dite très tôt dans la chapelle en l'honneur du Saint-Esprit.

Mais Yvain après la messe entendit terrible

nouvelle. Il croyait qu'il allait librement partir mais cela ne fut à son choix.

Quand il dit à son hôte :

« Sire, je m'en vais, s'il vous plaît, avec votre congé.

— Ami, répondit le seigneur, je ne puis vous le donner. Dans ce château est établie une très male diablerie que je dois ici maintenir. En ce lieu je ferai venir deux miens sergents grands et forts. Contre les deux il vous faudra prendre les armes. Si vous les pouvez tous les deux vaincre et occire, je vous donnerai ma fille et château sera à vous avec toutes ses dépendances.

— Sire, je n'en veux point! Que votre fille vous demeure! L'empereur d'Allemagne serait bien sot s'il ne la prenait car elle est belle et bien apprise.

— Taisez-vous, bel hôte, dit le sire, vainement vous vous excusez! Celui qui vaincra en combat ces deux maufés devra recevoir mon château et ma fille et toute ma terre. Le combat ne peut manquer d'être livré. Je sais bien que c'est couardise qui vous fait tenter d'échapper! Sachez que vous devez combattre. Nul chevalier logeant ici ne peut éluder la coutume qui durera jusqu'à ce que soit mariée ma fille lorsque seront vaincus et morts ces deux maufés.

— Malgré moi me faut donc combattre! Je m'en serais passé volontiers, je vous l'assure. Mais s'il ne peut en être autrement je me battrai! »

Alors approchent les deux fils du luiton, hideux et noirs, portant tous deux bâton cornu de cornouiller garni de cuivre et lié d'archal. Ils étaient armés des épaules jusqu'au bas des genoux. Mais leur tête était découverte aussi les jambes qui n'étaient point menues. Ils se protégeaient le visage d'écus ronds et légers comme écus pour s'escrimer.

Le lion commence à frémir sitôt qu'il les voit car

il comprend bien qu'ils ne sont ainsi armés que
pour combattre son seigneur. Il se hérisse, il se
crête, il tremble de colère et de sa queue il bat la
terre, très décidé à secourir son seigneur avant
qu'ils l'occient.

Quand les fils du luiton le voient ils disent :

« Vassal, ôtez de cette place ce lion qui nous
menace, si non vous êtes un lâche ! Il convient de ce
lion mettre en tel lieu qu'il ne puisse s'entremettre,
ni vous aider ni nous nuire. Car nous pensons que
le lion vous aiderait très volontiers, s'il le pouvait !

— Vous-même l'en ôtez, répond messire Yvain,
car il me plaît et il me sied qu'il vous gêne et même
qu'il m'aide, s'il peut !

— Par ma foi cela ne sera ! Faites du mieux que
vous pourrez tout seul et sans aide d'autrui. Vous
devez être seul et nous devons être deux. Si le lion
se met avec vous et nous combat, vous ne serez pas
seul mais deux tout comme nous. Il faut donc
enlever d'ici votre lion.

— Où voulez-vous qu'on l'enferme ? Où vous
plaît-il que je le mette ? »

Ils lui montrent une chambrette et disent :

« Enfermez-le ici !

— Il en sera comme vous voulez. »

On y mène le lion. On l'enferme. Messire Yvain
revêt ses armes. On lui amène son cheval et il
monte.

Les deux fils du luiton s'élancent et lui donnent
tels coups de masse qu'écu ni heaume ne le
protègent. Ils enfoncent son heaume, transpercent
l'écu qui se brise comme glace et ils y font de si
gros trous qu'on pourrait y mettre le poing. Mais
que fait Yvain des maufés ? Échauffé par la crainte,
il se défend de toute sa force. Il s'évertue à donner
de grands coups très forts. A ses coups ils
répondent en redoublant de coups.

Le lion qui est dans la chambre se souvient des bontés et du courage qu'eut pour lui ce franc chevalier qui aurait bien besoin maintenant de son service et de son aide.

Ce bienfait il voudrait lui rendre au grand septier et au grand muid. Yvain n'aurait point de mécompte si le lion pouvait sortir de là. Il va regardant en tous sens et ne voit par où s'en aller. Il ouït les coups de la bataille qui est vilaine et périlleuse et telle douleur il ressent qu'il enrage comme un forcené. Tant il va fouillant qu'il s'efforce contre le seuil demi-pourri tout près de terre. Il gratte, il force, il se glisse et se faufile jusqu'aux reins.

Déjà messire Yvain était harassé et suant de peine, car il trouvait les deux fils du luiton terriblement forts et félons. Tous les coups endurés il les avait rendus mais il n'avait point blessé ses ennemis car ils étaient adroits en parade. Si tranchante que fût l'épée, l'écu supportait tous les coups. Aussi messire Yvain courait-il grand péril de mort. Mais il tint tête assez longtemps pour que puisse sortir son lion qui avait tant gratté dessous la porte. Si les félons ne sont matés cette fois vraiment ils ne le seront jamais, car le lion ne lâchera pas ses proies vivantes. Les deux gloutons sont effrayés. Dessus la place il n'y a homme qui n'en ait le cœur plein de joie. Il ne se relèvera jamais, celui que le lion a mis à bas si l'autre ne le secourt. Celui-ci s'élance pour se secourir lui-même craignant que le lion ne se retourne vers lui quand il aura tué le premier. Et il a bien plus grande peur du lion que de son seigneur.

Bien fou serait messire Yvain s'il voyait — s'étant retourné — le cou nu de l'un des gloutons et longuement le laissait vivre ! Il lui donne alors un tel coup qu'il tranche la tête avant que le glouton ait ouvert la bouche.

Puis messire Yvain accourt à celui que le lion tient dans ses griffes. Il veut aider la bête mais elle a mis le maufé si mal en point qu'un médecin perdrait sa peine. Yvain écarte un peu le lion et voit que le maufé a toute l'épaule arrachée. Il n'est plus rien à redouter de celui-là qui a perdu son bâton et gît sans mouvement. Il peut à peine parler mais il a encore la force de dire :

« Ôtez votre lion, beau sire ! S'il vous plaît, qu'il ne me touche plus ! Désormais vous pouvez me faire votre loi, tout ce que bon vous semblera. Qui prie et demande merci doit être entendu s'il ne trouve homme sans pitié. Je ne me défendrai plus ! Je ne me relèverai pas d'ici. Je me remets en vos mains.

— Avoue donc que tu es vaincu et recréant !

— Sire, il y paraît bien. Je suis vaincu malgré moi et recréant, je vous l'octroie.

— Alors tu n'as rien à craindre de moi et mon lion te laissera en repos. »

Aussitôt tous les gens accourent, aussi le seigneur et sa dame. Ils lui parlent de leur fille.

« Or vous serez, disent-ils, notre damoiseau et seigneur. Notre fille sera votre dame car nous vous la donnons pour femme.

— Et moi, répondit messire Yvain, votre fille je vous la rends ! Qui la veut la prenne ! Je ne le dis point par dédain. Je ne puis ni ne dois la prendre. Mais, s'il vous plaît, délivrez-moi les captives que vous retenez. Le terme est venu, vous le savez, où libres elles doivent s'en aller.

— Il est vrai, seigneur, nul ne peut y contredire. Je vous les rends et les acquitte. Mais prenez — vous ferez bien — ma fille qui est très belle et très riche. Et prenez aussi mon avoir. Jamais vous ne trouverez aussi riche mariage. Et sachez que jamais, si je le commande, ne vous sera ouverte ma porte. Vous demeurerez en ma prison. Je vous prie que vous preniez ma fille et vous me faites injure en la dédaignant.

— Non point, sire, par mon âme! Mais je ne puis épouser femme et demeurer pour rien au monde. La demoiselle qui est là sait qu'autrement ce ne peut être. Mais s'il vous plaît de ma main droite je promets qu'aussi vrai que vous me voyez, je reviendrai si je le puis et alors prendrai votre fille.

— Maudit soit qui vous en demande foi, pleige ou sûreté! Si ma fille vous plaît, en grand'hâte vous reviendrez et plutôt ne reviendrez à cause de foi ou serment. Partez, je vous en dégage! Que pluie ou vent vous retienne ou pur néant, il ne m'en chaut! Je n'ai point fille si méprisable que je veuille vous la donner de force! Or allez à votre besogne! »

Là-dessus messire Yvain s'éloigne du château, emmenant avec lui les captives sorties de leur prison. Le seigneur les lui a rendues, pauvres et mal habillées, mais elles sont riches, ce leur semble. Elles sortent du château, marchant deux à deux devant Yvain. Elles n'auraient pas plus grande joie si Celui qui fit le monde était descendu sur la terre. Et tous les gens qui avaient crié tant d'insolences à messire Yvain viennent lui demander pardon et lui faire cortège.

« Je ne sais ce que vous dites, leur assure messire Yvain, et je vous tiens quitte de tout. De mal vous ne m'avez rien dit dont maintenant je me souvienne. »

Ils sont heureux de l'entendre parler ainsi et louent bien haut sa courtoisie. Ils lui disent adieu. Puis, les demoiselles lui demandent congé. Au partir, elles s'inclinent et le saluent toutes ensemble

et elles prient Dieu qu'Il lui donne joie, santé et
d'arriver selon son souhait là où il a dessein d'aller.
Il répond :

« Que Dieu vous conduise, en votre pays, saines
et heureuses ! »

Yvain s'achemine en compagnie de la pucelle qui
connaît bien le chemin et sait retrouver le recet où
elle avait laissé en grande douleur la demoiselle
déshéritée. Quand celle-ci ouït la nouvelle de la
venue de la pucelle et du Chevalier au Lion elle ne
peut plus cacher sa joie. Car elle sait maintenant
que sa sœur devra lui laisser une partie de son
héritage. Elle avait été longuement malade. Ce
n'était que nouvellement qu'elle était relevée du
mal qui l'avait bien affaiblie, comme il se voyait à
sa mine.

Elle court au-devant des voyageurs, elle les salue
avec le plus d'honneurs. Je ne vous dis rien de la
joie qui fut faite au logis jusqu'au lendemain.

Tous ils allèrent et découvrirent un château où le
roi Arthur demeurait depuis au moins une quinzaine. La fille aînée du seigneur de Noire-Épine
était là car elle avait suivi la cour et elle attendait la
venue de sa sœur.

Elle n'avait guère d'inquiétude au cœur car elle
pensait que sa cadette ne pourrait jamais trouver un
chevalier qui acceptât de combattre contre monseigneur Gauvain. Il n'y avait plus alors à attendre
qu'un seul jour pour que s'achevât la quinzaine de
répit.

L'aînée dit au roi Arthur :

« Sire, voici que l'heure passe. Il sera bientôt
basse none et se termine le dernier jour. Vous savez
comme je suis armée pour défendre mon droit. Si
ma sœur avait dû revenir, elle n'aurait point tant
tardé. Dieu soit remercié de ce qu'elle ne reparaît
point ! Sans doute n'a-t-elle pu mieux faire. Je me

suis tenue prête chaque jour à défendre ce qui est mien. Je l'ai défendu sans bataille. Il est juste que je m'en aille tenir en paix mon héritage. Je n'en rendrai raison jamais à ma sœur tant que je vivrai. Elle vivra dolente et chétive. »

Le roi, qui très bien savait que la demoiselle avait tort, et se montrait déloyale envers sa sœur, lui dit :

« Amie, en cour royale on doit attendre par ma foi que la justice du roi prononce. Vous ne devez vous retirer. Il se peut encore que votre sœur revienne à temps. »

A peine avait-il dit ainsi que le roi voit apparaître le chevalier et près de lui la demoiselle. Ils s'en venaient seuls tous les deux car ils avaient laissé le lion au lieu où ils avaient couché.

Le roi voit la demoiselle et il la reconnaît. Il est très content de la voir. Il était de son côté dans la querelle car il s'entendait justement au droit.

« Venez, belle, que Dieu vous sauve ! »

Quand l'aînée entendit cela et vit en se retournant le chevalier son compagnon qui allait défendre le droit elle devint plus noire que terre.

La cadette vient devant le roi et dit :

« Dieu sauve le roi, sire, et toute sa mênie ! Roi, si mon bon droit en la querelle peut être défendu par un chevalier, il le sera par celui-ci qui, Dieu merci, jusqu'en ce lieu m'a suivie. Il avait d'ailleurs bien à faire, ce franc chevalier débonnaire, mais de moi il eut tant pitié qu'il a jeté derrière lui toutes affaires pour venir et pour me défendre.

« Maintenant, ma très chère sœur que j'aime autant comme mon cœur ferait bonne action et courtoise si elle me laissait ce qui m'appartient selon mon droit, car je ne demande rien du sien.

— Et moi rien de ton bien, réplique l'autre, car tu n'as et tu n'auras rien. Tu ne saurais tant

prêcher que tu en tires quelque chose. Dessèches-
en plutôt de douleur ! »

La cadette répond :

« Certes je suis fâchée que pour nous deux se
combattent les prudhommes qui sont ici. Bien
petite est la querelle, mais je ne puis la dire close,
car j'aurai besoin de mon bien.

— Qui te répondrait serait bien sotte et bien
musarde ! Que mauvais feu et male flamme me
brûlent si je te donne de quoi mieux vivre. Plutôt
se rejoindraient les rives de la Seine que je renonce
à la bataille !

— Que Dieu et le droit que je tiens aident celui
qui, par confiance et affection s'offrit à mon
service, ne sachant pourtant qui je suis et n'étant
point connu de moi ! »

Ici l'entretien prend fin. On amène les deux
chevaliers au milieu de la cour et voici que tout le
peuple approche car une foule de gens veut voir les
beaux coups d'escrime et la belle bataille.

Les deux chevaliers qui allaient se combattre
s'entraînaient depuis longtemps mais ils ne s'entre-
reconnurent. Était-ce qu'ils ne s'aimaient plus ? Je
vous dirai oui et non ; je vous prouverai l'un et
l'autre par bonnes raisons que je sais.

Il est certain que messire Gauvain aime Yvain
qu'il appelle en tous lieux son compagnon et que
messire Yvain fait de même envers lui. S'il
reconnaissait son ami il l'accueillerait en grande
fête. Pour lui il risquerait sa tête comme l'autre
risquerait la sienne plutôt que de lui causer tort.
N'est-ce pas là belle et fine et parfaite amour entre
les deux hommes ? Pourtant la haine est là et il faut
bien la voir. Car l'un voudrait avoir coupé la tête à
l'autre ou fait en sorte qu'il ne soit pas en meilleur
cas.

Voilà qui prouve la merveille. Amour et haine

peuvent voisiner dans le même vaisseau. Il est bien
étonnant que deux sentiments si contraires puissent
avoir même demeure. Non, cela ne peut être car ce
serait source de noise dès que l'une aurait reconnu
l'autre.

Mais pensons qu'il n'y a point de bâtiment qui
ne renferme plusieurs étages, loges et chambres. La
chose merveilleuse est donc possible. Amour ne se
serait-il point retiré dans une chambrette éloignée?
Haine ne se serait-elle logée dedans les galeries qui
ouvrent sur la rue — car haine désire qu'on la voie.
Haine talonne Amour! Haine pique des deux.
Amour ne bouge point. Où s'est-il donc celé? Ami,
viens-t'en et tu verras quel hôte étrange ont
précipité sur toi les ennemis de tes amis.

Il faut bien appeler ennemis ceux-là qui s'entraiment d'un saint amour. (Amour sans feintise
peut être dit précieux et saint.) Amour est aveugle.
Haine l'est aussi. Sinon Amour leur aurait défendu
de se frapper ou se causer le moindre mal. Amour
est joué et par là ne reconnaît point ceux qui par
droit, sont de ses sujets. Haine ne saurait dire les
raisons de leur haine. Elle veut faire en sorte que
sans raisons ils se combattent. Ainsi s'entre-
haïssent à mort.

Messire Yvain veut-il donc occire messire Gauvain, son ami? Oui, et Gauvain voudrait-il faire de
même de sa main, ou faire peut-être pis encore?
Non, sur ma foi. L'un ne voudrait avoir fait à
l'autre ni honte ni tort pour un empire et tous les
plus grands biens du monde.

Je suis un menteur indigne car on ne peut
manquer de voir que l'un des combattants va se
précipiter sur l'autre sans l'épargner, bien au
contraire.

Qui fera la plus grande plainte? Celui qui aura le
plus souffert quand il y aura un vainqueur? S'ils

s'assaillent je crains bien qu'ils ne rompront point
le combat avant que l'un d'eux remporte la
victoire. Si l'affaire tourne à son dommage, messire
Yvain dira-t-il qu'il fut outragé par Gauvain, lui
qui l'appela toujours son compagnon et ami? Et s'il
arrive que c'est Gauvain le vaincu, aura-t-il le droit
de se plaindre? Nenni car le vainqueur ignorera le
nom du vaincu.

Les deux chevaliers s'éloignent d'abord puis
s'élancent et, dès le premier choc, brisent leurs
lances de frêne. Ils ne s'adressent l'un à l'autre.
S'ils l'eussent fait c'eût été différent genre
d'étreinte! Jamais ils n'auraient combattu à la
lance ni à l'épée mais se seraient entrebaisés et
accolés. Les heaumes et les écus sont bientôt
bosselés, fendus. Ils se donnent de si grands coups
— du tranchant et non du plat — et des pommeaux
tels chocs sur le nasal et sur le cou et sur le front et
sur les joues qu'elles deviennent perses et bleues là
où le sang est à fleur de peau. Pour un peu se
briserait le crâne! Leurs yeux sous les sourcils
étincellent. Ils ont les poings gros et carrés et forts
les nerfs et durs les os. Ils se donnent males
groignées alors qu'ils tiennent empoignées leurs
épées qui leur font grande aide quand ils en taillent
comme d'une masse.

Quand ils se sont combattus longtemps, quand
sont fendus heaumes et écus, ils se retirent un peu
en arrière pour laisser reposer leurs veines, aussi
pour reprendre haleine. Mais ils ne restent pas
longtemps et courent bientôt l'un sur l'autre. Tous
disent qu'on ne vit jamais deux chevaliers plus
courageux.

« Ils ne se combattent par jeu! Ils le font pour de
bon vraiment! Jamais ils n'en auront la récompense
qu'ils méritent! »

Ils ont bien entendu ces paroles, les deux amis

qui s'entr'affolent. Ils entendent aussi qu'on parle d'entr'accorder les deux sœurs, mais l'aînée ne voulait consentir la paix. Elle disait qu'elle s'en remettait à ce que le roi en dirait. L'aînée était si obstinée que la reine Guenièvre, ceux qui connaissaient bien leurs lois et les chevaliers et le roi se rangent du côté de la cadette. Ils prient le roi de donner à celle-ci la tierce ou la quarte partie des terres et de départir les deux chevaliers. Tous deux sont de grand vasselage et ce serait trop grand dommage si l'un des deux blessait gravement l'autre ou lui faisait irréparable affront. Mais le roi répond qu'il ne veut point s'entremettre et faire la paix puisque la sœur aînée est si méchante fille.

Les deux chevaliers si longuement se combattent que le jour glisse vers la nuit. Tous deux ont le bras las, le corps dolent. Le sang tout chaud et bouillant leur sort du corps par mainte blessure et coule dessous le haubert. Tous deux veulent se reposer.

Ils se reposent donc et chacun pense pour lui-même qu'il vient de trouver son pareil. Ils n'osent reprendre les armes. Ils n'ont plus souci de bataille. La nuit est devenue obscure. Ils se redoutent beaucoup l'un l'autre. Ces deux raisons les invitent à faire la paix. Avant de quitter le champ clos ils se seront entr'accointés et se seront réconfortés de bonne joie et pitié.

Messire Yvain parle d'abord mais son bon ami ne le reconnaît au parler car il a maintenant la voix rauque, faible et cassée, la parole basse et il est tout brûlant de fièvre car il a reçu tant de coups!

« Sire, dit-il, la nuit approche. Nous n'aurons blâme ni reproche si nous nous séparons. Mais je veux dire que je vous crains et je vous prise. Jamais de la mienne vie je n'ai entrepris bataille si âpre et douloureuse! Jamais je ne vis chevalier que j'eusse tant voulu connaître! Vaincu par vous je me crus voir. Vous savez bien vos coups asseoir et vous les savez employer. Jamais je ne payai tant de coups à un chevalier. Jamais je n'en reçus autant que vous m'en avez prêtés aujourd'hui! Vos coups m'en ont tout étourdi!

— Par ma foi, reprit Gauvain, n'en soyez étonné : étourdi je le suis autant que vous ou davantage! Si je vous ai prêté du mien, vous m'avez bien rendu le compte, de capital et d'intérêt. Vous étiez plus large pour rendre que moi je n'étais pour prendre! Mais puisqu'il vous plaît que je vous apprenne de quel nom je suis appelé, ce nom ne vous sera caché : j'ai nom Gauvain, fils du roi Lot. »

Quand Yvain entendit ce nom, il fut ébahi, éperdu. Il jette à terre son épée qui était toute ensanglantée, son écu dépecé et il saute à bas du cheval. Il dit : « Hélas! quelle malchance! C'est trop laide méconnaissance d'avoir livré cette bataille sans nous être entrereconnus! Sinon jamais je ne me fusse battu contre vous, mais je me serais rendu avant de combattre, je le jure!

— Comment, fait monseigneur Gauvain, qui êtes-vous?

— Je suis Yvain qui plus vous aime que nul au monde. Mais je vous veux dans cette affaire vous faire amende et tel honneur que je me déclare outréement vaincu.

— Vous feriez cela pour moi? Certes j'aurais outrecuidance si je prenais cette amende! Je vous laisse cet honneur.

— Ah! beau sire, n'en dites pas plus! Cela ne peut point advenir. Je suis blessé, maté, vaincu. Je ne puis plus me soutenir.

— De rien ne vous peinez, lui crie l'ami et compagnon. C'est moi qui suis épuisé et vaincu. Je

ne le dis pas par flatterie car il n'y a étranger au
monde auquel j'en dirais autant plutôt que de
continuer la bataille. »

Parlant ainsi, ils sont descendus de leurs mon-
tures. Ils s'entr'accolent et chacun n'en finit pas de
se déclarer vaincu. Cette autre querelle dure si
longtemps que le roi et les barons viennent en
courant auprès d'eux. Ils les voient se réjouir et
tous désirent savoir pourquoi les chevaliers font si
grande joie.

« Seigneurs, dit le roi, dites-nous ce qui a
soudain mis entre vous cette amitié et cette
accordaille quand tout le jour on vous a vus animés
de si grande haine et discorde!

— Sire, dit Gauvain, neveu du roi, nous vous
dirons par quelle malchance nous nous sommes
livré bataille. Moi, qui suis votre neveu, je ne
reconnus mon compagnon, messire Yvain qui est
ici, jusqu'à ce que — Dieu nous aidant — de mon
nom enfin il s'enquit. Nous nous dîmes notre nom
l'un l'autre et nous nous entrereconnûmes après
nous être bien battus. Si nous nous étions entrebattu-
us encore un peu plus longuement, par mon chef,
mon compagnon m'eût tué par sa vaillance et par la
faute de celle qui m'a conduit à combattre ici.
J'aime mieux que mon ami m'ait déconfit plutôt
que tué!

— Beau sire, fait messire Yvain, vous avez grand
tort de parler ainsi. Que le roi sache que c'est moi
qui, en cette bataille, suis le vaincu et recréant.

— Non, moi! fait Gauvain.

— Non, moi! » répond l'autre.

Le roi parle enfin. Il dit :

« Seigneurs, il y a grand amour entre vous deux.
Vous le montrez bien quand chacun avoue qu'il est
vaincu. Remettez-vous-en à moi et je vous accorde-

rai, je crois, pour votre honneur à tous les deux et tout le monde m'en louera. »

Les deux compagnons jurent qu'ils feront à sa volonté.

Le roi demande :

« Où est la demoiselle qui a bouté sa sœur hors de sa terre et l'a déshéritée par force et mauvaise merci?

— Sire, dit-elle, je suis ici.

— Lors venez donc! je savais bien depuis longtemps que vous l'aviez déshéritée. Son droit sera reconnu, puisque vous me l'avez avoué. Il vous faut la déclarer quitte.

— Ah! sire roi, je vous ai fait une réponse légère et folle. Vous avez voulu me prendre au mot. Pour Dieu, sire, ne me faites point tort! Vous êtes roi et vous devez vous garder de tort ou de méprise.

— C'est bien pour cela, répond le roi, que je veux rendre son droit à votre sœur. Je ne veux faire du tort. Vous avez bien entendu qu'en ma merci se sont rendus votre chevalier et le sien. Chacun des chevaliers, pour mieux honorer l'autre, se veut dire vaincu. Puisque l'on s'en remet à moi, ou bien vous ferez selon ma volonté tout ce que je dirai ou bien il me faudra prononcer que mon neveu est le vaincu. Cela portera tort à votre défenseur. Je ne le dirai que contre mon cœur. »

Le roi veut ainsi l'effrayer et faire qu'elle rende à sa sœur son héritage par effet de la peur au moins car il était certain qu'elle ne rendrait rien par autre moyen.

Parce qu'elle redoute le roi, la pucelle dit :

« Beau sire, il me faut donc faire selon votre désir, mais j'en ai le cœur très dolent. Je le ferai, quoi qu'il me coûte. Ma sœur aura la part qui lui revient. Vous serez ma caution pour qu'elle en soit plus sûre.

— Qu'elle revête sa part sur l'heure et devienne votre femme-lige! Aimez-la et qu'elle vous aime comme sa dame et sa sœur germaine. »

Tandis qu'on ôtait leur armure aux deux chevaliers compagnons, voici que lentement vers son seigneur s'en vient le lion. Quand il arrive devant lui, grande fête il lui fait. En infirmerie ou chambre de malade il faut emmener les deux blessés pour que les mires soignent leurs plaies. Devant lui le roi les fait mener au chirurgien le plus savant. Il leur soigna très bien leurs plaies. Quand il les eut guéris tous deux, messire Yvain qui, sans retour avait mis son cœur en amour, voyait qu'il ne pouvait durer mais d'amour sûrement il mourrait si sa dame n'avait merci de lui. Il songea qu'il partirait tout seul et irait s'attaquer à la fontaine. Il y ferait tant foudroyer et tant venter et tant pleuvoir que, par force et nécessité, il l'obligerait à la paix ou bien jamais ne cesserait de tourmenter cette fontaine, de faire pleuvoir et venter.

Dès que messire Yvain se sentit guéri et sain, il s'en partit donc sans que nul le sût. Mais il prit avec lui son lion qu'il ne voulait abandonner de toute sa vie. Tant ils errèrent tous les deux qu'ils arrivèrent à la fontaine. Ils firent pleuvoir. Ne croyez pas que je vous mente mais fut si forte la tourmente que je ne pourrais vous conter le dixième de ce prodige. Il semblait que toute la forêt dût s'effondrer jusqu'en abîme. La dame du château avait grand peur qu'il s'écroulât. Les murs s'abattaient, la tour tremblait. De peu fallait qu'il ne fût renversé. Mieux aimerait être pris en Perse le plus hardi entre les Turcs qu'être enfermé dedans ces murs! Telle peur avaient tous les gens qu'ils maudissaient leurs ancêtres. « Maudit soit le premier qui leva ici une maison, maudits ceux-là qui fondèrent ce château! Ils n'auraient pu trouver lieu plus détestable puisqu'un seul peut nous tourmenter ici et envahir ! »

Lunette parlait à sa dame :

« Dame, je dois vous conseiller de demander un défenseur. Vous ne trouverez personne qui s'entremette pour vous porter aide en ce besoin si l'on ne va le quérir très loin. Jamais nous ne reposerons en ce château ni n'oserons passer la porte ni les murs. Si l'on rassemblait tous vos chevaliers pour cette affaire, les meilleurs n'oseraient s'avancer, vous le savez. Si vous n'avez personne pour défendre votre fontaine vous serez dite folle et vilaine. Ce sera certes un très bel honneur quand celui qui vous aura assaillie s'en ira sans bataille ! Je vous le dis : vous êtes en mauvaise place si vous n'avisez autrement. »

La dame répondit à Lunette :

« Toi qui en sais tant, dis-moi comment je dois faire. Je ferai selon ton avis.

— Dame, si je le savais, volontiers je vous conseillerais. Mais vous auriez grand besoin d'un conseiller plus raisonnable. Pour cela je n'ose m'en mêler. Avec les autres je souffrirai et le pleuvoir et le venter jusqu'à ce que je voie en votre cour, s'il plaît à Dieu, quelque prudhomme qui se charge de votre défense.

— Demoiselle, ne me parlez ainsi. Je n'attends pas des gens de mon hôtel qu'ils défendent la fontaine ni le perron.

— Madame, qui pourrait trouver celui qui occit le géant et vainquit les trois chevaliers ferait bien de l'aller quérir ! Mais tant qu'il subira la guerre, l'ire et le mauvais gré de sa dame, il n'est au monde homme ni femme qu'il ne serve pourvu qu'ils lui promettent de faire tout ce qui sera en leur pouvoir pour lui rendre l'amitié de sa dame. Elle est si grande qu'il en meurt de douleur. »

La dame dit :

« Jc suis prête à vous engager ma foi et à jurer, s'il vient à moi, sans ruse et sans feintise, que je ferai à sa devise paix avec lui si je puis faire.

— Dame, répondit Lunette, permettez-moi. »

La dame dit :

« Cela ne me gêne point. »

Lunette fait sitôt apporter un très précieux saintuaire et la dame se met à genoux. Lunette l'a prise au jeu de vérité. Très courtoisement elle lui fait prêter serment selon les formes.

« Dame, dit-elle, levez la main. Je ne veux pas qu'après-demain vous m'accusiez car vous faites serment non pour moi mais pour vous-même. S'il vous plaît vous jurerez de faire tous vos efforts, pour que le Chevalier au Lion retrouve le bon cœur de sa dame comme il l'avait autrefois. »

Dame Laudine lève donc la main droite et parle ainsi :

« Comme tu l'as dit je le dis. Dieu m'aide et tous les saints, je ferai sans feinte de tout mon pouvoir pour rendre au Chevalier au Lion l'amour et la grâce qu'il requiert de sa dame. »

Lunette a bien mené l'affaire! La dame a fait comme elle l'avait convoité. On lui tire de l'étable un palefroi doux à l'amble. Elle monte, mine souriante et cœur content. Elle trouve sous le pin celui qu'elle ne croyait pas trouver à si peu de pas. Elle le reconnaît sitôt qu'elle l'a vu, à cause du lion. Elle vient vers lui à grande allure et descend sur la terre dure. Messire Yvain l'a reconnue du plus loin qu'il l'a aperçue. Ils se saluent. Elle lui dit :

« Sire, je suis très heureuse de vous avoir trouvé si vite.

— Comment? Me cherchiez-vous donc?

— Oui vraiment. Jamais je ne fus si heureuse

car j'ai amené ma dame, si elle ne veut se parjurer,
à redevenir votre dame et vous son seigneur
comme autrefois. »

Messire Yvain s'éjouit de la merveille qu'il
entend et croyait ne jamais entendre. Il baise les
yeux et le visage de Lunette.

« Certes, dit-il, ma douce amie, je ne pourrai
vous récompenser en nulle guise de ce service.
Jamais je ne pourrai vous honorer comme je
devrais.

— Sire, dit-elle, qu'il ne vous chaille! N'en
soyez en souci car vous aurez assez de temps et de
pouvoir pour m'accorder vos bienfaits sans oublier
autrui. J'ai fait ce que je devais. On ne doit point
m'en savoir gré plus qu'à celui qui rend à l'autre ce
que l'autre lui a prêté.

— Douce amie — que Dieu me voie — vous
m'avez rendu à usure. Partons tout de suite. Mais
avez-vous dit à votre dame qui je suis?

— Non, par ma foi. Elle ne sait quel est votre
nom sinon le Chevalier au Lion. »

Ainsi s'en vont-ils, le lion toujours derrière eux.
Tous trois arrivent au château. A nul ils ne disent
parole avant de s'en venir devant la dame.

Dame Laudine se réjouit vivement d'apprendre
que sa pucelle amenait le lion et ce chevalier qu'elle
voulait si fort rencontrer.

Tout armé, messire Yvain, à ses pieds s'est
laissé choir. Lunette, qui était auprès, dit à la
dame :

« Madame, relevez-le. Mettez votre soin, votre
peine à lui donner paix et pardon car, sinon vous,
nul autre au monde ne pourrait les lui accorder. »

Alors la dame le fait se redresser et dit :

« Je me remets en son pouvoir! Je ne veux faire
que selon sa volonté.

— Certes, madame, dit Lunette, je ne le dirais
point si ce n'était la vérité. En vous en est le
pouvoir beaucoup plus encore que je vous l'ai dit.
Mais désormais je vous dirai le vrai : Dieu veut que
vous vous aimiez tous deux de bon et durable
amour. Jamais vous n'eûtes ni n'aurez si bon ami
que celui-ci. Madame, oubliez votre ressentiment.
Il n'a d'autre dame que vous. C'est messire Yvain
votre époux. »

A ce mot, la dame tressaute. Elle dit :

« Que Dieu me sauve ! Vous m'avez bien prise
au jeu ! Ce chevalier qui ne m'aime ni me prise, tu
me le ferais donc aimer malgré moi ? J'aimerais
mieux toute ma vie endurer vents et orages. Si
ce n'était que le parjure est par trop laide et vile
chose jamais je ne lui accorderais paix ou réconci-
liation ! Toujours dans mon corps couverait comme
feu couve sous la cendre ce à quoi je veux renoncer
puisqu'avec lui il me faut m'accorder. »

Messire Yvain voit ainsi que ses affaires vont très
bien.

« Dame, dit-il, miséricorde ! J'ai expié ma folie.
Il était juste que je la paye. C'est folie qui m'a fait
tarder et je m'en avoue coupable. C'est de ma part
grande hardiesse d'avoir osé venir devant vous.
Mais si vous voulez me retenir je ne me rendrai
plus coupable.

— Certes, fait-elle, je le veux bien parce que je
serais parjure si je ne faisais ce que je puis pour
établir la paix entre vous et moi.

— Dame, dit-il, cinq cents mercis ! Le Saint-
Esprit me vienne en aide ! Dieu, en ce monde
mortel, ne me fit jamais si heureux ! »

Messire Yvain a trouvé enfin sa paix. Vous
pouvez croire que jamais il n'eut si grande joie
après avoir souffert tant d'épreuves. Le voici venu à
bon port, aimé et chéri de sa dame comme elle

l'aime et le chérit. Ne lui souvient de nul ennui car
il les oublie pour la joie qu'il a de sa très douce
amie.

Lunette a tout ce qui lui faut. Elle est comblée
de toutes choses depuis qu'elle a fait la paix sans fin
de monseigneur Yvain avec sa fine et parfaite amie.

Du Chevalier au Lion, Chrétien termine ici le
roman, car il n'ouït conter davantage. On ne veut
mensonge ajouter. Plus rien n'en entendrez conter.

DOSSIER

TABLEAU SÉCULAIRE

VIᵉ SIÈCLE.

Une grande partie des populations bretonnes de Grande-Bretagne passe la mer et se réfugie en Bretagne armoricaine alors assez peu peuplée. En Irlande, naissent les récits héroïques de la *Tain*. On compose des vies de saints et de rois.

Au pays de Galles, le barde Aneurin donne les premières grandes poésies de célébration et de louange. Poèmes de Taliésin.

VIIᵉ ET VIIIᵉ SIÈCLES.

Les poètes irlandais écrivent et récitent des relations de navigations merveilleuses (les « imrama »), des « visions », des contes où les romans bretons du XIIᵉ siècle trouveront leur plus lointaine origine. L'Irlande subit l'envahissement par les Vikings. Les romans épiques réunis sous le titre de *Mabinogion* célèbrent les aventures de héros et d'héroïnes mythologiques (Pwyll, Branwen, Manawyddan). La féerie et l'enchantement magique ne cessent d'y jouer un grand rôle. Le personnage d'Arthur apparaît.

IXᵉ ET Xᵉ SIÈCLES.

Malgré les épreuves toujours renouvelées infligées à l'Irlande par les Vikings, la littérature aventureuse et merveilleuse continue de se développer. La saga scandinave et la saga islandaise, en plein épanouissement, affirment leur influence sur la saga celtique.

XIᵉ SIÈCLE.

Notre littérature présente des *Vies des saints,* telle la *Vie de saint Alexis* et les plus anciennes chansons de geste. Se développe la légende de Charlemagne dont un épisode donnera naissance à la *Chanson de Roland* à la fin du XIᵉ siècle.

Dans l'ordre artistique, c'est le siècle qui voit s'élever Saint-Philibert de Tournus (1010-1060), Jumièges (1037-1067), la nef de l'église du Mont-Saint-Michel (1058-1116) et Saint-Savin (1095-1115).

XIIᵉ SIÈCLE.

L'imagination héroïque crée le *Cycle de Chansons de Guillaume d'Orange* (1100-1150). Geoffroy de Monmouth écrit une *Histoire des rois de Bretagne* (vers 1137). A la même époque, Guillaume de Malmesbury compose une *Histoire des rois d'Angleterre.* Avec le *Cycle d'Alexandre* et le *Cycle latin* naît le roman français. C'est aussi vers 1150 qu'apparaissent le *Roman de Troie,* le *Roman de Thèbes,* puis *Tristan et Iseult* de Béroul. Le *Roman de Brut* du trouvère normand Wace est de 1154. Le milieu du XIIᵉ siècle voit l'apogée de la poésie « provençale ». C'est de 1162 à 1182 que Chrétien de Troyes compose ses romans aventureux et mystiques, contemporains des *Lais* de Marie de France (1160-1175). L'Islande invente et répand une saga de *Tristram et Isvold* ainsi qu'une *Saga de Perceval.*

En philosophie, l'humanisme platonicien triomphe vers 1170, tandis qu'en 1172, le poète allemand Walter von der Vogelweide écrit *Parsifal.* Le très réaliste et satirique *Roman de Renart* est de 1177. Robert de Boron compose en 1195 l'*Histoire du Graal,* roman en prose. C'est au même moment qu'en Allemagne Hartmann von Aue écrit un *Erec* et un *Iwein* d'après Chrétien de Troyes. Le *Jeu de saint Nicolas* de Jean Bodel est représenté en 1197.

Dans l'ordre artistique :

Art roman classique, 1110-1140.

Premières voûtes d'ogives à Beauvais, 1127.
Première époque de l'art gothique, 1140-1200.
Portail royal de Chartres, 1144.
Façade de Notre-Dame-la-Grande d'Angoulême, 1145.
En 1155, Léonin fonde à Paris l'école polyphonique.
En 1170, également à Paris, débuts de la grande polyphonie de Pérotin.
Construction de Notre-Dame de Paris, 1162.
Construction de la cathédrale de Laon, 1180-1220.

Dans l'ordre politique :

Règne de Louis VI le Gros, 1108-1137.
Règne de Louis VII le Jeune, 1137-1180.
Règne de Philippe Auguste, 1180-1223.
En 1152, mariage, en secondes noces, d'Aliénor d'Aquitaine avec Henri II Plantagenêt, comte d'Anjou, puis roi d'Angleterre qui, en 1189, possédera plus de la moitié de la France d'aujourd'hui.
A Vézelay, en 1146, saint Bernard prêche la seconde croisade.
Meurtre de Thomas Becket, 1170.
Règne de Richard Cœur de Lion, 1189-1199.

DÉBUT DU XIIIe SIÈCLE.

La chantefable *Aucassin et Nicolette* date du dernier quart du XIIe siècle ou de la première moitié du XIIIe.
La *Conquête de Constantinople* de Villehardouin de 1213.
Vers 1215 paraît le *Tristan* de Gottfried de Strasbourg.

Dans l'ordre artistique :

On construit le chœur de Saint-Étienne de Caen, 1200.
Cathédrale de Reims, 1221-1315.
Sainte-Chapelle de Paris, 1240-1248.

Dans l'ordre politique :

Croisade contre les Albigeois, 1207-1213.
Bataille de Bouvines, 1214.
Règne de Saint Louis, 1226-1270.

INDEX DES PERSONNAGES PRINCIPAUX

MÉLÉAGANT. — Fils du roi Baudemagu. Ravisseur de la reine Guenièvre.

MORGANE. — Magicienne. C'est l'une des trois filles d'Ygerne, épouse d'Uterpendragon en secondes noces.

NORADIN. — Francisation du nom d'un sultan d'Alep, devenu légendaire (Nureddin Mahmud 1146-1173).

SAGREMOR. — Neveu du roi de Constantinople. Fidèle compagnon d'Arthur.

TRISTAN. — Fils du roi du Loonois Rivalen. Amant de la reine Yseult, neveu du roi Marc.

UTERPENDRAGON. — Roi de Logres. Amant puis époux d'Ygerne. Père d'Arthur.

YGERNE. — Amante d'Uterpendragon durant qu'elle était l'épouse du duc de Tintagel. Mère d'Arthur.

YSEULT. — Fille du roi d'Irlande. Épouse du roi Marc de Cornouailles. Aimée de Tristan.

YVAIN. — Fils d'Urien roi du pays de Reghed (l'actuel Cumberland). Les Gallois le nommaient Owein.

LES PRINCIPAUX CHEVALIERS DE L'ORDRE DE LA TABLE RONDE. — Gauvain, Érec, Lancelot du Lac, Gonemant de Gort, le Beau Couard, le Hardi, Méliant du Lys, Mauduit le Sage, Dodin le Sauvage, Gandelu, Yvain le Preux, Yvain l'Avoutre, Tristan, Blioberis, Caradec Court Bras, Caverou de Roberdic, le fils du roi Kénédic, le Valet de Quintareus, Ydier du Mont Douloureux, Gahérié, Ké d'Estreus, Amauguin, Galoin le Chauve, Girflet, Taulas, Loholt, Sagremor le Déréé, Béduier le Connétable, Lot, Galegantin le Gallois, Gronosis le Pervers, Élit, Gavarin d'Estrangot, le Chevalier au cor, le Valet au cercle d'or, Gru l'Irié, Lefèvre d'Armes, Cavern de Robensac, Grain, Gornevain, Carahès, Tor, Calogrenant, Lucan, Hoël, Cadriolan.

Zone de résistance celtique aux Saxons.

300 km

ECOSSE

MER DU NORD

HIBERNIE (IRLANDE)

CAMBRIE (P. DE GALLES)

INVASION SAXONNE 5ᵉ - 6ᵉ SIÈCLE

ÉMIGRATION CELTIQUE D'IRLANDE 6ᵉ SIÈCLE

Tintagel

Glastonbury

CORNOUAILLES

Île Grande (Île d'Avalon tombeau d'Arthur)

Troyes

BRETAGNE ARMORICAINE

Brest

Rennes

CORNOUAILLE

Forêt de Brocéliande

Nantes

OCÉAN ATLANTIQUE

QUELQUES LIEUX

AVALON. — Lieu élu de la féerie (est-ce une île?). Les essais d'identification géographique en Grande-Bretagne et en Armorique ont donné lieu à de nombreuses recherches. La tradition rapporte que le chef breton Arthur fut transporté en ce lieu après la bataille de Camlan (voir introduction) pour y être soigné par des magiciennes. Une autre tradition assure que cette île garde le tombeau d'Arthur.

BADON (Mont). — Ce mont vit la bataille victorieuse livrée vers 510 par l'Arthur historique aux envahisseurs saxons. Elle est mentionnée en 540 dans les écrits de Gildas. Il semble qu'il s'agisse des environs de l'actuelle ville de Salisbury et, plus précisément, du lieu appelé aujourd'hui Badbury Rings, en comté de Dorset.

BROCÉLIANDE. — C'est dans le *Roman de Brut* de Wace qu'il est fait mention pour la première fois de la « forêt de Bréchéliant » et de sa fameuse fontaine de Barenton. Cette immense forêt qui recouvrait une bonne part de la Bretagne intérieure était un royaume des fées et des enchantements. Ce que les hommes en ont épargné constitue aujourd'hui la forêt de Paimpont (Ille-et-Vilaine). On peut y retrouver la fontaine de Barenton, la fontaine de Jouvence, le tombeau de Merlin. On peut y visiter l'Église celtique de Tréhorenteuc et s'y perdre dans le Val-sans-Retour.

CAMLAN (Bataille de). — Lieu de la bataille victorieuse où fut mortellement blessé l'Arthur historique et bientôt légendaire.

CARDUEL. — Capitale du pays des Silures en Pays de Galles méridional (aujourd'hui comté de Monmouth). Le roi Arthur aimait à y tenir sa cour.

LOGRES. — C'est le royaume d'Uterpendragon père du roi Arthur. Parfois identifié avec l'Angleterre. Le nom français (dont une étymologie très fantaisiste assure qu'il s'agirait du « pays des ogres ») est une transcription du gallois Lloegyr.

TINTAGEL. — Célèbre château planté sur la côte Nord de la Cornouaille insulaire. Lieu de naissance du roi Arthur.

BIBLIOGRAPHIE

1. Ouvrages généraux sur la littérature médiévale.
2. Ouvrages généraux sur les romans bretons ou romans arthuriens.
3. Études sur Chrétien de Troyes.
4. Ouvrages sur Marie de France et les lais bretons.
5. Sur *Érec et Énide.*
6. Sur *Cligès ou la Fausse Morte.*
7. Sur *Lancelot, le Chevalier à la charrette.*
8. Sur *Yvain, le Chevalier au lion.*

1. OUVRAGES GÉNÉRAUX SUR LA LITTÉRATURE MÉDIÉVALE

Cohen, Gustave : *La Grande Clarté du Moyen Age,* New York, 1943. Nouvelle édition : Gallimard, 1945, et coll. « Idées », Gallimard, 1968.

Cohen, Gustave : *La Vie littéraire en France au Moyen Age,* Tallandier, 1949.

Paris, Gaston : *La Littérature française au Moyen Age,* Hachette, 1888.

Réau, Louis, et Cohen, Gustave : *L'Art du Moyen Age et la civilisation française,* La Renaissance du Livre, 1935.

2. OUVRAGES GÉNÉRAUX SUR LES ROMANS BRETONS OU ROMANS ARTHURIENS

Chambers, E. K. : *Arthur of Britain*, Londres, 1927.

Faral, Edmond : *Les Arts poétiques du XIIe et du XIIIe siècle*, Champion, 1923.

Faral, Edmond : *La Légende arthurienne*, études et documents, 3 vol., Champion, 1929.

Fourrier, Anthime : *Le Courant réaliste dans le roman courtois en France au Moyen Age*, t. I : *Les Débuts du XIIe siècle*, Nizet, 1960.

Frappier, Jean : « Vues sur les conceptions courtoises dans les littératures d'oïl et d'oc », dans *Cahiers de civilisation médiévale*, Poitiers, 1959, 2e année, n° 2.

Frappier, Jean, et Jodogne, Omer : « Les Influences antiques sur le roman courtois », dans *L'Humanisme médiéval dans les littératures romanes du XIIe au XIVe siècle*, Klincksieck, 1964.

Jones, W. L. : *King Arthur in History and Legend*, Cambridge, 1912.

Köhler, Erich : *L'Aventure chevaleresque. Idéal et réalité dans le roman courtois*, traduit de l'allemand par Éliane Kaufholz, préface de Jacques Le Goff, « Bibliothèque des Idées », Gallimard, 1974.

Loomis, R. S. : *Celtic Myth and Arthurian Romance*, Londres, 1930.

Lot, Ferdinand : « Nouvelles études sur la provenance du cycle arthurien », dans la revue *Romania*, t. XXVIII, 1899, p. 1-48 et 321-347.

Loth, Joseph : *Contribution à l'étude des romans de la Table Ronde*, Champion, 1912.

Lyons, Faith : *Les Éléments descriptifs dans le roman d'aventure au XIIIe siècle*, Droz, 1965.

Marx, Jean : *Nouvelles recherches sur la littérature arthurienne*, Klincksieck, 1965.

Paris, Gaston : « Études sur les romans en vers de la Table Ronde », dans *Histoire littéraire de la France*, t. XXX, Imprimerie nationale, 1888.

Paton, L. A. : *Studies in the Fairy Mythology of Arthurian Romance*, Boston, 1903.

Payen, M. : *Les Origines de la courtoisie dans la littérature française médiévale aux XIIe et XIIIe siècles*, C.D.U., t. I : 1966; t. II : 1967.

Rougemont, Denis de : « Tableau du phénomène courtois », dans *Revue de la Table Ronde*, n° 97, janvier 1956.

Rougemont, Denis de : « Le Sens du merveilleux à l'époque féodale », dans la revue *Le Moyen Age*, Bruxelles, juin 1956, n° 42.

Vinaver, Eugène : « A la recherche d'une poétique médiévale », dans *Cahiers de civilisation médiévale*, Poitiers, 1959, 2e année, n° 1.

Bulletin bibliographique de la Société internationale arthurienne, paraît une fois par an depuis 1949, Rennes, Charles Foulon. Paraît également en anglais depuis 1966 : *Bibliographical Bulletin of the International Arthurian Society*, Oxford.

3. ÉTUDES SUR CHRÉTIEN DE TROYES

Éditions :

Christian von Troyes : *Sämtliche erhaltene Werke*, 4 vol. publiés par Wendelin Foerster, Niemeyer, Halle, 1884-1898.

Romans de Chrétien de Troyes, édités d'après la copie de Guiot (Bibliothèque nationale, fr. 794), 4 vol., « Classiques français du Moyen Age », Champion, 1952-1960.

Guillaume d'Angleterre, édition de Maurice Wilmotte, Champion, 1927. Traduction en français moderne de Jean Trotin, « Classiques français du Moyen Age », Champion, 1974.

Le Roman de Perceval ou le Conte du Graal, édition de William Roach, Droz, 1956.

Perceval le Gallois ou le Conte du Graal, traduction de Lucien Foulet, préface de Mario Roques, Stock, 1947. Nouvelle édition : Nizet, 1970.

Perceval ou le Roman du Graal, suivi d'un choix des continuations, Préface d'Armand Hoog, traduction et notes de Jean-Pierre Foucher et André Ortais, Gallimard, Folio n° 537, 1974.

Études :

Bezzola, Reto R. : *Le Sens de l'aventure et de l'amour (Chrétien de Troyes)*, Champion, 1968.

Cohen, Gustave : *Un grand romancier d'amour et d'aventure au XIIe siècle : Chrétien de Troyes et son œuvre,* Boivin, 1931.

Frappier, Jean : *Le Roman breton : les Origines de la légende arthurienne : Chrétien de Troyes,* C.D.U., 1950.

Frappier, Jean : *Chrétien de Troyes. L'homme et l'œuvre,* Hatier, « Connaissance des lettres », 1957. Nouvelle édition revue et augmentée en 1968.

Lot-Borodine, Myrrha : *La Femme et l'amour au XIIe siècle d'après les poèmes de Chrétien de Troyes,* Picard, 1909.

Micha, Alexandre : *La Tradition manuscrite des romans de Chrétien de Troyes,* Droz, 1939.

4. OUVRAGES SUR MARIE DE FRANCE ET LES LAIS BRETONS

Éditions :

Marie de France : *Les Lais,* édités par Jean Rychner, « Classiques français du Moyen Age », Champion, 1971.

Quatre lais de Marie de France (*Guiguemar, Lanval, Le Chèvrefeuille* et *Laostic*) ont été publiés par Albert Pauphilet dans *Poètes et romanciers du Moyen Age,* « Bibliothèque de la Pléiade », Gallimard, 1939; édition augmentée en 1952 de textes nouveaux présentés par Régine Pernoud et Albert-Marie Schmidt.

Traductions :

Marie de France : *Les Lais,* traduits par Pierre Jonin, « Classiques français du Moyen Age », Champion, 1972.

Études :

Hoepffner, E. : « Les Lais de Marie de France », dans *Revue des cours et conférences,* Paris, 1935.

Hoepffner, E. : *Les Lais de Marie de France,* Nizet, 1959.

5. SUR ÉREC ET ÉNIDE

Éditions :

Texte publié par Wendelin Foerster, Niemeyer, Halle, 1re édition : 1890.
Texte publié par Mario Roques, « Classiques français du Moyen Age », Champion, 1952.

Traductions :

Traduction anglaise par W. W. Comfort, avec bibliographie très complète, Londres, 1913.
Version en prose moderne par André Mary, Boivin, 1923. Nouvelle édition : Gallimard, 1944.
Traduction par Myrrha Lot-Borodine, « Poèmes et récits de la vieille France », de Boccard, 1924.
Traduction par René Louis d'après l'édition de Mario Roques, « Classiques français du Moyen Age », Champion, 1974.

6. SUR CLIGÈS OU LA FAUSSE MORTE

Éditions :

Texte publié par Wendelin Foerster, Niemeyer, Halle, 1re édition : 1890.
Texte publié par Alexandre Micha, « Classiques français du Moyen Age », Champion, 1957.

Traductions :

Traduction anglaise par L. J. Gardiner, Londres, 1912.
Adaptation partielle par André Mary : *La Loge de feuillage,* Boivin, 1928. Nouvelle édition : Gallimard, 1947.
Traduction par Alexandre Micha, « Classiques français du Moyen Age », Champion, 1969.

Études :

Frappier, Jean : *Cligès,* C.D.U., 1951.

Micha, Alexandre : « Prolégomènes à une édition de Cligès »,
dans *Annales de l'Université de Lyon,* 3e série, fasc. 8, Belles
Lettres, 1939.
Paris, Gaston : « Études sur Cligès », dans *Journal des savants,*
1902.

7. SUR LANCELOT, LE CHEVALIER A LA CHARRETTE

Éditions :

Texte publié par Wendelin Foerster, Niemeyer, Halle, 1re édi-
tion : 1890.
Texte publié par Mario Roques, « Classiques français du Moyen
Age », Champion, 1958.

Traduction :

Le Chevalier de la charrette (*Lancelot*), traduction par Jean
Frappier, « Classiques français du Moyen Age », Champion,
1962.

Études :

Cross, T. P. : *Lancelot and Guenevere, a Study on the Origins of
Courtly Love,* Chicago, 1930.
Lot-Borodine, Myrrha : *Trois essais sur le roman de Lancelot,*
Champion, 1919.
Paris, Gaston : « Études sur les romans de la Table Ronde », dans
Romania, t. X, 1881, p. 22-29; t. XII, 1883, p. 459-534;
t. XVI, 1887, p. 700-702.
Ribard, Jacques : *Chrétien de Troyes, le Chevalier de la charrette.
Essai d'interprétation symbolique,* Nizet, 1972.
Roques, Mario : « Interprétation du Chevalier à la charrette »,
dans *Cahiers de civilisation médiévale,* Poitiers, 1958, 1re année,
no 2.

8. SUR YVAIN, LE CHEVALIER AU LION

Éditions :

Texte publié par Wendelin Foerster, Niemeyer, Halle, 1re édition : 1891.

T. B. W. Reid a reproduit l'édition de Wendelin Foerster à Manchester en 1943, avec une introduction, des notes et un glossaire.

Texte publié par Mario Roques, « Classiques français du Moyen Age », Champion, 1960.

Albert Pauphilet a publié une partie d'*Yvain* dans *Poètes et romanciers du Moyen Age*, « Bibliothèque de la Pléiade », Gallimard, 1939 ; édition augmentée en 1952 de textes nouveaux présentés par Régine Pernoud et Albert-Marie Schmidt.

Traductions :

Version en prose moderne par André Mary, Boivin, 1923. Nouvelle édition : Gallimard, 1944.

Traduction par Claude Buridant et Jean Trotin, « Classiques français du Moyen Age », Champion, 1972.

Études :

Bellamy, Fernand : *La Forêt de Bréchéliant et Yvain,* 2 vol., Rennes, 1895.

Brugger, E. : « Yvain and his Lion », dans *Studies in Honor of W. A. Nitze,* Londres, 1941, p. 267-297.

Frappier, Jean : *Étude sur Yvain ou le Chevalier au lion,* C.D.U., 1952. Nouvelle édition : S.E.D.E.S., 1969.

Guyer, E. F. : « Some of the Latin Sources of Yvain », dans *Romania,* 1911, p. 108 et suiv.

Lot, Ferdinand : « Le Chevalier au lion, comparaison avec une légende irlandaise », dans *Romania,* t. XXI, 1892, p. 67-71.

DOSSIER

COLLECTION FOLIO

Dernières parutions

Impression Maury-Eurolivres
45300 Manchecourt.
le 7 décembre 1998.
Dépôt légal : décembre 1998.
1er dépôt légal : octobre 1975.
Numéro d'imprimeur : 98/12/68744.

ISBN 2-07-036696-0/Imprimé en France.

89661